U0851082

与时俱进的理论探索

广东省中国特色社会主义理论体系研究中心重点理论文章汇编
（2011—2015）

广东省中国特色社会主义理论体系研究中心　编

南方日报出版社
NANFANG DAILY PRESS
中国·广州

图书在版编目（CIP）数据

与时俱进的理论探索 ：广东省中国特色社会主义理论体系研究中心重点理论文章汇编 ：2011-2015 / 广东省中国特色社会主义理论体系研究中心编. — 广州 ：南方日报出版社，2017.8
ISBN 978-7-5491-1639-3

Ⅰ. ①与… Ⅱ. ①广… Ⅲ. ①中国特色社会主义－理论研究－文集 Ⅳ. ①D610-53

中国版本图书馆 CIP 数据核字(2017)第 170168 号

YUSHIJUJIN DE LILUN TANSUO
与时俱进的理论探索
——广东省中国特色社会主义理论体系研究中心重点理论文章汇编（2011—2015）

编　　者：广东省中国特色社会主义理论体系研究中心
出版发行：南方日报出版社
地　　址：广州市广州大道中 289 号
出 版 人：周洪威
责任编辑：阮清钰
封面设计：劳华义
责任技编：王　兰
责任校对：阮昌汉
经　　销：全国新华书店
印　　刷：广州市尚铭印刷有限公司
开　　本：787mm×1092mm　1/16
印　　张：15.75
字　　数：275 千字
版　　次：2017 年 8 月第 1 版
印　　次：2017 年 8 月第 1 次印刷
定　　价：68.00 元

投稿热线：（020）87373998-8503　读者热线：（020）87373998-8502

网址：http://www.nanfangdaily.com.cn/press　http://www.southcn.com/ebook

发现印装质量问题，影响阅读，请与承印厂联系调换。

出版说明

按照中宣部统一部署，2001 年以来，广东省中国特色社会主义理论体系研究中心组织力量撰写一批重点理论文章在《人民日报》《光明日报》《经济日报》和《求是》杂志等报刊发表（以下称“三报一刊”）。部分文章于 2005 年、2007 年和 2012 年汇编出版，分别为《与时俱进的理论探索——广东省邓小平理论和“三个代表”重要思想研究中心重点理论文章汇编（2001—2004）》、《与时俱进的理论探索——广东省邓小平理论和“三个代表”重要思想研究中心重点理论文章汇编（2005—2006）》和《与时俱进的理论探索——广东省中国特色社会主义理论体系研究中心重点理论文章汇编（2007—2010）》。此次编辑出版的《与时俱进的理论探索——广东省中国特色社会主义理论体系研究中心重点理论文章汇编（2011—2015）》，汇编了中心 2011 年至 2015 年间围绕社会主义核心价值观、中国梦、依法治国、创新驱动、“四个全面”战略布局、“五位一体”总体布局等主题在“三报一刊”发表的 65 篇重点理论文章。这些文章发表后受到社会各界好评，不少文章受到中宣部的通报表彰。

广东省中国特色社会主义理论体系研究中心

2017 年 7 月

目　录

2011年

2012年

2013 年

2014 年

2015 年

2011年

践行社会主义核心价值体系的有效形式
——广州亚运会、亚残运会志愿者工作的成功启示

廖胜华

广州亚运会、亚残运会上志愿者们以热情的服务和文明的形象，受到国内外的高度评价。广州亚运会、亚残运会志愿服务工作是提升社会文明的成功实践，是践行社会主义核心价值体系的一种有效形式。

社会主义核心价值体系精神的具体展现

广州亚运会、亚残运会，再一次生动展现了中华民族崭新的精神世界和高尚的精神品格。胡锦涛总书记指出：青年志愿者事业是一项崇高的事业，也是培养优秀青年人才的途径和舞台。在广州亚运会、亚残运会上，志愿工作紧紧围绕“激情盛会，和谐亚洲”的办会理念和“国际化、有特色、高水平、全方位”的志愿服务目标，唱响了“一起来、更精彩”的志愿者口号，为成功举办广州亚运会、亚残运会作出了重大贡献，也展现了社会主义核心价值体系的精神品质。

志愿者工作为亚运赛事成功举办提供了有力保障。广州亚运会、亚残运会志愿者工作实现了广泛动员、踊跃参与、组织运行有序、服务效果良好，是精彩亚运、和谐亚运和“欢聚、分享、共赢”的亚残运盛会的重要组成部分。亚运会筹备期间，申请做志愿者的报名人数超过150万人，创造了历次大型赛会志愿者报名人数之最。亚运会开幕以来，6万名赛会志愿者、20个专项工作团队、50多万名城市志愿者、2200多支志愿者队伍、80多万名平安亚运志愿者，分布在各大赛场和城市的各个角落，提供礼宾接待、语言翻译、安全保卫、医疗卫生、运行支持、交通指引、文明倡导、治安巡查、帮残助困、社区服务等志愿服务；发动189个亚运志愿者艺术团及其下属社区志愿者文艺团体开展唱响亚运文艺巡演1200多场，发动400万人次市民参与清洁城市志愿服务，70多万名窗口行业服务人员佩戴志愿者“微笑使者”服务徽章上岗服务，形成了志愿服务的火热氛围，

确保了赛事有序进行和城市正常运转。亚奥理事会主席艾哈迈德·法赫德·萨巴赫亲王称赞道："志愿者是亚运会成功的基石。"

志愿者工作精彩演绎了社会主义核心价值体系所包含的奉献、友爱、互助、进步精神。志愿服务的理念与体育精神有着高度契合，体育赛会为志愿精神的发扬提供了宽广舞台，志愿者让体育精神更加闪光。广州亚运会、亚残运会的志愿者们，把"我奉献，我快乐"作为强大内在动力，始终保持积极主动、快乐参与的姿态，弘扬了相互理解、友谊、团结的奥林匹克精神。特别是志愿服务创造性地开展了"大拇指和谐新生活、大拇指绿色新生活、大拇指文明新生活、大拇指微笑新生活、大拇指唱响新生活"行动，内容充满公益、健康、诚信、环保、礼仪、科技、学习等时代新气息，传递出人人可为、处处可为、一起成长的新公共道德内涵。

志愿者工作提升了亚运赛事中的社会和谐文明程度。大型赛事的志愿服务是广泛的公共参与行动，是社会文明洗礼和公共精神成长的过程。政府通过对志愿服务的倡导和发动，开展市民广泛参与的志愿活动，有力激发了市民的社会主人翁意识，拓宽了落实公民知情权和参与权的渠道；市民通过对志愿精神的实践，社会责任感得到增强，公共参与精神得到提升。这些志愿者，昭示了具有新的公共道德素养和文明意识的一代正走向社会舞台的中心，成为建设和谐社会的中坚力量。据广州市统计局调查显示，95.5%的市民赞同亚运会在"激发市民认同感，增强社会凝聚力"方面发挥了作用，近九成市民表示对广州亚运后的发展有信心。

以改革创新为核心的时代精神进一步高扬

广州亚运会、亚残运会志愿服务坚持以社会主义核心价值体系的改革创新为核心的时代精神为指导，努力解放思想、开拓创新，把志愿服务与完善志愿者工作体系、创新志愿工作模式结合起来，积极探索具有中国特色和岭南特点的大型赛会志愿服务工作模式，使志愿服务工作更好地体现了社会主义核心价值体系精神。

凝聚志愿者的意志和力量，努力突出志愿服务工作的专业化和国际化。自志愿者招募工作启动起，就同步推进志愿者培训工作，依托高校等志愿者来源单位建立培训基地，针对志愿者的不同类型和不同工作岗位进行通用知识培训、专项业务培训、场馆知识培训、岗位技能培训，重新整合志愿者的多样价值观和价值取向，打造了一批素质优良，具有广泛性、代表性、专业性的志愿者。特别是充分借鉴国际化的志愿服务理念和做法，广泛吸纳港澳台同胞、海外华人华侨和国际友人等各界人士参与志愿服务，并使志愿者的意志和力量凝聚在一起，融入亚运赛事中。

党团员志愿者做价值导向的模范。实行“党建带团建”“创先争优”和“服务亚运”三结合，是广州亚运会、亚残运会志愿者工作的一大特色。各级党组织围绕支持办好亚运会、亚残运会开展丰富多彩的组织生活，发动党员主动参与志愿服务。在党团员中广泛开展“创先争优服务亚运当先锋”“创先争优服务亚残运”主题实践活动。全面建立志愿者党团组织，为做好创先争优服务亚运、亚残运工作提供坚强的组织保障。根据亚运、亚残运志愿者管理体系，逐级建立了临时党（团）总支、党（团）支部、党（团）小组，将党团组织覆盖服务在一线的党团员。亚运会、亚残运会期间，共有422个临时党支部、1968个临时团支部分布建立在各比赛场馆和城市服务站点。各临时党团组织充分利用在比赛场馆设立的“志愿者之家”“新生活驿站”等场地，建立党团志愿者“创先争优服务岗”，根据岗位特色开展“青春迎亚运　志愿当先锋”等主题的党团日活动。党团员率先垂范，营造了“创先争优、服务亚运和亚残运”的浓厚氛围。

在全社会中广泛弘扬志愿者工作

在实践中不断发展完善社会主义核心价值体系，是建设中国特色社会主义的长期性、艰巨性所决定的。当前，志愿者事业在我国呈蓬勃发展之势。党的十七届五中全会指出，要不断拓展群众性精神文明创建活动，广泛开展志愿服务。我们应在全社会中广泛弘扬志愿者工作和精神。

一是着力把志愿文化转化为引领精神文明建设的时尚。要利用好亚运会、亚残运会上的宝贵志愿文化。广东已将50多万名亚运志愿者注册成为长期志愿者，并协调保留亚运城市志愿服务站点，以引导广大青年志愿者把奉献的热情和精神转化为强烈的责任感、参与感，转化为高水准、专业化的服务。同时，还要在全社会大力倡导“一起来、更精彩”的亚运志愿文化精神，特别是加强青少年的引导工作，以把这种志愿工作的激情转化为青少年的一种意志品格。

二是着力把志愿精神转化为推动经济社会发展方式转变的动力。志愿服务广泛动员了社会资源，把服务他人、服务社会与实现个人价值有机结合起来，满足了不同层次的人们关爱他人、服务社会、展示特长的愿望，激发了人们的参与热情，促进了社会的文明进步，是现代社会文明的重要组成部分和社会发展的重要推动力。因而，发达的志愿服务既是发展方式转变成效的重要体现，也是发展方式转变动力的重要来源。当前，在推进发展方式转变中，职工队伍特别是农民工队伍构成发生了很大变化，20岁左右的新生代越来越成为经济社会建设的主力军，他们的人生观、价值观呈现出多元、个性的特征。而志愿服务作为一种新的为当代青年所喜爱和接受的精神时尚，在组织动员新生代职工积极投入到推动发展方式转变中，作用独特，大有可为，应注意引导。

三是要不断提高志愿者工作的科学发展水平。目前，我国累计已有4亿多人次的青年提供志愿服务，全国性的志愿服务工作网络也基本形成。应在此基础上，按照科学发展观的要求，继续推动志愿工作的规范化、制度化，着力建立健全组织化动员与社会化动员的机制，并进一步发扬光大志愿者工作的宝贵精神财富，使其转化为推动经济社会又好又快发展的一种强大力量。

原载《光明日报》2011年1月20日

以改革创新精神推进学习型党组织建设

周建伟　温宪元

建设学习型党组织，是我们党为适应时代发展要求，永葆党的先进性，不断提高党的执政能力而采取的一项重大战略举措，是建设马克思主义学习型政党的基础工程。只有坚持将创新精神贯穿始终，才能推进学习型党组织建设深入开展、取得实实在在的效果。

以理念创新为先导，增强学习型党组织建设的自觉性主动性

理念是行动的先导，必须用理念创新来开启学习型党组织建设的闸门，将理念创新贯穿学习型党组织建设的全过程。

树立和强化学习是政治责任、首要责任的理念。一段时期以来，部分党员干部头脑中存在一种学习是个人的事，与党的建设无关的错误认识；存在一种学习是“虚功”，不需要实做，学不学无所谓的错误思想。这些错误的思想认识在一定程度上阻碍了学习型党组织建设的推进。我们一定要按照党中央的要求，正确认识学习在党的建设中的基础性地位，正确认识学习过程中“虚”与“实”的关系，将学习作为自己的政治责任、首要责任、第一需要，不断强化学习的责任感和紧迫感，让学习成为一种自觉的精神追求、一种生活方式。

树立和强化自主学习、终身学习的理念。集中式、动员式、灌输式学习曾经是我们开展集中教育、提高全党马克思主义水平的成功做法和宝贵经验。在新的历史条件下，仅有这种学习方式是远远不够的，学习型党组织建设的一个重要目标就是注重学习的自觉性、常态化和长效性。从党员干部的角度出发，要自觉认识学习在党的建设、中国特色社会主义事业和个人发展中的重要作用，树立和强化主动学习、全员学习、终身学习的理念，变“要我学”为“我要学”，将个人置身于不断的学习之中；从党组织的角度考虑，则要改变那种自上而下、单向灌输的教育方式，让党员干

部成为自觉的、能动的学习主体，引导其养成主动学习、自主学习、民主讨论的良好习惯。

树立和强化以提高素质能力为目的的理念。以提高党员干部的综合素质、增强实践能力为中心，做到学以致用、用以促学、学用结合，是我们党的优良传统。邓小平同志曾经指出，学习马列主义要精，要管用。建设学习型党组织，同样重在学习、贵在实践。但是，当前一些党员干部以功利的心态来对待学习，将学习视为给个人履历“镀金”、获取更快晋升的资本和捷径，使学习在一定程度上流于形式，甚至助长了社会上的一些歪风邪气。建设学习型政党，必须努力防止和清除这种形式主义、功利主义的学习心态，树立和强化以素质能力建设为中心、以解决改革发展中的实际问题为导向的学习理念，培养和造就一支高素质党员干部队伍，让学习真正成为促进党员干部不断进步、促进中国特色社会主义事业不断发展的强大武器。广大党员干部要时刻对自已在学识、眼界、能力等方面的不适应保持警醒，通过学习不断优化知识结构，提高综合素质，进一步坚定理想信念，增强工作能力，实现自我超越。

以内容和形式创新为关键，提高学习型党组织建设的针对性实效性

推进学习型党组织建设，必须弄清楚学什么和怎么学的问题，即学习的内容和形式问题。只有紧紧抓住这两个根本性问题进行创新，才能扎实推进学习型党组织建设。

抓好理论武装，着力统一思想、凝聚共识。坚持用中国特色社会主义理论体系武装广大党员干部的头脑，是建设学习型党组织的基础工程。近年来，我国社会思想多样化进一步发展，各种社会思潮对党员干部的影响有所增加，各种理论观点不可避免地会反映到党内来，使一些党员干部在思想上产生了困惑。科学有效地开展学习，抓好党员干部理论武装工作，就显得十分紧迫和重要。因此，在学习型党组织建设过程中，要组织广大党员干部系统深入地学习马克思列宁主义、毛泽东思想、邓小平理论、“三个代表”重要思想和科学发展观，同时要注意改变单向灌输的学习模式，注重对各种社会思潮进行分析和比较，并做出权威解答，帮助广大党员干部从理论上、实践上划清界限，分清是非，让广大党员干部理解、接受科学理论，自觉抵制、拒斥各种错误的社会思潮和理论观点。

注重联系实际，着力研究问题、促进工作。当前，我国已进入新的发展阶段，经济社会发展呈现出一系列阶段性特征，新情况、新问题、新矛

盾不断涌现，我们不熟悉、不了解、不懂得的东西还很多，“本领恐慌”的问题依然存在。在学习型党组织建设过程中，要防止出现理论和实际分离、为学习而学习的形式主义倾向，防止唯书唯上、照搬照抄的教条主义倾向。要坚持以改革发展中面临的实际问题为导向，坚持学习理论与研究问题相结合，扎实开展调查研究，努力做到通过理论学习推动破解难题，通过破解难题深化理论学习，探索一条符合实际的科学发展道路。

培育创新精神，着力把握规律、推动理论创新。紧密结合我国国情和时代特征，及时总结党领导人民创造的新鲜经验，在学习中实现理论升华，不断推进马克思主义中国化、时代化、大众化，是学习型政党建设的重要目标。要实现这一目标，在学习型党组织建设过程中，必须防止和摒弃各种狭隘的经验主义做法，把理论创新放在重要位置，努力实现理论学习与实践发展的统一。要在深入学习中国特色社会主义理论体系的基础上，深刻把握变化中的世情国情和党情，深入总结群众的实践经验，认真汲取中华文化蕴藏的智慧和养分，大力吸收新的时代内容，不断增强理论对现实的解释力、对社会未来的引导力。

立足群众实践，着力学习群众、教育引导群众。学习型党组织建设绝不能抛开广大群众，自我封闭起来搞学习。要始终坚持大众视野、群众观点，认真向人民群众学习，从群众的实践中汲取学习的养料，同时始终关注人民群众的需要和诉求，用大众化的马克思主义理论解答他们的思想困惑，不断增强科学理论教育引导群众的作用，把科学理论转变为群众的自觉实践。

以体制机制创新为保障，促进学习型党组织建设制度化规范化

搞好学习型党组织建设，体制机制是保障。有没有一套符合实际、行之有效的体制机制，是衡量一个党组织是不是学习型党组织的重要标志。推进学习型党组织建设，必须建立健全一套科学、完善、有效的学习制度，做到用制度管学习、促学习。

提高制度建设的科学性规律性。科学的制度是事业取得成功的基本保证。学习制度也是一样，要体现规律性，实现科学化，才能真正促进学习型党组织建设，提高党建工作科学化水平。学习制度科学化，一要体现学习的规律，将现代学习理论融汇其中；二要体现党建的规律，将我们党在自身建设中取得的最新成果融汇其中；三要实事求是，因地制宜，管用有效；四要尽量降低制度实施的成本，做到惠而不费。提高学习制度的科学

性，还要鼓励各级党组织根据实际情况，大胆创新，探索体现规律、富于创造、各具特色、卓有成效的具体制度和机制。

探索创新各项学习制度。要根据各地党组织的实际情况，建立健全集体学习与个人学习，在职学习和脱产学习，个人自学、专家讲学与讨论式学习相结合的学习制度，推动学习的常态化、规范化。要在有效利用各种传统学习方式的同时，积极利用远程教育、网上课堂等现代学习方式，提高学习成效，降低学习成本。要进一步完善调查研究这种行之有效的学习方式，大兴调查研究之风，促进学习与研究、探讨问题与解决问题相结合。要将学习建立在支部上，切实加强和改善基层党组织的学习制度建设。

建立健全学习动态管理和考评机制。规范的过程管理和效果考核，是学习型党组织建设科学化的集中体现，也是学习型党组织建设的重点和难点。要建立健全学习考勤、学习档案、学习通报等各项动态管理制度，形成督促党员干部学习的长效机制，鼓励先进，鞭策后进。在领导班子集体考核和个人考核相结合的基础上，更加注重对领导干部个人学习情况的考核，建立和完善科学、系统、量化的考核指标体系，构建有效的学习效果评价机制，全面客观地掌握和衡量每一位领导干部的学习情况和学习质量。推进学习型党组织建设，还必须跳出学习看学习，将学习效果评估纳入选人用人制度，把学习的考核结果纳入领导干部综合评价体系，作为考核选拔任用领导干部的重要依据，让认真学习、善于学习、学有所成的人得到认可，得到使用。

原载《人民日报》2011 年 1 月 28 日

深刻认识马克思主义中国化的本质内涵

李恒瑞

马克思主义中国化，其实质是实事求是，要义是创新，主题是发展。我们党在90年的奋斗历程中，把马克思主义基本原理同中国实际紧密结合起来，始终不渝地推进马克思主义中国化，形成了毛泽东思想和中国特色社会主义理论体系，开辟了马克思主义发展的新境界。准确把握马克思主义中国化的本质内涵，对于我们从整体性上认识马克思主义中国化的历史进程及其理论成果，不断推动党的指导理论创新发展，具有重要意义。

马克思主义中国化的实质：对待马克思主义实事求是的态度

马克思主义中国化的实质，是对待马克思主义的科学态度，即马克思主义理论与中国实际相结合、相统一，使马克思主义真正根植于中国社会、中国实践、中国文化的土壤，开创具有中国特色的革命、建设和改革发展道路。

毛泽东在《反对本本主义》一文中，明确提出并初步论证了马克思主义中国化这一问题。在《实践论》《矛盾论》中，他又从理论与实践、共性与个性的关系上，阐明了马克思主义的普遍原理同中国社会、中国革命的具体特点相结合的道理。理论与实践的统一，共性与个性的统一，是马克思主义理论同中国实际相结合的基本的哲学意蕴与思想方法。《实践论》《矛盾论》的这种哲学论证，也是关于马克思主义中国化“问题”的基本的哲学论证。1938年，毛泽东首次明确提出了“使马克思主义在中国具体化”的口号，以此说明对待马克思主义的科学态度。1941年，毛泽东又以“实事求是”这一中国特色的范畴概括表述了对待马克思主义的科学态度，进一步说明了马克思主义中国化的根本的要求、方向和道路。他指出：实事求是的态度，“就是理论和实际统一的马克思列宁主义的作风”，就是“要使马克思列宁主义的理论和中国革命的实际运动结合起来”。

概括地说，实事求是包含两个方面的基本内容。第一，辩证唯物主义和历史唯物主义的认识路线；第二，由这一认识路线所决定的对待马克思主义的科学态度即理论和实际统一的学风。这种科学态度和学风表现为：把马克思主义当作行动指南而不是教条公式，要学习和掌握它的基本的立场、观点、方法，并运用它来研究和解决问题，而不是死记硬背和照抄照搬照套它的具体的、个别的结论；一切从实际出发，运用马克思主义的立场、观点、方法研究中国的实际，作出合乎中国实际、中国需要的理论性创造，形成关于中国革命、中国社会、中国发展的科学结论，形成中国人自己的理论，以此作为行动的向导；坚持“中国的事情要按照中国的情况来办，要依靠中国人自己的力量来办”的认识原则、实践原则，把独立自主的理论和实践创新作为马克思主义中国化的“立足点”。

马克思主义中国化的要义和标志：具有中国特色的理论创新

马克思主义是开放的、发展的思想体系。与时俱进、不断创新，是它作为科学理论所固有的品格。马克思主义是在理论与实践、一般与特殊相统一的过程中创新发展的，这种统一又循着时代性和民族性相连结的基本途径，因此形成了多样化的时代形态和民族形态、历时性和共时性形态，显示出它强大的生命活力。马克思主义中国化的过程，既是马克思主义的民族性创新的过程，又是马克思主义的时代性创新的过程。

马克思主义中国化的基本要求和基本标志，是符合中国实际、具有中国特色的理论创新、实践创新、制度创新，关键的、首要的是理论创新。马克思主义在与中国实际的结合中实现民族性的延伸和时代性的进步。就“中国化”内涵而言，这种创新体现为内容和形式的统一。毛泽东曾经指出：“马克思主义必须和我国的具体特点相结合并通过一定的民族形式才能实现”，要“使马克思主义在中国具体化，使之在其每一表现中带着必须有的中国的特性”，体现出“新鲜活泼的、为中国老百姓所喜闻乐见的中国作风和中国气派”。就是说，马克思主义中国化，要求我们必须赋予马克思主义以中国的民族形式、民族特性、民族气派。这是民族形式上的创新。马克思主义中国化更为实质性的要求，则是内容上的创新。毛泽东指出：中国共产党人只有在他们善于应用马克思列宁主义的立场、观点和方法，“进一步地从中国的历史实际和革命实际的认真研究中，在各个方面作出合乎中国需要的理论性的创造，才叫理论和实际相联系”，我们要“学会应用马克思列宁主义的立场、观点和方法，认真地研究中国的历史，研究中国的经济、政治、军事和文化，对每一问题要根据详细的材料加以具体的分析，然后引出理论性的结论来”。我们只有根据马克思主义基本原理，作出合乎中国实际、中国需要的理论创新，才是实现了马克思主义中国化。这种形式（民族特性、民族形式）与内容（合乎中国实际、合乎中国需要的理论）相统一的创新，是马克思主义中国化的要义和标志。

马克思主义中国化的目的和主题：实现社会主义社会的全面发展

马克思主义中国化的根本目的是什么？价值取向是什么？毛泽东曾说过：“我们学习马克思列宁主义不是为着好看，也不是因为它有什么神秘，只是因为它是领导无产阶级革命事业走向胜利的科学。”他用“有的放矢”来比喻马克思主义理论和中国革命的关系：“马克思列宁主义之箭，必须用了去射中国革命之的。”马克思主义是立场、观点、方法，是手段而不是目的。中国革命的胜利，中国的解放和民族的振兴才是目的。为了达此目的，我们需要马克思主义的指导，但马克思主义必须中国化，即形成中国化的马克思主义理论形态。

马克思主义中国化的根本目的和价值取向，也就是马克思主义中国化的主题。马克思主义中国化的主题是什么？是发展，是中国的发展。“中国的发展”作为一个整体性的目标，它包含双重的含义或两大阶段的任务。一是民族独立、人民解放。通过社会革命扫除中国发展的根本性制度障碍，解决中国发展的根本性制度安排和道路选择问题。二是民族振兴、社会发展。通过改革开放和现代化建设推动社会全面进步，促进人的全面发展，建设富强、民主、文明、和谐的社会主义国家。这两大阶段的任务，就是马克思主义中国化整个历史进程所围绕的主题。社会革命的根本目的是发展，改革开放和现代化建设的根本目的也是发展。发展的最高目标和终极价值取向，是人类解放和人的自由全面发展。从实质上说，马克思主义就是关于人类社会解放发展和人的自由全面发展的学说。马克思主义的功能就在于指导人类社会的进步和发展。马克思主义中国化的历史进程，也就是应用马克思主义来观察、解决中国发展问题和形成中国特色的发展理论的历史进程。

原载《求是》2011 年第 5 期

努力促进海洋经济可持续发展

向晓梅

海洋是世界贸易的主要通道，是潜力巨大的资源宝库。开发和利用海洋，发展海洋经济和海洋事业，对促进经济结构战略性调整，加快转变经济发展方式，发展结构优化、技术先进、清洁安全、附加值高、吸纳就业能力强的现代产业体系，都具有十分重要的战略意义。

改革开放以来，我国海洋经济规模不断扩大，海洋在我国现代化建设中发挥着日益重要的作用。海洋科技创新能力得到增强，海洋战略研究取得重要成果，海洋生物研发、环境监测、资源勘探开发以及深海探测等方面取得关键性突破。通过科技创新，海洋新兴产业迅速崛起，传统海洋产业的升级改造力度也在不断加大，部分海洋产业的国际竞争力进一步增强。与此同时，沿海经济区域布局基本形成，区域海洋经济发展规模不断扩大，以环渤海、长江三角洲和珠江三角洲地区为代表的区域海洋经济发展迅速。

海洋对我国经济社会发展具有重大战略意义。我国海域广阔，海岸线漫长。大力发展海洋经济是加快转变经济发展方式，调整产业结构的一个重要着力点。海洋工程技术、海洋医药与生物技术、海洋化工技术、海水产品精深加工等领域都是国际技术创新的前沿，海洋产业尤其是海洋新兴产业在加快经济发展方式转变、推动产业结构优化升级中的作用日益凸显。同时，大力发展海洋经济也是建设资源节约型和环境友好型社会的重要立足点。随着人类对海洋资源的不断开发和利用，海洋环境保护与人类生产活动协调发展日显重要，发展海洋经济能推动绿色经济、循环经济和低碳技术发展，修补和维系生态环境，有利于建设资源节约型和环境友好型社会。

“十二五”时期，我们一定要高度重视海洋开发在我国经济社会发展中的重要地位，从战略高度进一步认识发展海洋经济的重要性和紧迫性，继续抓住并用好面临的机遇和条件，大力发展海洋经济，优化海洋经济布局，科学开发海洋资源。

一要科学规划海洋发展。要进一步研究、完善相应的海洋经济和海洋事业发展规划，进一步明确我国海洋发展的战略思路，明确海洋生态环境和资源保护的目标任务，明确海洋经济区域布局的要求和沿海地区海洋经济发展的原则。沿海地区应把海洋经济和海洋事业的发展目标与政策措施更好地纳入本地国民经济和社会发展中长期规划，加大海洋投入力度，构建“海陆互动”的工作格局。内陆地区也应在规划制定和实施中重视海洋事业发展有关工作，积极参与和支持海洋开发。

二要大力促进海洋产业发展。要促进海洋三次产业协调发展，实现海陆资源互补、海陆产业互动，提高海洋经济发展质量和效益。应加快发展海洋油气、海上交通运输、滨海旅游等产业，着力提升海洋渔业、海洋养殖、海洋化工等产业发展水平，推动海洋生物医药、海洋可再生能源、海洋工程等产业有序发展，积极培育海洋领域战略性新兴产业。要加强渔港等港口建设，推进海底隧道、跨海桥梁、海底光缆、供水装置等基础设施建设，促进产业结构优化升级。还应优化海洋经济空间布局，继续推进海岸带及邻近海域综合经济区建设，推进滨海地区产业结构调整，发挥各地比较优势，形成各具特色的沿海经济区。

三要合理开发利用和保护海洋资源。要转变海洋资源开发方式，提高资源开发效率和综合利用率，把宝贵的海洋资源开发好、利用好。应进一步加强海洋资源的调查评价，加大海域油气等重要矿产资源勘探开发力度，有重点地勘探开发专属经济区、大陆架，为海洋资源利用提供基础和保障。在有条件的沿海地区尤其是城市新建区和改造区，应重视海水直接利用及淡化技术的研究与推广，支持海水利用技术的产业化，缓解沿海地区水资源短缺的压力。与此同时，还要坚持合理开发、适度开发、集约利用，采取有效措施加强资源保护，促进海洋资源的永续利用。

四要加强海洋科学研究和技术应用。无论是海洋经济发展、海洋产业结构调整，还是海洋资源合理开发利用、海洋生态环境保护，都离不开科技创新。发展海洋经济和海洋事业，要加强科技支撑，加快培养所需要的各方面人才，着力提升海洋科技创新能力。应继续实施科技兴海战略及海洋科技计划，瞄准世界海洋高科技前沿，大力发展深海勘探、基因工程、卫星遥感和海洋可再生能源利用等高新技术；重点开发一批先进适用技术，建立海洋科技成果转化和推广应用体系，加快海洋信息化步伐；深入研究海洋与气候变化、经济社会发展对海洋生态环境影响、海洋综合战略和政策等重要课题。应围绕海洋发展和创新的重点任务，坚持用好现有人才，引进外来人才，抓紧培育适用人才，进一步优化海洋人才结构，以人才开发支持海洋事业发展。应鼓励大专院校和科研院所的科技力量以多种形式进入企业或企业集团，参与企业的技术改造和技术开发，和企业合作共同开展海洋科技研究和人才培养，共建研发中心和科研基地，培育一批高水平的工程技术中心和产业化示范基地。

原载《经济日报》2011 年 3 月 21 日

完善社会管理体系的战略意义

刘小敏　左晓斯

胡锦涛总书记在省部级主要领导干部社会管理及其创新专题研讨班开班式上就扎扎实实提高社会管理科学化水平强调指出，要加强和创新社会管理科学化，对于进一步统一全党思想，深入贯彻落实科学发展观，构建社会主义和谐社会，不断加深对完善中国特色社会主义社会管理体系的认识，具有十分重要的战略意义。

提高社会管理科学化水平的重大意义

提高社会管理科学化水平是中国特色社会主义历史经验的科学总结。从开始改革开放到把社会建设与经济、政治、文化建设相提并论形成“四位一体”的社会主义现代化建设整体格局、提出构建社会主义和谐社会的战略目标，我们党和国家始终高度重视社会管理，在社会管理法律、体制、能力建设等方面进行了坚持不懈的实践探索，维护了社会的稳定，促进了社会的发展。实践证明，只有坚持社会管理科学化，才能确保中国特色社会主义事业欣欣向荣。

提高社会管理科学化水平是中国特色社会主义现实需求的集中反映。从国内形势看，当前我国既处于发展的重要战略机遇期，又处于社会矛盾凸显期。新中国成立以来特别是改革开放以来所取得的巨大成就，为社会管理奠定了比较坚实的物质基础，但我国仍处于并将长期处于社会主义初级阶段，主要矛盾仍然是人民群众日益增长的物质文化需要同落后的社会生产之间的矛盾，而且经济快速增长同发展不平衡、资源环境约束之间的矛盾以及社会公共需求全面快速增长与公共服务不到位、基本公共产品短缺之间的矛盾正在日益凸显，对社会的稳定与发展带来了巨大的压力。这就表明，只有全面提高社会管理科学化水平，才能把握难得的机遇，迎接严峻的挑战，巩固和壮大中国特色社会主义的伟大事业。

提高社会管理科学化水平是中国特色社会主义长远发展的必然要求。

提高社会管理科学化水平既是社会建设保障和改善民生，实现社会和谐与稳定的长远需要，也是实现“十二五”时期经济社会发展目标任务，确保经济社会协调、健康、持续发展的必由之路；既是实现全面建设小康社会宏伟目标的长远需要，也是实现富强、民主、文明、和谐的现代化建设目标的必由之路；既是维护最广大人民根本利益的长远需要，也是党和国家长治久安、事业发展的必由之路。

对以人为本、执政为民内涵的深刻阐释

社会管理坚持以人为本、执政为民，是中国特色社会主义理论的鲜明特色之一。马克思主义认为，人民群众是社会变革的决定力量，人民群众应当而且必须参加国家的管理。胡锦涛同志强调：要情为民所系，权为民所用，利为民所谋；强调要真诚倾听群众呼声，真实反映群众愿望，真情关心群众疾苦。他特别强调，科学发展观，核心是以人为本。坚持以人为本，就是要以实现人的全面发展为目标，从人民群众的根本利益出发谋发展、促发展，不断满足人民群众日益增长的物质文化需要，切实保障人民群众的经济、政治和文化权益，让发展的成果惠及全体人民。

社会管理坚持以人为本、执政为民，就是要通过坚持党的群众路线开创新形势下社会管理新局面。正确把握社会管理科学化的核心内涵主要应把握三个要点：一是要坚持人民主体观。中华人民共和国的一切权力属于人民，人民群众才是真正的英雄。在社会管理中，我们要高度尊重群众，充分相信群众，广泛发动群众，精心组织群众，紧紧依靠群众，充分调动人民群众在社会管理中的主动性、积极性和创造性，发挥人民首创精神，最大限度激发社会活力。二是要坚持人民公仆观。广大党员干部的一切权力都是人民赋予的，共产党人除了人民利益外没有任何自己的特殊利益。在社会管理中，我们要在感情上始终贴近群众，在工作中真诚服务群众，在生活上切实关心群众，始终以人民群众利益为重、以人民群众期盼为念，把群众满意不满意作为加强和创新社会管理的出发点和落脚点，始终保持党同人民群众的血肉联系，急人民群众之所急，想人民群众之所想，永远和人民群众同呼吸，共命运，始终高度重视保障和改善民生，着力解决好人民最关心最直接最现实的利益问题。三是要坚持社会和谐观。和谐社会的理念是在我国进入改革发展关键时期，经济体制深刻变革，社会结构深刻变动，利益格局深刻调整，思想观念深刻变化的新形势下提出来的。在社会管理中，我们要适应形势的发展，坚持用科学发展观、社会和谐观正确引导群众、教育群众、激励群众，最大程度地凝聚人民群众的力

量；坚持以解决影响社会和谐稳定突出问题为突破口，适应群众基本成分复杂化的新趋势把工作做细致，适应群众社会结构复杂化的新趋势把工作做扎实，适应群众利益诉求多样化的新趋势把工作做全面，适应群众思想观念多元化的新趋势把工作做深入，最大限度增加和谐因素，最大限度减少不和谐因素，切实维护人民群众权益，促进社会公平正义，保持社会良好秩序。

坚持三个方面的辩证统一关系

扎实提高社会管理科学化水平，建设中国特色社会主义社会管理体系，关键在于始终坚持三个方面的辩证统一关系。

在价值理念上，要始终坚持和谐稳定与群众利益的辩证统一关系。一方面，维护群众利益必须维护和谐稳定。如果社会总是处在激烈的冲突状态，总是处在动荡不安之中，保障和改善民生的任何举措都将难以实施，维护群众利益只能成为空谈。所以，我们一定要通过进一步加强和完善基层社会管理和服务体系、公共安全体系、信息网络管理、社会主义精神文明建设等，特别是通过强化城乡社区自治和服务功能，完善社会治安防控体系，提高虚拟社会管理水平，增强社会诚信，切实维护和谐稳定的社会局面。另一方面，维护和谐稳定必须维护群众利益。不和谐、不稳定的突出表现就是群众利益受到损害。没有公民社会权力的实现和民生的保障与改善，不可能有充满生机活力的真正的社会和谐与社会稳定。所以，一定要通过进一步加强和完善维护群众权益机制、流动人口和特殊人群管理服务体系等，特别是通过纠正损害群众利益的不正之风，形成科学有效的权益保障机制，完善特殊人群管理和服务政策等，维护人民群众权益，促进社会公平正义。

在行为范式上，要始终坚持党委政府与社会公众的辩证统一关系。一方面，必须坚持党委的领导地位，强化政府的社会管理职能。在中国特色社会主义事业中，党委、政府代表着人民群众，不坚持党委的领导，不强化政府的主导责任，我们的社会管理就有可能走偏方向，失去整合的力量。另一方面，必须广泛发动社会力量和人民群众参加社会管理。这是社会管理中是否坚持以人为本、执政为民的分水岭和试金石。所以，我们一定要进一步加强和完善非公有制经济组织、社会组织管理，明确非公有制经济组织管理和服务员工的社会责任，推动社会组织健康有序发展；强化各类企事业单位社会管理和服务职责，引导各类社会组织加强自身建设、增强服务社会能力，支持人民团体参与社会管理和公共服务，发挥群众参与社会管理的基础作用。

在外部联系上，要始终坚持社会管理与改革发展的辩证统一关系。社会管理的基本任务包括协调社会关系、规范社会行为、解决社会问题、化解社会矛盾、促进社会公正、应对社会风险、保持社会稳定等方面。社会管理是社会建设的重要内容但绝不是社会建设的全部内容，而且社会管理与社会建设的其他内容如社会事业、社会保障等具有相辅相成的辩证统一关系。所以，我们在加强和改进社会管理的同时，要全面加强以保障和改善民生为重点的社会建设。在全面建设小康社会、全面实现现代化的总体格局中，社会管理也与深化改革、扩大开放，与经济社会的协调发展，与人口、资源、环境的协调发展，都具有辩证统一的关系。所以，在把社会管理工作摆在更加突出的位置的同时，一定要统筹经济建设、政治建设、文化建设、社会建设以及生态文明建设。

原载《光明日报》2011年5月9日

进一步推动创先争优活动深入扎实开展

温宪元

在党的基层组织和党员中深入开展创先争优活动，对于激发各级党组织和广大党员生机活力、提高党的执政能力、保持和发展党的先进性，对于促进各级党组织和广大党员更好地联系和服务群众、始终保持党同人民群众的血肉联系，对于推动党的建设更好地服务党和国家工作大局、服务本地区本部门本单位中心工作、加快转变经济发展方式、促进经济社会又好又快发展，都具有十分重要的意义。

在党的基层组织和党员中深入开展创先争优活动，是巩固和拓展全党深入学习实践科学发展观活动成果的重要举措，是党的建设一项重要的经常性工作。认真组织实施这项活动，对于进一步推动学习实践科学发展观向深度和广度发展，对于推动党的建设更好地服务党和国家工作大局、服务本地区本部门本单位中心工作、加快转变经济发展方式、促进经济社会又好又快发展，都具有重要意义。

近年来，各级党组织和广大党员牢牢把握创先争优活动方向和主题，以饱满的热情和有效的作为深入推动创先争优活动，在全面建设小康社会新征程上争科学发展之先、创和谐社会之优，取得了积极成效。

比如，广东省财政厅党组牢牢把握科学发展这个主题，突出财政实践特色，以“八个一”活动，即作一次公开承诺、树一个先进标杆、建一套工作机制、定一个工作亮点、做一次调查研究、开一期民主生活会、写一篇读书心得、帮一户贫困农户为载体，在体现特色、创新实践、注重实效上狠下功夫。

一是作一次公开承诺。广东省财政厅各党支部（党委）结合业务实际，抓紧制定实施方案及支部公开承诺，并由厅活动办分别汇编成册在厅内公开，接受干部群众监督，作为开展创先争优活动的一次公开承诺。每一位党员学习对照争当“五带头”优秀共产党员的基本要求，对照本单位党组织创先争优实施方案要求，密切联系岗位工作职责，对争当优秀党员、落实“五带头”具体要求逐一进行承诺，切实提高参与活动的自觉性和主动性。

二是树一个先进标杆。他们把树标杆、立先进作为激发党支部和党员干部创先争优内生动力的重要途径，鼓励厅各党支部（党委）和党员干部从财政系统、从厅机关、从身边的先进基层党组织和优秀共产党员中树立标杆，自觉学先进、找差距、促提高、求进步，实现比有标杆、学有榜样、赶有目标、超有方向。该厅还开展争创“党员先锋岗”活动，为每年度评选的优秀共产党员颁发“党员先锋岗”流动岗牌，力求带动党员干部素质全面提升。

三是建一套工作机制。制度机制管根本、管长远，是实现创先争优活动可持续发展的重要保障。多年来，广东省财政厅在改革发展实践中逐步探索建立了一系列优化政务、强化事务、提高服务以及促进财政科学、规范管理的制度体系。通过开展创先争优活动，广东省财政厅重新修订《广东省财政厅机关工作制度汇编》，促进了机关工作质量、工作效率和服务水平的提高。

四是定一个工作亮点。厅各党支部（党委）围绕工作实际，结合工作计划，逐项工作抓落实，并确定一个最能体现部门特色、展示工作业绩、形成重要突破的工作事项，作为创建先进基层党组织的重点，着力打造一个突出的业务和党建工作亮点。

五是做一次调查研究。他们坚持把学习的收获、调研的成果转化为谋划发展的正确思路和推动工作的具体措施。为把调研工作扎扎实实做好，确保出实效，广东省财政厅建立优秀调研报告评比制度。通过考核评比，提高调查研究的整体质量和水平。

六是开一期民主生活会。广东省财政厅明确要求各党支部（党委），要围绕创先争优主题，组织召开一次专题民主生活会，对照“五个好”、“五带头”以及在5个方面创先争优的要求，查找不足，分析原因，研究改进措施。

七是写一篇读书心得。广东省财政厅先后开展了“读一本好书、写一篇心得”和“提高执行力”专题读书活动，创办《读书园地》内部刊物，作为推进读书交流活动的重要平台和载体，并计划建立机关读书室，为党员干部读书学习及小组交流活动提供良好环境，促进培养党员干部爱读书、读好书、自觉学习。

八是帮一户贫困农户。广东省财政厅积极开展“规划到户责任到人”对口帮扶活动，深入农户结合实际研究确定扶贫方法，逐项抓任务落实。在此基础上，坚持个别帮扶与整村帮扶相结合，积极推进产业帮扶、智力帮扶，建立帮扶长效机制。

可以说，这些做法作为创先争优的具体活动方式，在很大程度上调动了党的基层组织和党员创先争优的积极性，取得了积极成效。进一步推动创先争优活动深入扎实开展，要认真总结推广这些做法、经验，大力宣传创先争优的先进典型，在全社会营造比、学、赶、超的良好氛围；就要坚持从本地区本部门本单位实际出发，改革创新，务求实效，充分发挥基层党组织的战斗堡垒作用和共产党员的先锋模范作用，在推动科学发展、促进社会和谐、服务人民群众、加强基层组织建设的实践中建功立业。

进一步推动创先争优活动深入扎实开展，一方面要努力使基层党组织切实做到“五个好”：一是领导班子好。领导班子能深入学习实践科学发展观，认真贯彻党的路线方针政策，团结协作，求真务实，勤政廉洁，有较强的凝聚力和战斗力。二是党员队伍好。党员素质优良，有较强的党员意识，能够充分发挥先锋模范作用。三是工作机制好。规章制度完善，管理措施到位，工作运行顺畅有序。四是工作业绩好。五是群众反映好。基层党组织在群众中有较高威信，党员在群众中有良好形象，党群干群关系密切。另一方面，要让广大共产党员真正做到“五带头”：一是带头学习提高，认真学习实践科学发展观，自觉坚定理想信念；认真学习科学文化知识，成为本职工作的行家里手。二是带头争创佳绩，具有强烈的事业心和责任感，埋头苦干、开拓创新、无私奉献，在本职岗位上做出显著成绩。三是带头服务群众，积极帮助群众解决实际困难，自觉维护群众正当权益。四是带头遵纪守法，自觉遵守党的纪律，模范遵守国家法律法规。五是带头弘扬正气，发扬社会主义新风尚，敢于同不良风气、违纪违法行为作斗争。

原载《经济日报》2011年5月9日

坚定不移走科学发展道路

——学习贯彻胡锦涛总书记“七一”重要讲话精神

温宪元

胡锦涛总书记在庆祝中国共产党成立90周年大会上的重要讲话中提出，在前进道路上，我们要继续牢牢扭住经济建设这个中心不动摇，坚定不移走科学发展道路。我们一定要认真学习、深刻领会，继续牢牢坚持发展是硬道理的战略思想，牢牢扭住经济建设这个中心，以科学发展为主题，以加快转变经济发展方式为主线，更加注重以人为本，更加注重全面协调可持续发展，更加注重统筹兼顾，更加注重改革开放，更加注重保障和改善民生。

中国共产党自诞生之日起就勇敢担当起团结带领人民实现中华民族伟大复兴的历史使命。经过新中国成立以来特别是改革开放以来的不懈努力，在中国共产党的坚强领导下，我国取得了举世瞩目的发展成就，从生产力到生产关系、从经济基础到上层建筑都发生了意义深远的重大变化，但我国仍处于并将长期处于社会主义初级阶段的基本国情没有变，人民日益增长的物质文化需要同落后的社会生产之间的矛盾这一社会主要矛盾没有变，我国是世界上最大的发展中国家的国际地位没有变。发展仍然是解决我国所有问题的关键。当前和今后一个时期，我们必须始终保持清醒头脑，立足社会主义初级阶段这个最大的实际，科学分析我国全面参与经济全球化的新机遇新挑战，全面认识工业化、信息化、城镇化、市场化、国际化深入发展的新形势新任务，深刻把握我国发展面临的新课题新矛盾，继续牢牢坚持发展是硬道理的战略思想，牢牢扭住经济建设这个中心，更加自觉地走科学发展道路，奋力开拓中国特色社会主义更为广阔的发展前景。

生产力是人类社会发展的根本动力。我们党是以中国先进生产力的代表登上历史舞台的。党的一切奋斗，归根到底都是为了解放和发展社会生产力，不断改善人民生活。以经济建设为中心是兴国之要，是我们党、我们国家兴旺发达、长治久安的根本要求。只有推动经济又好又快发展，才能筑牢国家发展繁荣的强大物质基础，才能筑牢全国各族人民幸福安康的强大物质基础，才能筑牢中华民族伟大复兴的强大物质基础。改革开放30多年来，我们坚持以经济建设为中心，推动社会生产力以前所未有的速度发展起来，这是我国综合国力、人民生活水平、国际地位大幅度提升的根本原因。牢牢抓住和用好我国发展的重要战略机遇期，是我们赢得主动、赢得优势、赢得未来的关键所在，是对我们党执政能力的重大考验，也是对我们民族自强能力的重大考验。我们必须继续聚精会神搞建设、一心一意谋发展，不断夯实坚持和发展中国特色社会主义的物质基础。

在当代中国，坚持发展是硬道理的本质要求就是坚持科学发展。我们要以科学发展为主题，以加快转变经济发展方式为主线，更加注重以人为本，更加注重全面协调可持续发展，更加注重统筹兼顾，更加注重改革开放，更加注重保障和改善民生，加快经济结构战略性调整，加快科技进步和创新，加快建设资源节约型、环境友好型社会，促进社会公平正义，促进经济长期平稳较快发展和社会和谐稳定，不断在生产发展、生活富裕、生态良好的文明发展道路上取得新的更大的成绩，不断为全面建成小康社会、实现中华民族伟大复兴打下更为坚实的基础。

实现科学发展，坚定不移走科学发展道路，要牢固树立科学发展理念。我们要深入学习贯彻胡锦涛总书记“七一”重要讲话精神，深入学习马克思主义关于发展的世界观和方法论，从理论和实践的结合上深刻理解和全面把握科学发展观的科学内涵、精神实质、根本要求，进一步把科学发展观转化为推动科学发展的坚强意志、谋划科学发展的正确思路、领导科学发展的实际能力、促进科学发展的政策措施。要深刻把握科学发展对社会主义现代化建设提出的新要求新课题，以宽广眼界审视发展，以战略思维谋划发展，以辩证观点推动发展，既要推动经济又好又快发展又要促进社会全面进步和人的全面发展，既要着力解决当前发展中遇到的突出矛盾和问题又要标本兼治，着力增强科学发展后劲。

实现科学发展，坚定不移走科学发展道路，要把加快转变发展方式、增强发展可持续性作为一项紧迫的战略任务切实抓紧抓好。当前，世情、国情、党情继续发生深刻变化，我国发展中不平衡、不协调、不可持续问题突出，制约科学发展的体制机制障碍躲不开、绕不过，必须通过深化改革加以解决。我们一定要坚定不移坚持党的十一届三中全会以来的路线方针政策，坚定信心、砥砺勇气，坚持不懈把改革创新精神贯彻到治国理政各个环节，奋力把改革开放推向前进。要坚持社会主义市场经济的改革方向，提高改革决策的科学性，增强改革措施的协调性，找准深化改革开放的突破口，明确深化改革开放的重点，不失时机地推进重要领域和关键环节改革，继续推进经济体制、政治体制、文化体制、社会体制改革创新，继续解放和发展社会生产力，继续推动我国社会主义制度自我完善和发展，坚决破除一切妨碍科学发展的思想观念和体制机制弊端，为推进中国特色社会主义事业注入强大动力。与此同时，我们要牢记，我国过去30多年的快速发展靠的是改革开放，我国未来发展也必须坚定不移依靠改革开放。新时期最鲜明的特点是改革开放。改革开放是党在新的历史条件下领导人民进行的新的伟大革命，是决定当代中国命运的关键抉择，是坚持和发展中国特色社会主义、实现中华民族伟大复兴的必由之路。只有改革开放才能发展中国、发展社会主义、发展马克思主义。

原载《经济日报》2011年7月11日

当代中国发展进步的根本制度保障

林妙珊　陈金龙

胡锦涛同志在“七一”重要讲话中对中国特色社会主义制度的基本内涵、鲜明特点和重要作用等作了深刻阐释，强调“中国特色社会主义制度，是当代中国发展进步的根本制度保障，集中体现了中国特色社会主义的特点和优势”。这一重要论断，对于我们进一步深化对中国特色社会主义的理解和认识、开创中国特色社会主义事业新局面具有重大意义。

中国特色社会主义制度的基本内涵

新中国成立后，我国确立了社会主义基本制度。改革开放以来，我们党积极推进社会主义制度自我完善和发展，在经济、政治、文化、社会各个领域形成了一整套相互衔接、相互联系的制度体系。

根本政治制度。根本政治制度是国家性质的本质体现，决定国家活动的基本原则，是国家各项制度的根基。人民代表大会制度作为我国政权组织形式，是人民当家作主这一国家性质的根本体现，在我国政治制度体系中居于核心地位，是我国各种制度的源泉，属于国家的根本政治制度。这一制度既能充分反映广大人民的意愿，又有利于形成全体人民的统一意志，是人民当家作主的根本途径和最高实现形式。人民代表大会制度是具有中国特色的民主制度，是中国特色社会主义政治文明的重要制度载体。

基本政治制度、中国特色社会主义法律体系、基本经济制度。基本制度规范和制约着国家的经济、政治、文化、社会生活，是制定各种具体制度的依据和出发点。中国共产党领导的多党合作和政治协商制度、民族区域自治制度以及基层群众自治制度等构成了我国的基本政治制度。中国共产党领导的多党合作和政治协商制度是我国政治制度的一大特色和优势，既能实现广泛的民主参与，反映各方面的要求和意见，促进决策的民主化、科学化，又能实现集中统一的管理、提高效率；既能防止一党专政、缺乏监督的弊病，又能避免多党纷争、互相倾轧造成的政治混乱和低效。

民族区域自治制度是我国在少数民族聚居地方实行的一项基本政治制度。民族区域自治制度实现了民族因素与区域因素、经济因素与政治因素的结合，体现了各民族共同团结奋斗、共同繁荣发展的主题。基层群众自治制度能够确保人民依法直接行使民主权利，管理基层公共事务和公益事业，实行自我管理、自我服务、自我教育、自我监督，具有全体人民广泛和直接参与的特点。中国特色社会主义法律体系以宪法和法律的形式，确立中国特色社会主义的根本制度、基本制度以及具体制度。中国特色社会主义法律体系把中国特色社会主义制度纳入法制化轨道，从法律上解决了国家发展中带有根本性、全局性、稳定性、长期性的制度问题，为中国特色社会主义事业奠定了坚实的法制基础。公有制为主体、多种所有制经济共同发展的基本经济制度，既能发挥社会主义制度的优越性，防止两极分化，维护社会公平正义，又能充分调动广大人民和社会各方面的积极性，推动我国经济发展。

具体制度。具体制度建立在根本政治制度、基本政治制度、基本经济制度之上，既受根本政治制度、基本政治制度、基本经济制度支配，又是根本政治制度、基本政治制度、基本经济制度功能发挥的依托。经济体制、政治体制、文化体制、社会体制等各项具体制度，是中国特色社会主义制度的重要组成部分。这些具体制度是依据根本政治制度、基本政治制度、基本经济制度建立起来的。离开具体制度，根本政治制度、基本政治制度、基本经济制度就难以充分发挥作用。比如，社会主义市场经济体制是在公有制为主体、多种所有制经济共同发展的条件下运行的，既不能脱离中国特色社会主义基本经济制度，又体现了中国特色社会主义基本经济制度的功能。又如，按劳分配为主体、多种分配方式并存的分配制度，是由中国特色社会主义基本经济制度决定的，既是基本经济制度在收入分配方面的体现，也是基本经济制度调节收入分配的依托。

中国特色社会主义制度的特点和优势

中国特色社会主义制度集中体现了中国特色社会主义的特点和优势。

符合我国国情。中国特色社会主义制度既是历史的产物，也是现实的要求，是符合我国国情的制度选择。比如，建立人民代表大会制度，既是近代以来我国社会发展的必然选择，也是全国各族人民共同利益、共同意愿的反映；建立民族区域自治制度，是我们党根据历史发展、文化特点、民族关系和民族分布状况作出的制度安排，符合各民族人民的共同利益和发展要求。又如，我国还处在社会主义初级阶段，生产力不发达，生产社会化程度不高，发展不平衡。因此，建立公有制为主体、多种所有制经济共同发展的基本经济制度，适应了我国现阶段生产力发展的水平。

顺应时代潮流。制度的生命力与影响力在很大程度上取决于是否顺应时代潮流、是否满足时代要求。中国特色社会主义制度是时代的产物，反映了时代发展的要求。比如，民主政治是当今世界发展的潮流，各个国家包括发展中国家都要适应而不能违背这一潮流。但是，不同的国家应根据自身的经济政治发展状况和历史文化特点来设计本国民主政治的根本制度、基本制度和具体制度。中国特色社会主义政治制度的设计正是体现了这一点，既顺应了时代潮流，又具有鲜明的中国特色。

体系科学严密。中国特色社会主义制度是一整套相互衔接、相互联系的制度体系。从层次来看，中国特色社会主义制度涉及根本制度、基本制度、具体制度等方面，各层次的制度具有明确的功能和定位。根本制度、基本制度是具体制度形成的基础，根本制度、基本制度规定具体制度，具体制度是根本制度、基本制度的体现。从领域来看，中国特色社会主义制度涵盖经济、政治、文化、社会等各个方面，规范各方面的关系，调节各方面的行为。各层次、各领域的制度相互衔接、相互支撑，确保了中国特色社会主义事业健康发展、有序运行。

具有独特优势。中国特色社会主义制度有利于保持党和国家活力、调动广大人民和社会各方面的积极性主动性创造性，有利于解放和发展社会生产力、推动经济社会全面发展，有利于维护和促进社会公平正义、实现全体人民共同富裕，有利于集中力量办大事、有效应对前进道路上的各种风险挑战，有利于维护民族团结、社会稳定、国家统一。近年来，我们充分发挥中国特色社会主义制度的功能和作用，战胜四川汶川特大地震等自然灾害，有效应对国际金融危机冲击，成功举办北京奥运会、上海世博会等。中国特色社会主义制度的独特优势得到充分体现，并越来越得到国际社会的关注和认可。

坚持和完善中国特色社会主义制度

任何制度都不是一成不变的，都有一个发展和完善的过程。只有在实践中坚持和完善中国特色社会主义制度，才能推动经济、政治、文化、社会等各方面全面发展，维护社会公平正义，促进民族团结、社会稳定和国家统一。

充分认识制度建设的重要性。制度更具有根本性、全局性、稳定性、长期性。在中国特色社会主义事业总体布局中，中国特色社会主义制度既是保障中国特色社会主义道路不偏离正确方向的重要支撑，也是保障中国特色社会主义理论体系充分发挥作用的重要条件。这就要求我们从战略高度理解和认识中国特色社会主义制度在中国特色社会主义建设事业中的重要地位和作用。

坚持全面协调、整体推进。中国特色社会主义制度是一个相互衔接、相互联系的体系。这就要求我们在坚持和完善中国特色社会主义制度的过程中，坚持全面协调、整体推进，既坚持和完善中国特色社会主义根本制度、基本制度，也坚持和完善中国特色社会主义具体制度。同时要看到，中国特色社会主义道路、中国特色社会主义理论体系、中国特色社会主义制度是一个有机整体。中国特色社会主义道路包含对中国特色社会主义制度的追求，既对中国特色社会主义制度安排提出了要求，也为中国特色社会主义制度设计指明了方向。中国特色社会主义理论体系中包含了中国特色社会主义制度的基本框架，对中国特色社会主义根本制度、基本制度、具体制度等都进行了阐释和说明。因此，在坚持和完善中国特色社会主义制度的同时，必须坚持和拓展中国特色社会主义道路，坚持和丰富中国特色社会主义理论体系。

大力推动改革创新。改革创新是坚持和完善中国特色社会主义制度的必由之路。这就要求我们不断完善社会主义市场经济体制，推进各方面体制改革创新，加快重要领域和关键环节改革步伐，全面提高开放水平，着力构建充满活力、富有效率、更加开放、有利于科学发展的体制机制；积极稳妥推进政治体制改革，以保证人民当家作主为根本，以增强党和国家活力、调动人民积极性为目标，扩大社会主义民主，建设社会主义法治国家，发展社会主义政治文明；加快文化体制改革，加快构建公共文化服务体系，加快发展文化事业和文化产业；积极推进社会管理创新，完善党委领导、政府负责、社会协同、公众参与的社会管理格局，不断提高社会管理科学化水平，进一步形成与中国特色社会主义市场经济、社会主义民主政治、社会主义先进文化相适应的社会管理体系。

科学借鉴人类文明的有益成果。坚持和完善中国特色社会主义制度，应以科学的态度对待西方制度文明。一方面，应积极借鉴世界各国包括西方发达国家制度文明的有益成果；另一方面，应始终立足我国国情，绝不能脱离实际照搬照抄西方的制度。

原载《人民日报》2011 年 8 月 19 日

辛亥革命与马克思主义中国化

陈红军　陈金龙

辛亥革命是比较完全意义上的近代民族民主革命，推翻了统治中国几千年的君主专制制度，带来了思想的大解放，成为中华民族走向独立、建设现代国家的重要开端。辛亥革命促进了中国共产党的成立，对马克思主义中国化也产生了重大影响。

一、辛亥革命促进了马克思主义在中国的传播

马克思主义中国化的理论前提是马克思主义在中国的传播，只有传播马克思主义，才有可能掌握和运用马克思主义分析解决中国革命、建设、改革的基本问题，成功实现马克思主义中国化。辛亥革命为马克思主义在中国的传播创造了条件。

辛亥革命前后社会主义的引入是马克思主义在中国传播的前奏。20 世纪初，资产阶级革命党人开始接受西方社会主义，并试图将其引入中国革命实践之中，国内一些报刊开始登载有关社会主义的文章。孙中山是社会主义在中国的拥护者、传播者，也是最早将社会主义与中国革命具体实践相结合的探索者。但此时社会主义传播者的成分复杂，大多数从各自的阶级立场出发，只是把社会主义当作一种学说或知识来介绍，有的甚至作了有意或无意的歪曲理解与宣传，没有也不可能把社会主义作为指导中国革命的理论来介绍。尽管如此，社会主义的引入为马克思主义在中国的传播作了铺垫，成为马克思主义在中国传播的前奏。

辛亥革命打破文化专制局面为马克思主义在中国的传播营造文化氛围。随着封建专制制度的终结，封建主义对于国民的思想禁锢和束缚被解除，由此开启了思想解放的闸门和文化革新的局面。新文化运动的倡导者高举民主与科学的旗帜，号召人们“冲抉过去历史之网罗，破坏陈腐学说之囹圄”，以“求得思想的解放”，认为“凡是无用而受人尊重的，都是废物，都算是偶像，都应该破坏”。经历新文化运动的冲击，传统文化的影

响逐渐式微，各种新思潮纷纷涌入中国，思想文化领域呈现生机勃勃的局面，这为马克思主义在中国的传播营造了文化氛围、准备了文化空间。可以说，没有辛亥革命对文化专制局面的破除，就没有新文化运动的兴起和马克思主义在中国的传播。

辛亥革命推动中国社会变革为马克思主义在中国的传播培育社会土壤。马克思说："理论在一个国家实现的程度，总是决定于理论满足这个国家的需要的程度。"马克思主义在中国的传播，同样缘于中国社会变革与发展的现实需要。辛亥革命后，中国社会发生了重大变化，传统社会开始解体，现代社会亟须建构，而现代社会建构是十分复杂的过程，需要新的理论作指导。特别是随着民族资本主义的发展，中国工人阶级队伍日渐壮大，产生了政治参与的要求。工人阶级要登上中国的政治舞台，表达自己的政治主张，发挥领导中国革命、推动中国社会变革与发展的作用，需要马克思主义理论作指导，马克思主义正是适应这一社会需要传入中国的。

可见，辛亥革命既使马克思主义在中国传播成为可能，也使马克思主义在中国传播成为必要，马克思主义在中国的传播为马克思主义中国化奠定了重要基础。

二、辛亥革命造就了马克思主义中国化的主体

马克思主义中国化的主体，就政党而言是中国共产党，就群体而言包括中国共产党领袖群体、先进知识分子群体、人民群众。辛亥革命促进了中国共产党的诞生，也促进了中国共产党领袖群体、先进知识分子群体的成长和人民群众的觉醒，造就了马克思主义中国化的主体。

辛亥革命促进了中国共产党的诞生。辛亥革命为中国共产党的成立作了思想上、组织上的准备。毛泽东指出："研究中国共产党的历史，还应该把党成立以前的辛亥革命和五四运动的材料研究一下。不然，就不能明了历史的发展。"中国共产党成立后，就自觉担负马克思主义中国化的任务，运用马克思主义分析解决中国革命的对象、动力、道路、前途等重大问题，实现马克思主义与中国国情、时代特征的结合，形成中国化的马克思主义。

辛亥革命促进了中国共产党领袖群体的成长。在中国共产党早期或第一代领导人中，有不少是从辛亥革命中走出来的，如李大钊、陈独秀、毛泽东、董必武、林伯渠、朱德等，都经历了辛亥革命的洗礼，受到了辛亥革命的熏陶，辛亥革命对其世界观转变、人生道路选择产生了重要影响。

在中国共产党创立时期的各地共产主义小组成员中，具有直接或间接参加辛亥革命经历的人数约占1/3。在马克思主义中国化过程中，中国共产党领袖群体凭借其非凡的历史洞察力与现实感召力，成为马克思主义中国化任务的提出者与主题的确立者、中国国情与时代特征的把握者、中国化马克思主义理论体系的建构者与诠释者、马克思主义中国化偏差的纠正者。中国共产党领袖群体是推动马克思主义中国化的重要力量。

辛亥革命促进了先进知识分子群体的成长。辛亥革命改变了中国知识分子的生存境遇和人生轨迹，一大批追求民主主义的先进知识分子逐步成长起来。辛亥革命失败后的中国政局和第一次世界大战的爆发，把先进知识分子从对欧美资本主义理想模式的幻想中惊醒过来，转而接受马克思主义，成为初步具有共产主义思想的知识分子。在马克思主义中国化过程中，担负马克思主义引进和传播任务的首先是先进知识分子。留日、留欧、留苏三大学生群体，把各自接触、理解、接受的马克思主义介绍到国内，成为引进和传播马克思主义的主要力量。在马克思主义中国化过程中，先进知识分子纷纷发表文章，既阐释马克思主义的基本原理与方法，又对各种非马克思主义、反马克思主义思潮进行回应与批判，为马克思主义在中国的传播清除障碍。此外，先进知识分子还通过大学讲坛、集会讲坛等，介绍和阐释马克思主义，扩大马克思主义的影响。由此，先进知识分子群体成为马克思主义中国化的主体。

辛亥革命促进了人民群众的觉醒。辛亥革命促进了中华民族的觉醒，觉醒的国民从忠君爱国走向革命救国，革命精神、民主意识开始生长，并产生了革命的愿望与变革社会现实的要求。要革命、要推动社会变革就需要新的理论作指导。在马克思主义中国化过程中，人民群众的理论诉求是马克思主义中国化的动力；人民群众的实践智慧为马克思主义中国化提供了基本素材；人民群众的社会实践则是检验马克思主义中国化理论成果的重要尺度。毫无疑问，人民群众是马克思主义中国化的主体之一。

因此，辛亥革命对于马克思主义中国化主体造就发挥了积极作用，而主体造就使马克思主义中国化成为可能。

三、辛亥革命为马克思主义中国化提供了鲜活经验

辛亥革命失败的教训，为马克思主义中国化提供了鲜活经验。在马克思主义中国化过程中，在建构中国共产党革命话语过程中，充分借鉴和吸取了辛亥革命失败的教训。

革命需要广泛动员群众。辛亥革命失败的重要原因，是没有发动群

众，缺乏群众基础。在马克思主义中国化过程中，中国共产党结合辛亥革命失败原因的分析，强调中国革命广泛动员群众参加的必要性。早在1919年8月，毛泽东在《民众的大联合》一文中就批评辛亥革命缺乏“民众的联合”，“与我们民众的大多数毫没关系”，进而开始倡导民众的大联合。1924年12月，陈独秀在分析辛亥革命失败原因时认定：辛亥革命的失败，并非革命主张的错误，乃是革命方法的错误，即“单调的军事行动”，没有“建筑在民众的力量上面”。正是基于辛亥革命教训的总结，中国共产党在领导中国革命的过程中，十分注意动员群众参加革命，并针对工人、农民、士兵、学生等，分别采取不同的动员方式与动员策略。可以说，从辛亥革命失败的教训中，中国共产党明确了中国革命的依靠力量。

革命需要强有力的政党领导。辛亥革命是由中国同盟会组织和发动的，但由于中国同盟会高层在革命宗旨上久存分歧，缺乏严格的纪律约束，以致革命成功后，内部迅速分化，日益丧失革命性、先进性，无法起到领导核心作用。1921年3月，李大钊对辛亥革命后的政党状况深表忧虑，认为“既无政党之精神，亦无团体的组织”，并提出中国“若能成立一个强固精密的组织，并注意促进其分子之团体的训练，那么中国彻底的大改革，或者有所附托”。李大钊这里所说的组织即是不久之后成立的中国共产党。1925年冬，毛泽东在比较辛亥革命与国民革命时说：“辛亥年的革命”，“党的组织和内容是极其简单”，“当时国内还没有代表无产阶级利益的中国共产党”，现在的局面与辛亥年完全两样，“已经有了共产党”。可见，从辛亥革命失败的教训中，中国共产党人意识到组建新的政党的必要性，认识到强有力政党领导对于中国革命胜利的重要作用，从而明确了无产阶级要掌握中国革命的领导权。

革命需要建立和掌握武装。辛亥革命时，革命党人没有建立自己的军队，辛亥革命后乱局形成的重要原因之一，是军阀各自拥兵自重。1922年9月，蔡和森在反思辛亥革命失败后的政局时指出：民主与封建之争为何不能结束？“主要原因在旧支配阶级的武装并未解除”，“旧军队不完全解散或彻底改组”，革命阶级的“统治权是不能保持的”，其“革命是要被推翻的”。这里实际上提出要建立革命的武装，申明在军阀拥兵自重的情况下，要完成反帝反封建的革命，须以革命的武装为后盾。1926年10月，张太雷在纪念辛亥革命时明确指出：“党没有可靠的军队，亦是辛亥革命失败的一原因。”随后，中国共产党开始创建人民军队，建立属于自己的武装。

革命需要农村的大变动。辛亥革命时期，由于革命党人轻视乃至敌视农民，在总体上放弃了对农民的领导，而大多数农民尚未觉醒，对政治持冷漠态度，缺乏革命的热情与要求，因此，辛亥革命引起的社会变动主要集中在城市，其影响力主要体现在城市，对广大农村触动不大。1926年10月，张太雷在总结辛亥革命失败的原因时说：“辛亥革命是上层的军事行动，用武力完成的政变，并没有掀动乡村与各县的基础。”大革命时期，随着农民运动的兴起，毛泽东指出：“国民革命需要一个大的农村变动。辛亥革命没有这个变动，所以失败了。现在有了这个变动，乃是革命完成的重要因素。”这就从反思辛亥革命失败原因出发，说明了中国革命需要农村变动、革命需要发动农民的道理。

总之，在马克思主义中国化过程中，中国共产党结合辛亥革命失败的原因与教训，探索和思考中国革命基本问题，辛亥革命为新民主主义革命理论的形成提供了鲜活经验和经典案例。

原载《光明日报》2011年10月8日

孙中山与辛亥革命

张磊　温宪元

2011年是辛亥革命100周年。100年来，中国与世界都发生了巨大而深刻的变化，但是，这场革命的划时代意义并没有被淡化和忘却。科学评价孙中山与辛亥革命的历史地位与作用，自觉继承辛亥革命的精神遗产，依然具有重大的现实意义。作为中国民主革命的伟大先行者，孙中山先生领导了伟大的辛亥革命。辛亥革命虽然未能改变中国半殖民地半封建的社会性质和人民的悲惨境遇，但推翻了清朝的统治，结束了在中国延续几千年的君主专制制度，推动了经济与社会的变革，为中国的进步打开了闸门。孙中山不愧为辛亥革命的主帅和旗手，辛亥革命是孙中山的主要业绩。

孙中山提出了明确的民主革命纲领，创建了全国性的革命政党

鸦片战争以后，中国逐步沦为半殖民地半封建社会。在民族危机日益深重和社会矛盾日趋激化的严峻形势下，不同的力量围绕近代中国亟待解决的社会政治、经济等重大课题进行了不同的探索，给出了不同的答案。比如，农民阶级提出了朴素的斗争纲领，进行了多次反抗乃至战争；戊戌维新派提出了社会变革的方案，并作出了付诸实践的尝试。他们的活动具有反帝反封建的性质，产生过一定的积极作用，但由于他们对自身历史使命缺乏自觉的认识，因而无法提出明确的民主革命纲领，难以胜任民主革命的艰巨任务。

孙中山作为中国民主革命的伟大先行者，第一次提出了明确的、系统的民主革命纲领。在当时的历史条件下，孙中山所倡导的三民主义无疑是比较先进、科学的社会政治和经济变革方案，比较系统地回答了近代中国民主革命所面临的中心课题，反映了中国的基本国情，顺应了中国社会发展的趋势，较之单纯农民战争和资产阶级维新运动的纲领要优越得多。旧

民主主义革命运动在获得了三民主义的指导之后，才具有了比较完全的意义，从而跨越了鸦片战争以来长达半个世纪的“准备阶段”，步入更高的正规时期。

孙中山不但提出了明确的民主革命纲领，而且创建了全国性的革命政党。1905 年，孙中山创建了全国性的革命政党——中国同盟会。相对于农民阶级的秘密结社、资产阶级维新派松散的“学会”等，这个具有近代形态的政党在政治上、思想上和组织上都具有无可比拟的优点，发挥了“革命的中枢”的作用。辛亥革命主要就是由中国同盟会领导的。

中国同盟会的创建标志着民主革命进入了一个新的阶段。第一，中国同盟会把孙中山的三民主义接纳为斗争纲领。“驱除鞑虏，恢复中华，创立民国，平均地权”的主张无疑是对民主革命中心课题的高度概括，是比较明确、系统的民主革命纲领。它同兴中会初创时的政治纲领相比有了长足进步，主要是明确了共和制度的诉求和补充了社会经济方案。较之同时期的革命团体华兴会、光复会的政治纲领，则具有更丰富的民主主义内涵。第二，中国同盟会在组织方面有所改进。它效法西方国家的三权分立原则，设立了评议、司法、执行三部，总理由会员每 4 年公开推举一次。第三，中国同盟会的骨干大部分是革命知识分子。作为其所属阶级的政治代表，他们胜任政治指导者的角色，增加了中国同盟会的能量和活力，同时密切了中国同盟会与国内的联系。第四，在中国同盟会内部形成了以孙中山为首的领导集团。孙中山被一致推举为总理，在他周围聚集了黄兴、宋教仁、朱执信、廖仲恺等一批颇有威信和经验的领导人。这个领导集团保持了相对的稳定，基本上肩负起了领导重任。第五，中国同盟会制订了比较完整的方针政策。1906 年秋冬之际，孙中山与黄兴、章太炎等编制了《中国同盟会革命方略》，供各地革命党人发动武装起义时遵循和应用。除具有纲领性的《军政府宣言》外，其他文件的内容主要涉及实施方针、政策问题。第六，中国同盟会是一个全国性的、统一的革命政党。除本部外，中国同盟会在国内设置了东（上海）、西（重庆）、中（汉口）、南（香港）、北（烟台）5 个支部以及下属的各省分部，在国外建立了南洋、欧洲、美洲和檀岛 4 个支部。仅在 1 年多时间里，加盟者就达万余人。以上这些特点，使中国同盟会摆脱了先前许多革命团体的局限性，真正成为指导、推动革命运动发展的核心力量。在短短的几年中，中国同盟会开展了大量卓有成效的工作，为辛亥革命这场全国范围的武装反清斗争提供了必要的基础和条件。

孙中山是“战争事业”的坚决倡导者，领导了风起云涌的武装斗争

孙中山还是资产阶级革命派所从事的“战争事业”的坚决倡导者。从组建兴中会开始，孙中山就把反清武装斗争作为民主革命的主要手段，始终重视革命暴力的作用，既摒弃了维新派的上书请愿方式，又超越了一般的农民战争。孙中山关于武装斗争的理论及实践有着重大意义，反映了近代中国民主革命的一个基本特点——武装的革命反对武装的反革命。推翻封建王朝、建立共和国，必须诉诸革命的暴力。推翻了清朝的辛亥革命，实质上是一场全国范围的武装斗争。

孙中山对于革命暴力手段在斗争过程中的重大意义并非一开始就很明确，而是在经历了挫折之后才逐步认清的。民众的自发反抗和农民战争曾给他以影响，但最终使他踏上武装反清斗争路途的还是政治活动的教训。1894 年，孙中山在上书李鸿章失败后，才“积渐而知和平之手段不得不稍易以强迫”，甚至实行君主立宪“亦必以流血得之，方能成为真立宪”。因为指望统治者来将国家改革是绝对不可能的，官方迫于形势而作出的诺言只能是“舍本逐末”的“用以缓和民众骚动情绪的具文”。所以，孙中山 1894 年创建兴中会后立即着手策划广州起义，后来又发动了著名的惠州起义。革命党人展开的多方面活动，包括宣传鼓动、筹款、联络会党和其他社会力量都在很大程度上服务于反清武装斗争。中国同盟会成立后，孙中山马上派遣会员分赴华南、西南和长江流域，进行实地调查，准备武装起义。1907—1911 年春，孙中山在华南、西南地区策划了 8 次起义——潮州黄冈之役、惠州七女湖之役、钦州防城之役、广西镇南关之役、钦州马笃山之役、云南河口之役、广州新军之役和辛亥广州三月二十九之役。在镇南关之役中，孙中山曾亲登镇北炮台轰击清军。对于遍及各个地区的反清武装斗争，孙中山也极力给予策应和支持。

坚持反清武装斗争，是孙中山和他所领导的资产阶级革命派活动的重要特点，反映了近代中国民主革命的客观规律。在半殖民地半封建的中国社会里，人民群众深受帝国主义、封建主义压迫而没有基本的民主和权利。对现存社会秩序的任何反抗都会招致反动统治者的残酷镇压，甚至连堪称“跪着的造反”的维新运动也以“六君子”的血洒街头而夭折。为帝国主义所支持的清朝政府偶尔作出的“改革”姿态，实质上都是为了苟延残喘的狡猾手段。以清末鼓噪一时的预备立宪为例，无论迟迟不能兑现的《钦定宪法大纲》还是已经开设的咨议局、资政院都没有改变人民的无权

状态，以致立宪派也普遍感到失望。因此，革命党人和广大群众为独立、民主和富强而斗争，不可避免地要诉诸暴力手段，通过武装起义推翻清朝政府。孙中山和他的战友们认识和实践了这个道理，这对于他们所从事的革命事业大有裨益。孙中山的政治生涯几乎没有离开“战争事业”，从开始组织革命团体时就进行了几次反清武装斗争，到中国同盟会时期更发动了持续不断的武装起义，直到辛亥革命武装推翻了清朝。

但是，直到辛亥革命前夕，孙中山和他的战友们所策划的多次起义大都以失败告终。造成这种悲剧性结局的原因很多：没有练成一支真正的革命武装；从外面“输入”械弹以及战斗人员；各自为战，不相联属……更为严重的是没有深入发动和组织群众（特别是广大农民），致使起义缺乏坚实的群众基础，难以具备取得胜利的主要条件。但是，决不能因此而贬低反清武装斗争的重大意义。持续不断的起义给清朝统治者以沉重的打击，同时一次次悲壮的战斗激励了群众，提高了革命党人的威望，扩大了革命的影响。事实上，每一次武装起义都为最终推翻清政府积累着胜利因素。“辛亥广州三月二十九之役”，更成为辛亥革命的序幕。正如孙中山后来所指出的：“是役也，碧血横飞，浩气四塞，草木为之含悲，风云因而变色。全国久蛰之人心，乃大兴奋。怨愤所积，如怒涛排壑，不可遏抑，不半载而武昌之大革命以成。”

孙中山是中华民国的主要缔造者，是共和制度的捍卫者

孙中山在武昌起义引发革命烽火遍燃的时刻返回祖国，建立共和制度成为当时迫在眉睫的任务。他旋即被推选为中华民国的临时大总统，组建和主持了设在南京的临时政府，成为中华民国的主要缔造者。在短暂而又极其困难的三个月里，他力求对新生的共和制度有所建树。只是由于形势迅速逆转，革命实际上陷入了内外交困的境地。临时政府面临着各种压力：西方国家均未承认共和国；临时政府甚至没有预算和财源；革命政权缺少一支真正的革命军；“非袁莫属”的呼声甚嚣尘上……当辛亥革命的成果被国内外反动势力所支持的袁世凯及其后继者攫取后，孙中山又举起旨在捍卫共和制度的“二次革命”、中华革命党反袁斗争与两次护法运动的旗帜。

孙中山和资产阶级革命派领导了伟大的辛亥革命，建立了不朽的业绩，但他们不可能把革命引向彻底的胜利。这是历史的必然：不仅由于当时世界进入了帝国主义时代，而且因为资产阶级革命派与对手相比在政治上、经济上异常软弱，无法挣脱帝国主义与封建主义的双重枷锁。正如孙

中山在1924年召开的中国国民党第一次全国代表大会的宣言中指出的："曾几何时，已为情势所迫，不得已而与反革命的专制阶级谋妥协。此种妥协，实间接与帝国主义相调和，遂为革命第一次失败之根源……夫袁世凯者，北洋军阀之首领，时与列强相勾结，一切反革命的专制阶级如武人官僚辈，皆依附之以求生存，而革命党人乃以政权让渡于彼，其致失败，又何待言！"

历史进程往往会出现暂时逆转，但决不会停滞不前。辛亥革命后的惨淡岁月持续没有多久，就出现了新时代的曙光：俄国十月革命的胜利给人类带来了理想和希望，五四运动和中国共产党的成立意味着中国旧民主主义革命阶段开始为新民主主义革命阶段所取代。迭遭挫折而"愈挫愈奋"的孙中山积极迎接历史的跨越，决心"另为彻底之革命运动"。他带着长期革命斗争特别是辛亥革命的经验教训投身新的战斗：在中国共产党和共产国际的帮助下，以革命精神重新阐释了三民主义，确立了联俄、联共、扶助农工的三大政策；改组了中国国民党，实现了第一次国共合作。孙中山晚年的理论和实践适应了历史发展的趋势，达到了前所未有的高度，推动了国民革命的发展，为北伐战争创造了条件。遗憾的是，孙中山由于积劳成疾，于1925年3月逝世。其时，"革命尚未成功"，但大革命的风暴即将席卷神州大地。在经历了中国共产党领导下的民族解放战争和两次国内革命战争后，中华人民共和国的建立标志着中国民主革命的最终胜利。辛亥革命的"未竟之业"，终于得以圆满完成。

原载《人民日报》2011年10月10日

推动文化产业成为国民经济支柱性产业

李新家

党的十七届六中全会审议通过的《中共中央关于深化文化体制改革 推动社会主义文化大发展大繁荣若干重大问题的决定》，将“文化产业成为国民经济支柱性产业，整体实力和国际竞争力显著增强，公有制为主体、多种所有制共同发展的文化产业格局全面形成”作为文化改革发展奋斗的重要目标之一。我们一定要认真领会全会精神，切实认识到发展文化产业的重要性、紧迫性，深刻了解文化产业发展面临的利弊条件，推动文化产业跨越式发展。

文化产业这个概念，现在大家都非常熟悉，但在我国的经济统计领域，还是个比较新鲜的词。资料显示，“十五”计划建议中第一次提出推动有关文化产业发展，2003 年开始实施文化产业的调研，2004 年才明确文化产业的分类，文化创意产业这几年才开始列入统计需要研究把握的范围。现在，文化产业包括哪些内容，统计指标里已经有了比较明确的界定；后来公布的《文化产业振兴规划》中提出要发展重点文化产业，这个重点应该包括“文化创意、影视制作、出版发行、印刷复制、广告、演艺娱乐、文化会展、数字内容和动漫等产业”。

党的十六大以来，党中央、国务院高度重视发展文化产业，采取了一系列政策措施，深入推进文化体制改革，加快推动文化产业发展，文化产业的国际竞争力不断增强，呈现出健康蓬勃发展的良好态势。

“十一五”时期，我国文化产业增加值平均增速高于同期国内生产总值的平均增速。我国电影产量由 2003 年的 100 部以下上升到 2010 年的 526 部，成为世界第三大电影生产国和第一大电视剧生产国。影视动画产量从 2005 年的 4.2 万分钟增加到 2010 年的 22 万分钟，增长了 4 倍以上，扭转了进口片占主导的局面。新闻出版业总资产、总产出、总销售比“十五”时期翻了一番，印刷业翻了两番。同时，文化产业投融资体系更加完善。据统计，7 个省市成立了文化产业投资基金或投资公司，资金量达到百亿元。

文化产业是市场经济条件下繁荣发展社会主义文化的重要载体，是满足人民群众多样化、多层次、多方面精神文化需求的重要途径，也是当前和今后一个时期推动经济结构调整、转变经济发展方式的重要着力点。随着科技进步和知识经济的迅猛发展，文化已渗透到经济发展的全过程，历史、传统、民俗等文化资源日益成为经济发展的基础资源，创意、设计、构思等文化创新日益成为价值创造的重要支点，品牌、形象、信誉等文化形态的无形资产日益成为市场竞争的关键所在。只有当文化表现出比物质和货币资本更强大力量的时候，当经济具有更多文化含量的时候，经济发展才能进入更高层次、更高水平，才能具有可持续发展的后劲。在应对国际金融危机冲击中，我们又一次看到了文化在推动经济发展方式转变中的特殊作用，面对经济增速下滑，文化产业逆势上扬，令人振奋。

要看到，我国文化产业的发展水平还不高，与人民群众日益增长的精神文化需求还不相适应，与日趋完善的社会主义市场经济体制还不相适应，与现代科学技术迅猛发展及广泛应用还不相适应。各地区各部门一定要深刻领会党的十七届六中全会精神，坚持社会主义先进文化前进方向，坚持把社会效益放在首位、社会效益和经济效益相统一，按照全面协调可持续的要求，使之成为新的经济增长点、经济结构战略性调整的重要支点、转变经济发展方式的重要着力点，为推动科学发展提供重要支撑。

推动文化产业成为国民经济支柱性产业，推动文化产业跨越式发展，首先要坚持社会主义先进文化前进方向，坚持把社会效益放在首位、社会效益和经济效益相统一。文化具有不同属性，发展文化产业是在强调其经济属性的一面。但在社会主义市场经济条件下强调经济属性并不是一切以利润最大化来衡量，而必须有个前提，即把社会效益放在首位。这就要求我们，发展文化产业要坚持马克思主义指导地位，要把社会主义核心价值体系体现到精神文化产品创作生产传播各方面。要坚持正确创作方向，牢固树立人民是历史创造者的观点，坚持以人民为中心的创作导向，热情讴歌改革开放和社会主义现代化建设伟大实践，生动展示我国人民奋发有为的精神风貌和创造历史的辉煌业绩。要引导文化工作者牢记为人民服务、为社会主义服务的神圣职责，坚持正确文化立场，认真对待和积极追求文化产品社会效果，弘扬真善美，贬斥假恶丑，把学术探索和艺术创作融入实现中华民族伟大复兴的事业之中。

推动文化产业成为国民经济支柱性产业，推动文化产业跨越式发展，还要促进文化产业的转型升级。走科学发展之路，就要转变发展方式、提高文化发展的质量和效益。加快经济发展方式转变，是关系改革开放和现代化建设全局的战略部署，是总结历史和现实正反两方面经验作出的战略抉择，是抢占发展制高点、争创发展新优势刻不容缓的重大任务。转变发展方式，不仅是经济领域的问题，文化产业领域同样也需要通过转变发展方式获得新的发展动力和增长空间。从当前情况看，我们在文化发展方式上存在许多亟待解决的问题。比如，在文化结构上，所有制结构、产业结构、产品结构、技术结构、进出口结构都还不尽合理，产品技术含量低、非公资本比重低，适合大众消费的优质文化产品还不够多；在产业集中度上，散、小、滥的问题依然存在，规模实力、抗风险能力还比较弱；在资源配置上，既有“投资饥渴”的问题，也存在盲目投资的问题，一些地方文化项目雷同、同质化严重，造成了资源浪费。因此，我们应当把促进文化产业转型升级作为一件大事来抓，多一些顶层设计，大力实施重大文化产业项目带动战略，着力培育和发展新兴文化业态，不断优化布局、优化结构、优化配置，不断增强文化发展的后劲、提高文化发展的效益。

原载《经济日报》2011 年 11 月 21 日

妥善处理文化改革发展中的重要关系

蒋斌　余世才

党的十七届六中全会从建设社会主义文化强国、实现中华民族伟大复兴的战略高度，提出把握文化发展规律、增强文化建设本领的时代课题。认真学习贯彻全会精神，必须深刻认识中国特色社会主义文化发展的特点和规律，妥善处理事关文化改革发展成效的一系列重要关系，努力推动社会主义文化大发展大繁荣。

民族性与世界性的关系

文化是民族的血脉、是人民的精神家园。文化具有鲜明的民族性。在人类文明发展进程中，各个民族运用自己的智慧和力量，创造了各具特色的文化形态和文化成果。人类文化发展史表明，民族文化的发展不能脱离该民族的历史文化传统与民族特性、民族精神，注重突出文化的个性或民族性是推进文化建设必须坚持的基本原则。中华文化是世界上独具特色、源远流长、博大精深的原创性文化，植根于中华沃土，凝结着中华各民族文化的精华，是中华民族独特的精神标识，滋养了一代又一代中国人的精神世界，深刻影响着我国文化的未来发展。在新的历史条件下推进文化改革发展，必须确立中华文化的主体地位，继承和弘扬中华民族优秀传统文化，构建中国特色社会主义文化，为实现中华民族伟大复兴提供强大的精神支撑。

文化不仅具有民族性，而且具有世界性。各国、各民族的优秀文化都是世界文化宝库的重要组成部分；一个国家、一个民族的文化要不断繁荣发展、发扬光大，离不开对其他国家、其他民族优秀文化成果的吸收与借鉴。中华文化之所以能绵延五千年，取得光辉灿烂的成就，很重要的一个原因就是得益于对外来先进文化的包容与创造性转化。当今时代，世界文化多样化发展趋势日益明显，各种思想文化交流交融交锋更加频繁。在这一新形势下，只有坚持以我为主、为我所用，以海纳百川、兼收并蓄的胸怀和视野，学习借鉴一切有利于加强我国社会主义文化建设的有益经验、一切有利于丰富我国人民文化生活的积极成果、一切有利于发展我国文化事业和文化产业的经营管理理念和机制，在博采众长中不断赋予中国特色社会主义文化以强大生机和无限活力，才能更好地书写中华文化新篇章，为世界文明发展作出新的更大的贡献。

继承与创新的关系

文化是人类生活方式、风俗习惯、思想观念等的总和，文化发展是长期孕育、不断积淀、循序渐进、代代相传的过程。任何时代的文化都只能在以前时代文化传统的基础上发展，而不可能割断文化发展的历史，凭空创造出一种文化来。一点一滴地培育、一代一代地传承，是文化发展的基本规律。几千年来，中华文化之所以能够绵延不绝、繁荣昌盛，靠的就是一代代中华儿女薪火相传、接续培育、不断发展。在新的历史条件下推进文化改革发展、建设社会主义文化强国，同样需要我们继承中华民族优秀传统文化，用民族优秀传统文化滋养民族生命力、激发民族创造力、铸造民族凝聚力，建设中华民族共同精神家园。

文化引领时代风气之先，是最需要创新的领域。创新是文化的本质特征，是文化繁荣发展之道。一部人类文化发展史，既是一部文化继承史，也是一部文化创新史。我们党自成立之日起，就既是中华优秀传统文化的忠实传承和弘扬者，又是中国先进文化的积极倡导和发展者，团结带领全国各族人民不断以思想文化新觉醒、理论创造新成果、文化建设新成就推动党和人民事业向前发展。在新的历史条件下推进文化改革发展、建设社会主义文化强国，同样需要我们大力弘扬改革创新的时代精神，在继承中华优秀传统文化的基础上，大力倡导和推进文化创新。应坚持尊重劳动、尊重知识、尊重人才、尊重创造，大力增强创新意识、培育创新精神、提高创新能力，营造鼓励创新、激励超越、包容多样、宽容失败的社会环境，激励文化工作者在文化产品生产创作中大胆推陈出新，不断创造质量上有超越、内容上有独创、形式上有新意，叫得响、传得开、留得住的精品力作；深入实施科技带动战略，大力推动文化科技创新发展，发挥科技创新对文化发展的支撑作用，提升文化产业的核心竞争力；加快推进文化管理体制改革，建立健全科学有效的文化管理体制和文化产品生产经营机制，创新文化走出去模式，为文化繁荣发展提供强大动力。

文化与经济、科技的关系

文化的发展不是孤立的。当今时代，文化与经济、科技等相互渗透与融合日益深入。文化经济化、经济文化化、文化经济一体化的趋势更加明显，文化与科技互相融合、相互促进、互为支撑、协力前行的发展特点更加凸显，文化与经济、文化与科技结合所产生的创新创造成果展现出强大的竞争力。

在新的历史条件下推进文化改革发展、建设社会主义文化强国，需要我们正确认识和处理文化与经济、科技的关系。一方面，充分认识文化在当今时代越来越成为综合国力竞争的重要因素、越来越成为经济社会发展的重要支撑，高度重视文化产业发展对于经济社会发展的重要意义，推动文化产业跨越式发展，使之成为新的经济增长点、经济结构战略性调整的重要支点、转变经济发展方式的重要着力点；另一方面，充分认识科技创新是文化发展的重要引擎，加快科技创新与文化的融合发展，就能给文化插上振兴的翅膀，促进文化传播方式、表现形式、发展样式发生革命性变化，改变文化的生产、传播和消费方式，催生新的文化载体、文化样式和文化业态。根据我国文化和科技发展的现状，推动文化发展与科技创新融合，应着力提升文化产品的创造力、表现力、传播力，提升文化安全和文化管理能力，提升中华文化国际影响力。

经济效益与社会效益的关系

推进文化改革发展有两个主要抓手：一是推动文化事业全面繁荣，二是推动文化产业健康发展。发展公益性文化事业是满足人民基本文化需求的重要手段，发展文化产业是社会主义市场经济条件下满足人民多样性精神文化需求的重要途径。在新的历史条件下推进文化改革发展、建设社会主义文化强国，需要我们坚持“两手抓”，促进文化事业和文化产业共同发展壮大。为此，需要着重处理好经济效益与社会效益的关系。

发展公益性文化事业必须坚持把社会效益放在首位，让群众广泛享有免费或优惠的基本公共文化服务；发展文化产业必须坚持社会主义先进文化的前进方向，坚持把社会效益放在首位，实现社会效益与经济效益相统一。在推进文化事业和文化产业发展中处理好经济效益与社会效益的关系，需要我们贯彻落实科学发展观，统筹弘扬主旋律与提倡多样化的关系，一手抓高雅文化艺术繁荣，一手抓通俗文化艺术发展，在彰显文化多样性中强化主导、壮大主流；找准文化发展与市场经济的结合点，一手抓人文价值的弘扬，一手抓市场价值的拓展，努力实现“两个效益”共同加强、同频共振；统筹文化管理体制改革与文化产品生产经营机制改革，一手抓繁荣，一手抓管理，积极探索符合文化发展规律的管理体制、运行机制、组织形式、活动方式；统筹兼顾重大文化工程建设与基层基础文化发展，一手抓重大文化工程建设，一手抓群众日常文化生活水平普遍提高，推动文化建设均衡发展；统筹兼顾文化资源的保护和利用，一手抓珍爱保护，一手抓开发利用，在保护的前提下利用，通过有效的开发利用促进保护；等等。

服务人民与依靠人民的关系

文化源于人民、属于人民，文化发展必须依靠人民、为了人民。中国特色社会主义文化是人民共建共享的文化，在共享中共建、以共建促共享，是中国特色社会主义文化发展的重要原则。因此，在新的历史条件下推进文化改革发展、建设社会主义文化强国，必须处理好服务人民与依靠人民的关系，把文化惠民、共建共享的理念贯穿于建设社会主义文化强国全过程。

在推进文化改革发展中处理好服务人民与依靠人民的关系，需要我们坚持正确的立场，发挥人民群众在文化建设中的首创精神，充分挖掘蕴藏于人民之中的文化创造潜能，精心培育植根群众、服务群众的文化载体和文化样式，广泛开展群众性文化活动，让蕴藏于人民中的文化创造活力得到充分发挥；大力培养为人民抒写、为人民放歌的作家、艺术家和高素质文化工作者队伍，确立以人民为中心的创作和生产导向，向人民学习、拜人民为师，在人民伟大创造中汲取营养、挖掘素材，创作生产思想性艺术性观赏性相统一、人民喜闻乐见的优秀文化作品和产品；坚持面向基层、服务群众，完善城乡基层文化基础设施和服务网络，提高社区文化、村镇文化、企业文化、校园文化建设水平，多生产质优价廉的文化产品，多为低收入群众和生活困难群众提供文化服务，以更好地满足人民精神需求、丰富人民精神世界、增强人民精神力量，努力开创全民族文化创造活力持续迸发、社会文化生活更加丰富多彩、人民基本文化权益得到更好保障、人民思想道德素质和科学文化素质全面提高的新局面。

原载《人民日报》2011 年 12 月 13 日

2012年

社会主义核心价值体系是兴国之魂

蒋斌　陈金龙

党的十七届六中全会强调，“社会主义核心价值体系是兴国之魂”。这彰显了社会主义核心价值体系的重要地位。核心价值观是文化的灵魂，有什么样的核心价值观，就有什么样的文化立场、文化取向、文化选择。历史和现实证明，没有核心价值体系，一种文化就立不起来、强不起来，一个民族就没有赖以维系的精神纽带，一个国家就没有统一意志和共同行动。建设社会主义文化强国，面临诸多任务，摆在首位的就是推进社会主义核心价值体系建设，在全社会形成对社会主义核心价值体系的共识和认同。

一、社会主义核心价值体系决定中国特色社会主义发展方向

国家兴盛需要选择正确的发展道路，发展道路既关系发展速度，也关系发展质量。选择发展道路之要，在于确立正确的发展方向，发展方向的把握则有赖于价值引领、文化支持。社会主义核心价值体系作为社会主义先进文化的精髓，既能彰显社会主义的特色和本质，又能增进人们对中国特色社会主义的认同，是中国特色社会主义发展方向的决定性因素。

社会主义核心价值体系是中国特色社会主义文化的精髓。在任何一种文化体系中，价值观都扮演核心的角色，决定文化的性质、精神与意义。社会主义核心价值体系所蕴含的马克思主义指导思想、中国特色社会主义共同理想、以爱国主义为核心的民族精神和以改革创新为核心的时代精神、社会主义荣辱观，决定了中国特色社会主义文化的根本性质、基本精神与发展走向，能为中国特色社会主义发展提供科学理论指导、共同理想信念、强大精神力量、基本道德规范，从而确保中国特色社会主义发展方向。

社会主义核心价值体系彰显社会主义的特色和本质。核心价值体系反映社会的价值追求和价值目标。社会主义核心价值体系是对社会主义发展

规律的深刻把握和对社会主义发展目标的价值判断，反映了社会主义经济、政治、文化、社会发展的客观要求，体现了社会主义特色和本质。社会主义制度与资本主义制度的不同，一个重要方面就是核心价值体系的差异。资本主义核心价值体系的底色是“个人本位”或“个人主义”，社会主义核心价值体系则强调集体主义，将个人价值的实现建立在社会整体价值发展的基础上，与社会整体价值实现相融合。两种核心价值体系的差异，成为两种社会制度的重要分界线。

社会主义核心价值体系增进民众对中国特色社会主义的认同。社会主义核心价值体系既是主流意识形态、执政党意志、国家意志的体现，也反映人民群众的价值诉求，融入人民群众的生活实践，为人民群众进行价值选择提供了相对统一、比较可靠的价值标准，因而能够赢得人民群众的认可和支持，进而增进人民群众对中国特色社会主义的认同。人民群众认同中国特色社会主义，建设和发展中国特色社会主义才有坚实的群众基础和不竭的力量源泉。

二、社会主义核心价值体系增强中华民族凝聚力

民族凝聚力的增强是国家兴盛的基石，一盘散沙的民族难以自立于世界民族之林。社会主义核心价值体系具有统一和整合全社会共同价值追求的作用，有利于增强中华民族凝聚力。

社会主义核心价值体系为增强民族凝聚力提供有力保证。马克思主义作为社会主义核心价值体系的指导思想，为增强民族凝聚力提供理论指南；中国特色社会主义共同理想作为社会主义核心价值体系的理想目标，为增强民族凝聚力提供理想激励；民族精神和时代精神作为社会主义核心价值体系的精神动力，为增强民族凝聚力提供精神源泉；社会主义荣辱观作为社会主义核心价值体系的道德规范，为增强民族凝聚力提供道德支撑。社会主义核心价值体系各方面的内容，直接关系民族凝聚力的增强。

社会主义核心价值体系为增强民族凝聚力建构精神家园。一个国家、一个民族要生存发展，必须拥有自己的精神家园，即共有的理想目标、精神追求、伦理道德等。只有坚守精神家园，国家、民族、社会才会具有向心力、凝聚力。社会主义核心价值体系建设促进中华民族精神家园的建构；中华民族精神家园的建构，为增强民族凝聚力提供深厚的文化根基。

社会主义核心价值体系为增强民族凝聚力培育文化自觉和文化自信。文化自觉和文化自信是促进民族凝聚力增强的重要因素。社会主义核心价值体系展示了中国文化的发展要求、发展前景，明确了中国文化的发展方

向、发展道路，既是文化自觉的表达，也是文化自信的体现。这种文化自觉、文化自信，对于增强民族凝聚力将产生深远影响。

三、社会主义核心价值体系提升国家文化软实力

社会主义核心价值体系是国家文化软实力的重要组成部分，推进社会主义核心价值体系建设是提升国家文化软实力的重要途径。

社会主义核心价值体系是国家文化软实力形成的重要因素。文化软实力来源于价值体系的影响力，取决于它所蕴含的价值体系能否启迪人、激励人、感召人，能否激起人们对共同价值的向往与追求。社会主义核心价值体系明确了我国社会共同的价值目标、价值标准，激励人的价值追求，矫正人的价值取向，是提升国家文化软实力的关键所在。

社会主义核心价值体系是中华文化走向世界的重要基础。推动中华文化走向世界，扩大中华文化的国际感召力和影响力，进而提升国家形象，是中国特色社会主义文化建设的重要任务。民族的才是世界的，社会主义核心价值体系是中华文化有别于他国文化的根本特征，是中华文化民族性的集中体现，是中华文化走向世界的基础。

社会主义核心价值体系是参与国际文化竞争的重要支撑。在经济全球化背景下，多元文化的交流交融交锋不可避免。如何使中国文化经受外来文化冲击，维护国家文化安全、捍卫文化主权，是当前文化建设必须面对的严峻问题。应对和参与国际文化竞争，基础性的工作和支撑性的力量在于推进社会主义核心价值体系建设，增强中华文化自身的力量，夯实中华文化自身的底蕴。只有如此，才能有效抵御西方国家的文化渗透与文化扩张，使中华文化在国际文化竞争中立于不败之地。

要使社会主义核心价值体系成为兴国之魂，首先要使社会主义核心价值体系成为当代中国文化之魂。在建设社会主义文化强国过程中，要将社会主义核心价值体系融入国民教育、精神文明建设和党的建设全过程，增进全社会对于社会主义核心价值体系的认同；将社会主义核心价值体系贯穿改革开放和社会主义现代化建设各领域与精神文化产品创作生产传播各方面，彰显社会主义核心价值体系的强大效能；用社会主义核心价值体系引领社会思潮，在尊重差异、包容多样的基础上最大限度形成社会共识。

原载《求是》2012 年第 2 期

把科学发展理念贯穿于发展实践

温宪元

科学发展观是我国经济社会发展的重要指导方针。科学发展观提出后，受到广大干部群众的高度评价，在实践中发挥了重要指导作用，取得了明显成效。近些年来，广东牢固树立科学发展理念，探寻科学发展之路，谋求科学发展之策，推动经济社会发展取得新进展、迈上新台阶。同时，广东也对如何把握新趋势、增创新优势，切实当好科学发展“排头兵”进行了积极探索与实践。

一

党的十七大以来，广东贯彻落实科学发展观的实践特征，大致可以从以下四方面来把握和判断：

第一，深入贯彻落实科学发展观，必须坚持解放思想、实事求是、与时俱进、以人为本。广东发展虽已进入“快车道”，但发展后劲仍然不足、资源环境的约束日益严重等，都是广东在新的更高起点上加速发展必须破解的难题。科学发展观的核心是以人为本。贯彻落实科学发展观也必须依靠人民、为了人民，坚持走群众路线。近年来，广东省委、省政府把改善“基本民生”、保障“底线民生”、关注“热点民生”作为保增长、促发展的出发点和落脚点，注重从解决人民群众最关心、最直接、最现实的利益问题入手，切实加大保障和改善民生的工作力度，不仅让全省人民共享改革发展成果，而且使经济发展步入良性循环的轨道，获得源源不断的内生动力。

第二，深入贯彻落实科学发展观，必须自觉坚定而又富于创造性。科学发展观对全国都有重要的普遍意义，各省、区、市和各部门都应自觉坚定地贯彻落实。但是，由于我国幅员辽阔，各地的自然条件、资源禀赋等存在很大差异，城乡、区域之间发展很不平衡；不同行业发展面临的形势、具有的优势、遇到的困难等也千差万别。深入贯彻落实科学发展观，需要各地区、各部门结合自身实际、大胆探索，创造性地开展工作。党的十七大以来，广东省委、省政府在科学认识广东所处的发展方位和阶段性特征的基础上，按照科学发展观的要求，认真总结历届省委、省政府的成功经验，集中全省人民的智慧，提出了“腾笼换鸟”“双转移”等科学发展、富民强省的战略目标，形成了深入贯彻落实科学发展观的发展新路子。

第三，深入贯彻落实科学发展观，必须不断向深度和广度拓展。随着形势的不断变化，实践的不断发展，贯彻落实科学发展观必然要不断向深度和广度拓展，努力把贯彻落实科学发展观提高到新水平。近年来，广东在成功应对国际金融危机的过程中，以科学发展的理念和智慧，敢为人先的胆量和勇气，在困难中经受考验，在危机冲击下开拓前进，形成了一系列新成果。经济发展内生动力显著增强，经济效益进一步提高，农业农村经济稳定发展；城乡居民收入不断增加，幸福指数明显上升；文化文明建设力度加强，绿色广东展现活力，民生发展和社保体系日益健全。

第四，深入贯彻落实科学发展观，必须更加注重科学方法的运用和实践路径的探索。在实践中创造性贯彻落实科学发展观，要认清在新的起点上广东具有市场主体的适应性较强、物质基础较雄厚等优势和传统产业比重较大、人才资源相对短缺等不足，扬长避短，破解难题，大力推动经济社会发展全面迈向新的发展阶段；要认清工业化、信息化、城镇化、市场化、国际化深入发展的新形势新任务及其带来的机遇和挑战，深入把握做好广东各项工作的内在规律，大力增强工作的系统性、预见性和创造性；要认清推进体制创新是贯彻和落实科学发展观的必然要求，不断深化重点领域与关键环节的改革，积极构建和完善有利于加快转变经济发展方式、促进科学发展的体制机制；要认清只有在率先发展、改革发展、创新发展上继续深化，才能在新的起点上依托现有优势，集聚外部优势，增创新的优势，实现在率先发展中深化改革创新、在改革创新中推进科学发展。

二

科学发展观在广东的实践表明，科学发展观所要求的发展，是速度与结构、质量、效益相统一的发展，是长期、稳定、可持续的发展。在未来的发展征途上，还必须努力把握好五大关系，推动广东科学发展。

一要正确处理好改革发展稳定的关系。改革是发展的强大动力和保持稳定的前提。改革必须大胆探索，先行先试，在全面全方位地部署和推进各领域改革的同时，坚持突出重点、突破难点，以改革的重点突破，为更大范围、更大纵深推进改革创造更加有利的条件。改革必须注意轻重缓急、协调发展、统筹兼顾，稳步协调推进，不要顾此失彼，否则不仅不能推进经济社会的发展，还会带来社会的不稳定。

二要正确处理好投资、消费、出口的关系。在外需疲软和全球产能过剩的条件下，所形成的“倒逼机制”是加快转变经济发展方式的强大动力和较好时机。因此，一方面，各级政府需要转变过度依赖出口和粗放投资的发展模式，真正为经济发展提供更好的外部环境，促进经济加快回到自主增长的轨道上；另一方面，在当前环境下，强调创新企业的商业模式至关重要，要在理解消费者的潜在需要、生产要素供给条件的变化和全球经济竞争新形势的基础上，通过创新供给方式来启动需求。

三要正确处理好发展生产力与提高人们生活水平的关系。一方面，改革开放在发展生产力的同时一定要着眼于改善人民的生活，关心人民的衣、食、住、行、就业、医疗、教育等问题；另一方面，人们生活水平的提高必须要以改革开放促进生产力的优质发展为基础。

四要正确处理好文化建设与文化强国战略之间的关系。既要坚持社会主义先进文化前进方向，扎实推进社会主义核心价值体系建设，提升全社会的道德水平，又要最大限度地满足人民群众精神文化需求，同时还要加强马克思主义理论阵地建设，建设好党和政府的思想库、智囊团。

五要正确处理好经济建设与资源环境之间的关系。把生态建设放在更加突出的位置，建设资源节约型、环境友好型社会，要求我们必须摒弃过度依赖资源消耗的传统发展模式，摒弃以牺牲环境、资源浪费、生态破坏为发展代价的错误发展观念，处理好经济发展与人口、资源、环境之间的关系，统筹当前发展与长远发展的需要，着力解决资源环境问题；必须建设生态文明，倡导节能减排、开发新能源、促进生态修复；必须坚持以资源承载力为基础、以可持续发展为目标，大力发展循环经济和低碳经济。

原载《经济日报》2012年5月11日

坚持改革方向是当代中国的主旋律

周建伟　陈金龙

在当代中国发展社会主义市场经济，是前无古人的伟大创举。改革开放以来，我党在社会主义与市场经济相结合的历史性探索中，毫不动摇地坚持社会主义市场经济的改革方向，成为当代中国改革的主旋律。

一、社会主义市场经济是改革开放的重要标志

建立和完善社会主义市场经济体制，是我们党在改革开放伟大历程中，总结社会主义建设成败得失和世界各国发展的经验教训，领导人民艰辛探索的重大抉择。实践证明，社会主义市场经济符合我国处于社会主义初级阶段的实际，适应我国生产力的发展要求，不断深化社会主义市场经济体制改革，是破解发展难题、促进科学发展的重要动力。社会主义市场经济体制，在很大程度上已经成为改革开放的标志，能否坚持社会主义市场经济的改革方向，是衡量是否坚持改革开放的基本要件。

经济发展和人民生活水平的简单对比，可以生动地展现社会主义市场经济的巨大力量。改革开放前，我国高度集中的计划体制，虽然对发展经济和工业化进程发挥过重要作用，但其排斥利益导向、缺乏价格杠杆等内在缺陷，严重束缚生产力的发展，影响人民群众生活水平的提高。1978年，我国国内生产总值为3645亿元，城镇居民人均可支配收入为343元，农村居民人均纯收入为134元，相当部分群众没有解决温饱问题。而到2011年，我国国内生产总值增长到47万亿元，增长128倍；城镇人均可支配收入21810元，增长62.6倍；农村居民人均纯收入6977元，增长51倍。我国成为世界经济增长速度最快的国家，创造了世界经济增长史上的新奇迹。

社会主义市场经济的作用是深刻的、全方位的。30多年来，我国的巨大变化和成就，都源于经济体制之变。市场体系不断完善，民营经济、外资经济蓬勃发展，国有经济的比重降低了，但随之而来的是公有制经济的

实力和控制力不断增强。社会的组织形式、就业方式、分配方式日益多样化，人们的工作、生活和利益实现方式有了更多的选择，社会日益活跃，计划体制下形成的城乡二元体制逐步打破，亿万农民走出乡村，城乡一体化步伐明显加快。政府职能转变了，管理体制改革了，管制型政府逐步退场，服务型政府逐步建立。文化事业发展有了更坚实的物质基础，文化产业发展找到了新的途径和动力，文化大发展大繁荣的景象日益显现。市场经济是法治经济，我们确立了依法治国方略，社会主义法治体系基本建立，法律法规、制度体制更加符合社会主义经济基础的要求。市场体制让中国人焕发了空前的积极性、主动性和创造性，财富不断涌流，中国已经成为世界第二大经济体，文化、科技蓬勃发展，社会面貌日新月异，一个面向现代化、面向世界、面向未来的社会主义中国巍然屹立在世界东方。面对市场经济的挑战，我们党坚持以先进性建设为核心，坚持党要管党、从严治党，党的自身建设日益加强，执政能力不断增强。

把市场经济与社会主义基本制度相结合，给社会主义制度注入了巨大活力和动力，能够发挥社会主义制度公有制为主体、人民当家做主、按劳分配为主体、消灭剥削、走共同富裕道路的优越性，又能发挥市场配置资源的基础性作用，发挥市场经济的灵活性、竞争性和激励作用，引导人们的利益实现，极大地解放社会生产力和改善人民生活。正因为如此，社会主义市场经济能够得到全党、全社会的认同和支持，成为破解我国前进道路上发展难题、推动科学发展的正确道路。

对中国人而言，社会主义市场经济还具有非常独特的意义，而不仅仅是一个单纯的经济制度问题。把市场经济写在社会主义的旗帜上，是中国特色社会主义的鲜明特点，体现了改革开放向前迈进的历史逻辑。社会主义市场经济承载着复兴社会主义的伟大理想，寄托着追求物质富裕、社会和谐、民族复兴的美好愿景。社会主义市场经济改革方向的确立，经过了长期艰辛的探索，付出了巨大的代价，来之不易。社会主义市场经济不仅仅是经济体制改革的目标模式，已经成为改革开放的代名词，代表了党心、民意。背离社会主义市场经济，就否定了改革开放，违背了党心、民意；偏离社会主义市场经济的改革方向，就脱离了改革开放的正轨，走上了歪路。

二、坚持实事求是精神对待社会主义市场经济体制改革

改革开放进入新时期新阶段以来，出现了许多新的、不容忽视的矛盾和问题。有的出现在经济领域，是经济问题；有的不在经济领域，但与经

济发展有所关联。面对这些矛盾和问题，社会上有不少反思和议论，甚至有一些忧虑和不满。从关心国家发展、人民利益的角度讲，这都是正常的。但把矛盾和问题简单地归结为社会主义市场经济体制本身，进而怀疑或否定社会主义市场经济的改革方向，则是错误的。对改革开放过程中出现的矛盾和问题，要秉持实事求是的精神和态度，区分不同的情况，细致分析，理性看待。

世界上的任何一种市场经济也都有优点和弱点。改革过程中出现的一些矛盾和问题，与市场固有的弱点有关。市场不能自动解决宏观经济稳定、收入分配公正、公共产品供应等问题。由于资源禀赋、发展基础的不同，完全依靠市场的自发作用，区域、城乡等发展差距也会拉大。市场的弱点使我们更加深刻地认识到，社会主义市场经济，“社会主义”这四个字不是可有可无，而是画龙点睛。“点睛”，就是点明我国市场经济的性质，我们的创造性和特色也就体现在这里。我国的市场经济体制，同社会主义基本经济制度紧密相连，离不开社会主义的方向，离不开国家的宏观调控，这样才能把社会主义制度的优越性与市场经济的活力相结合，最大限度地消除市场经济本身的弱点和不足。

当前，我国的社会主义市场经济体制还不完善。我们面对大多数的矛盾和问题，都与这种不完善、不成熟直接相关，属于发展中的问题、成长中的烦恼，在改革发展过程中难以避免。

比如，我国二元经济的特征还未根本改变，这既是社会主义市场经济体制不完善的重要体现，也是城乡发展差距巨大的重要根源，制约着我国的进一步发展；个别行业和企业存在违反市场规律的现象，是市场机制作用没有有效发挥的体现。解决这些矛盾和问题，方法只能是按照社会主义市场经济的规律和要求，不断深化改革，更大程度地发挥市场在资源配置中的基础性作用。

当前，我们面对的一些矛盾和问题，并不是经济问题，与社会主义市场经济并没有直接的因果关系，将矛盾和问题的成因简单化地归结为市场经济，这本身就是一种误解。有人将消极腐败现象归咎于市场经济，将贫困问题归咎于市场经济，将教育问题归咎于市场经济，将社会道德不彰归咎于市场经济。虽然不能说这些现象与市场经济没有关系，但只要有一点比较的眼光，就会发现这些问题产生的原因是多方面的，经济只是其中的次要原因，它们有的与市场机制被扭曲有关，有的与市场机制的误用、滥用有关，根源都不在市场机制而在人，不能成为否定或反对社会主义市场经济的理由。相反，国内外的实践证明，市场经济体制的发展和完善，有助于这些问题的化解。对于这类矛盾和问题，我们要进一步深化认识，科学分析根源，消除对社会主义市场经济的误解和曲解。同时，加快推进经济、政治、社会、文化各方面的改革，多管齐下，有针对性地推动问题解决。

社会主义市场经济体制改革是一场深刻的社会变革，包括体制转轨、社会转型、观念转变和国际接轨，涉及复杂的利益关系调整。这场变革是一个长期、艰巨的过程，不是一朝一夕能够完成的。正如邓小平同志在南方谈话中所说："恐怕再有三十年的时间，我们才会在各方面形成一整套更加成熟，更加定型的制度。"在这个过程中，出现这样那样的矛盾和问题，是不可避免的，也是正常的。不作具体的、实事求是的分析，笼统地以改革过程中出现的矛盾和问题来否定社会主义市场经济的改革方向，是无视我国仍然长期处于社会主义初级阶段的基本国情，无视市场经济体制适应我国生产力发展的事实，无视我国市场经济体制的社会主义性质，在理论上是错误的，在实践上是行不通的。实践早已告诉我们，对当代中国来说，必须坚持社会主义市场经济的方向，不断深化改革，正如胡锦涛总书记所指出的，"停顿和倒退没有出路"。

三、坚持不懈地深化社会主义市场经济体制改革

要解决发展中出现的问题，必须沿着社会主义市场经济体制的改革方向坚定前行。完善社会主义市场经济体制是一个长期的过程，需要继续付出艰辛的努力，我们面临着一个个"硬骨头"，要打一场场"攻坚战"。要按照科学发展观的要求，站在新的历史起点上，不为任何风险所惧，不被任何干扰所惑，不断进行改革和创新，不失时机地推进一些重要领域和关键环节的改革以实现新突破。

改革开放越是深入越是需要坚持不懈的改革精神。当前，社会主义市场经济体制改革已经进入深水区，旧的体制性障碍仍然存在，各种新矛盾、新问题又不断出现，利益格局调整难度增大，各种新旧问题叠加，改革的复杂性、艰巨性大大增加。面对复杂的改革形势，必须始终坚持解放思想，才能破除思想观念上各种阻力，大胆探索，勇于创新。2012 年是邓小平同志南方谈话 20 周年，南方谈话对社会主义市场经济作了精辟的论述，仍然是我们认识社会主义市场经济的基本文献，仍然是我们破除各种杂音的有力思想武器，值得回顾和重新学习。实践是检验真理的唯一标准，意见对不对，措施行不行，思路好不好，从根本上讲，不是靠争出来的，而是靠干出来的，靠实践来检验。实践没有止境，解放思想也没有止境。离开实践标准和实践检验，对社会主义市场经济进行抽象的无谓争

论，是没有意义的。

改革开放越是深入越是需要坚定不移的科学精神。在新的改革形势面前，要更加着眼于提高改革决策的科学性，增强改革措施的协调性，做到理论准备更充分、政策思路更缜密、统筹协调更有力。改革已进入需要协调推进的阶段，不能再依靠经济改革单兵突进，要更加注重改革的顶层设计和总体规划，将经济体制改革、社会体制改革、政治体制改革、文化体制改革协同配合，协调推进。深化社会主义市场经济体制改革，关键和难点在于打破由于体制不完善所形成的、破坏市场在资源配置中起基础性作用机制的既得利益格局。要坚持和完善基本经济制度，健全市场体系，深化财税、金融体制改革，完善宏观调控体系，着力消除不利于发挥市场基础作用的体制机制障碍，构建充满活力、富有效率、更加开放、有利于科学发展的体制机制。全面总结30多年我国社会主义市场经济改革的经验教训，学习借鉴发达国家市场经济建设的有益成果，既强调社会主义市场经济的个性，也注重市场经济的共性，回归市场经济的基本面，更有效地发挥市场机制的基础性作用。特别要处理好政府与市场的关系，绝不能因为政府宏观调控积极有效而对政府的角色定位作出误判，不恰当地强化政府对市场经济运行的行政主导作用。积极稳妥地推进政治体制改革，没有政治体制改革的保障，经济体制改革的成果也会得而复失。加强思想道德建设和法治体系建设，建立适应社会主义市场经济要求的道德标准和行为准则，让每个市场主体血管里流淌的都是道德的血液。建立科学化和民主化的改革决策机制，决策前要深入开展调查研究，广泛听取各方意见，特别是利益相关方的意见；决策过程中要加强总体指导，建立和完善评估和纠错机制，加强过程监督，防止部门利益掺杂，避免和减少决策失误。

改革开放越是深入越是需要持续发展的创新精神。只有坚持把最广大群众的根本利益作为价值取向，改革才具备公正性，才能够获得正当性，才能得到人民群众的支持，拥有战胜一切困难的力量。社会主义市场经济体制改革也是如此。要尊重人民群众改革开放的主体地位，让人民群众真正成为推进社会主义市场经济体制改革的深厚力量。包产到户、乡镇企业等不少成功的经济改革做法，都是群众创造出来的；很多好的改革思路、好的改革措施，都是以群众的实践经验为基础的。在深化改革的过程中，要充分尊重群众在市场经济中的主体性，尊重群众的首创精神，保护群众的积极性、主动性；主动问计于民、问需于民，使群众能够更多地参与改革的决策过程，让群众智慧成为推进改革的重要力量。营造公平的、有利于群众创业发展的市场环境，放手让一切劳动、知识、技术、管理、资本的活力竞相迸发，让一切创造社会财富的源泉充分涌流。加快推进收入分配改革，既要为所有人创造一个学习、就业和创业的均等条件，从源头上保证收入分配公平，也要推动财政和收入分配制度的改革，使共同富裕建立在制度基础上。在推进社会主义市场经济体制改革的过程中，无论在任何时候、任何情况下，都要把维护好、发展好、实现好人民群众的根本利益放在第一位，认真解决好人民群众关心的实际问题，使人民群众能够充分共享经济发展的成果。

原载《光明日报》2012 年 5 月 7 日

加强党的执政能力建设
——加快转变经济发展方式的必然要求和重要保障

蒋斌　陈金龙

源于美国次贷危机的国际金融危机，进一步引发了世界各国对转变经济发展方式的思考。我国之所以能够比较成功地应对这场危机的冲击并对世界应对危机作出积极贡献，一个重要原因就是我们党坚持用科学发展观统领经济社会发展全局，加快转变经济发展方式。在应对国际金融危机过程中，我们党自觉适应加快转变经济发展方式对党的建设提出的新要求，大力加强新形势下党的执政能力建设，不断提高领导科学发展的能力和水平，为推动经济社会又好又快发展提供了有力的政治和组织保障。

加快转变经济发展方式对党的执政能力建设提出了新要求

党的十七大强调，实现未来经济发展目标，关键要在加快转变经济发展方式、完善社会主义市场经济体制方面取得重大进展。做到这一点，不仅需要创新发展理念、思路、举措，而且需要提高党领导科学发展的能力和水平。这就对党的执政能力建设提出了新要求。

加快转变经济发展方式要求进一步提升执政理念。一方面，加快转变经济发展方式的最终目的是保障和改善民生，提高人民群众的生活质量和幸福指数。这就要求我们树立以人为本、执政为民的理念，从人民群众的根本利益出发谋发展、促转变，不断满足人民群众日益增长的物质文化需要，让发展的成果惠及全体人民。另一方面，加快转变经济发展方式是为了实现我国经济社会全面协调可持续发展，建设资源节约型、环境友好型社会。这就要求我们强化长期执政的理念，着眼于未来和长远来思考和谋划我国经济社会发展，着力解决发展中的突出矛盾和问题，不断增强发展的后劲。

加快转变经济发展方式要求进一步开阔执政视野。加快转变经济发展方式战略的提出，既是基于我国国内经济发展现状作出的选择，也有深刻的国际背景。国际金融危机对我国经济的冲击表面上是对经济增长速度的冲击，实质上是对经济发展方式的冲击，进一步凸显了加快转变经济发展方式的紧迫性。而国际金融危机冲击形成的倒逼机制，也在客观上为我国加快转变经济发展方式提供了难得的机遇。只有抓住机遇加快转变经济发展方式，才能在后国际金融危机时期的国际竞争中赢得主动，使我国发展质量越来越高、发展空间越来越大、发展道路越走越宽。这就要求我们进一步开阔执政视野，树立世界眼光，统筹好国际国内两个大局。

加快转变经济发展方式要求进一步改进执政方式。加快转变经济发展方式涉及经济社会发展的方方面面，只有以科学理论为指导、以科学制度作保障、以科学方法来推进，才能妥善处理各种复杂关系和问题，这就要求我们进一步提高科学执政水平。加快转变经济发展方式涉及一系列政策制定与政策调整，需要充分发挥各方面的积极性、主动性、创造性，只有不断健全民主制度，才能有效凝聚人民群众的智慧和力量、共同推动经济发展方式加快转变，这就要求我们进一步提高民主执政水平。加快转变经济发展方式涉及社会矛盾的化解与利益格局的调整，只有善于运用法律手段，才能有效化解社会矛盾、协调利益关系，这就要求我们进一步提高依法执政水平。

加快转变经济发展方式要求进一步创新政绩评价体系。政绩评价标准具有重要的导向和激励作用，如何评价考核发展绩效是关系加快转变经济发展方式能否顺利推进的重要问题。因此，必须建立与加快转变经济发展方式相匹配的政绩和发展绩效评价体系，从侧重于考核经济数量指标转向注重考核经济运行质量和效益指标，从侧重于考核经济指标转向注重考核经济、政治、文化、社会、生态协调发展指标，从侧重于考核短期指标转向注重考核可持续发展指标。

我们党适应加快转变经济发展方式要求加强党的执政能力建设形成了宝贵经验

近年来，我们党积极适应加快转变经济发展方式的新形势、新要求，在加强党的执政能力建设方面采取了一系列新举措，形成了一些宝贵经验。

围绕科学发展主题加强党的执政能力建设。党的执政能力包括多方面的内容，但在和平建设时期集中体现在推动经济社会发展的能力和水平上。科学发展是当代中国的主题，转变经济发展方式是实现科学发展的必然选择，党的执政能力建设必须围绕科学发展这个主题来进行。从2008年开始，我们党提出在全党开展深入学习实践科学发展观活动，推动广大党员特别是各级领导班子、领导干部深入学习领会科学发展观，切实增强贯彻落实科学发展观的自觉性和坚定性，着力转变不适应不符合科学发展观的思想观念，着力解决影响和制约科学发展的突出问题，着力构建有利于科学发展的体制机制，把全社会的发展积极性引导到科学发展上来，把科学发展观贯彻落实到经济社会发展各个方面，为加快转变经济发展方式、实现科学发展奠定了重要基础、凝聚了强大力量。

通过建设学习型政党加强党的执政能力建设。思想理论建设是党的建设的根本。转变经济发展方式对广大党员的素质、能力、视野等提出了新的更高要求。我们党及时顺应这一要求，提出了建设学习型政党的战略任务。党的十七大提出，要按照建设学习型政党的要求加强党的建设；党的十七届四中全会强调，要把建设马克思主义学习型政党作为重大而紧迫的战略任务抓紧抓好。中央政治局率先垂范，坚持经常性集体学习，带动全党兴起新的学习热潮，深入学习马克思主义，学习中国特色社会主义理论体系，学习推动科学发展所需的各种知识，学习推动经济发展方式加快转变的科学方法和先进经验。同时，大规模开展党员干部教育培训，推动党员干部围绕转变经济发展方式优化知识结构、提升能力水平。全党上下形成了学以立德、学以增智、学以创业的良好风气，为加快转变经济发展方式提供了重要的思想和智力支撑。

通过开展创先争优活动加强党的执政能力建设。先进性是马克思主义政党的根本特征，是其生命所系、力量所在。党的先进性不是一成不变的，而是历史的、具体的，必须结合不同时期的历史任务、发展要求来加强党的先进性建设。当前，加强党的先进性建设应紧密结合推动科学发展、加快转变经济发展方式来进行，以此作为衡量先进性的重要标尺。从2010年开始，中央部署在党的基层组织和广大党员中开展以深入学习实践科学发展观为主题的创先争优活动，引导基层党组织努力做到“五个好”，即领导班子好、党员队伍好、工作机制好、工作业绩好、群众反映好。创先争优活动极大地促进了党的执政能力建设，充分发挥了各级党组织和广大党员在推动科学发展、促进经济发展方式转变中的战斗堡垒和先锋模范作用。

通过发展党内民主加强党的执政能力建设。发展党内民主是增强党的创新活力、提升党的执政能力的内在要求。党的十七大报告强调，“要以扩大党内民主带动人民民主，以增进党内和谐促进社会和谐”。近年来中央出台的《关于建立党委新闻发言人制度的意见》《关于党的基层组织实行党务公开的意见》等，就是加强和完善党内民主制度的重要举措。通过改进选举制度、实施党务公开、试点党代表任期制、完善党内民主决策机制、拓展党内沟通渠道等，党内民主稳步发展，并带动人民民主发展，不仅促进了全党全社会科学发展共识的达成、力量的凝聚，而且促进了加快转变经济发展方式重大决策的科学化、民主化。

通过制度建设加强党的执政能力建设。制度建设既是党的建设的重要组成部分，又是党的执政能力建设的重要保证。近年来，中央先后出台了一系列重要规定，包括《关于实行党政领导干部问责的暂行规定》《中国共产党巡视工作条例（试行）》《关于建立促进科学发展的党政领导班子和领导干部考核评价机制的意见》等。这些制度规定健全了党员领导干部的行为规范，强化了党内监督，完善了党政领导班子和领导干部考核评价机制，既有利于提高党的执政能力和执政水平，也为加快转变经济发展方式提供了重要的制度保障。

围绕加快转变经济发展方式进一步加强党的执政能力建设

进一步提高科学治党的能力。科学治党，就是以科学理论指导党的建设、以科学制度保障党的建设、以科学方法推进党的建设，不断提高党的建设科学化水平。我们党在推动经济发展方式转变的过程中必将面临许多新情况、新问题和新挑战、新考验，只有科学谋划、协同推进党的思想建设、组织建设、作风建设、反腐倡廉建设、制度建设，不断提高党的建设科学化水平，才能有效克服精神懈怠的危险、能力不足的危险、脱离群众的危险和消极腐败的危险，始终成为加快转变经济发展方式的坚强领导核心。

进一步提高协调利益关系的能力。从一定意义上说，转变经济发展方式是一个利益格局调整的过程，能否妥善协调各方面的利益关系事关经济发展方式转变的成败。这就要求我们更加注重改革发展的顶层设计，着力提高协调各方面利益关系的能力，通过科学的制度设计和制度安排合理调整利益格局，通过利益关系的理顺促进经济发展方式加快转变。

进一步提高解决民生问题的能力。人民群众是推动经济发展方式转变的主体力量。只有把人民利益放在第一位，有效解决民生问题，加快转变经济发展方式才能得到人民群众的认同和支持。这就要求我们更加注重通过发展民主政治、繁荣社会事业、创新社会管理等，更好满足人民基本生活需要、民主诉求和文化权益，让人民群众共享改革发展成果。

进一步提高应对国际风险的能力。随着我国经济发展和对外开放的深化，我国的国际形象、国际地位明显提升，在国际事务中的影响力越来越大。同时，我国经济发展与国际社会的关联度越来越高，国际因素对我国经济发展的影响也越来越大。这就要求我们把提高应对国际风险能力放在更加重要的位置，紧密结合国际经济形势变化来观察和分析我国经济发展方式转变中的问题，既主动融入全球经济发展进程，又努力避免国际风险带来的负面影响。

原载《人民日报》2012 年 7 月 3 日

建设文化强国的出发点

柯锡奎

胡锦涛总书记在“7·23”讲话中强调指出：建设社会主义文化强国，是我们党把握时代和形势发展变化、积极回应各族人民精神文化需求作出的重大战略决策。我们要坚定不移走中国特色社会主义文化发展道路，坚持为人民服务、为社会主义服务的方向，坚持百花齐放、百家争鸣的方针，坚持贴近实际、贴近生活、贴近群众的原则，树立高度的文化自觉和文化自信，推动社会主义精神文明和物质文明全面发展。这一论断充分表明：满足人民群众的精神文化需求，是建设社会主义文化强国的根本出发点和落脚点。

建设社会主义文化强国，其最终目的是满足人民群众的精神文化需求。在新的形势下，丰富的精神文化生活越来越成为广大人民群众的热切愿望。更好地满足人民群众的精神文化需求，让人民群众过上更加幸福美好的生活，是坚持以人为本、执政为民的具体要求。以高度的文化自觉和文化自信建设社会主义文化强国，就是要深刻认识保障人民群众基本文化权益、满足人民群众精神文化需求的极端重要性。随着经济社会的发展和物质生活水平的提升，人民群众文化消费需求呈现快速增长趋势。国际经验表明，人均国内生产总值达到3000美元时，居民消费进入物质消费和精神文化消费并重时期；人均国内生产总值超过5000美元时，居民消费将进入精神文化需求的旺盛时期。我国人均国内生产总值已经达到4282美元，这种情况说明，人民群众的精神文化需求已呈现上升的态势；文化消费结构也进入转型升级的关键时期，已由单纯的追求休闲娱乐向更加注重求知求美转变，追求自我文化表达、参与自主文化创造活动的愿望更加强烈。但是，我们也必须清醒地看到，人民群众的精神文化需求是一个动态的、长期的、不断提升的过程，而我们提供的文化产品和服务还远远不能满足城乡居民需要。必须树立高度的文化自觉和文化自信，进一步强化使命感和责任心，全力推动文化的大繁荣大发展，有效满足和提升人民群众的精神文化需求，让人民群众共享文化改革发展成果。

实践证明，高度的文化自觉和文化自信，是满足人民群众精神文化需求的有效保障和强大动力。没有高度的文化自觉和文化自信，没有社会主义文化的大繁荣大发展，没有社会主义文化强国的强力支撑，人民群众的精神文化需求是难以实现的。只有树立高度的文化自觉，正视我国文化建设的不足，达到文化发展上的自我觉醒，才能在文化建设上倾尽全力，坚定地维护广大人民群众的文化权益；只有树立高度的文化自信，坚决克服文化发展上的自卑心理、弱势心理、防御心理，以更加开阔的视野、博大的胸怀面对中国文化和世界文化，才能激发中华民族的文化发展自信心，并在深刻了解自身文化的基础上形成文化自觉。因此，树立高度的文化自觉和文化自信，满足人民群众的精神文化需求，必须正确处理好四个方面的关系。

一是推进社会主义核心价值体系建设与满足人民群众精神文化需求的关系。推进社会主义核心价值体系建设，是以高度的文化自觉和文化自信建设社会主义文化强国的首要要求。以社会主义核心价值体系为主要内容的社会主义先进文化，既是时代特征、人民期待的集中反映，又是对马克思主义与中华优秀传统文化的高度概括。满足人民群众精神文化需求，必须大力发展社会主义先进文化，坚持中国特色社会主义文化发展道路，深刻认识文化发展的特点和规律，自觉地理解文化的地位和作用。要用马克思主义中国化的最新成果指导文化建设，坚持社会主义先进文化前进方向，坚持以满足人民群众日益增长的精神文化需求为着力点，真正把社会主义核心价值体系建设融入文化建设的各个方面和全过程。要坚持用社会主义核心价值体系引领社会思潮，引导党员干部和广大群众以当代中国发展大局为重，以国家与民族的整体利益为先，从而以共同理想信念、强大精神力量、基本道德规范驱动人民群众投身于全面建设小康社会、开创中国特色社会主义事业新局面的伟大实践中。

二是强调文化教化功能与满足群众对精神文化多方面需求的关系。文化教化功能作用的发挥，要以满足群众的需求、能够接受为前提。在建设社会主义文化强国过程中，必须继续解放思想，不断破除只注重文化意识形态属性和宣传教育功能，不注重文化的商品属性和消费功能的观念，自觉坚持以满足人民群众精神文化需求为出发点和落脚点的价值诉求，力求生产出更多更好的文化产品，让人民群众得到有益的启发与享受。但是，我们也必须深刻地看到，由于社会存在的多样化，不仅直接决定了群众需要的多样性和多层次性，也同时决定了观念形态上反映出的多元化和复杂性。如果只讲满足群众需求，忽视文化发挥引领社会、教育人民、推动发展的功能，忽视丰富人民精神世界与增强精神力量，而一味迎合市俗趣味、庸俗媚俗之风，这不仅不能满足广大人民群众的文化需求，最终将会影响先进文化的发展。因此，一方面要始终坚持马克思主义的主导地位，坚持先进文化的前进方向，坚持文化为社会主义服务、为人民服务；另一方面，在文化建设中坚持正确的意识形态主导地位的同时，要尊重差异、包容多样，坚持提倡多样性与弘扬主旋律的统一，坚持百花齐放、百家争鸣的方针，真正创作出思想性、艺术性、观赏性相结合，与人民群众的工作生活紧密相联系的优秀作品，满足人民群众的需要。

三是继承中国优秀文化传统精华与通过改革创新输入现代元素的关系。如果说文化自觉是建设文化强国的一种态度、一种姿态，那么文化自信则是一种从容应对不同文化间交流交融交锋的价值底气，一种文化传承创新的精神基石。在正确处理好继承与创新的关系上，要着重于建设优秀传统文化传承体系，为增强群众的文化自信提供充足活力。任何一种文化都不可能与世隔绝，都需要从其他文化中汲取养分。因此，满足人民群众的精神文化需求，必须紧贴时代发展的脉络，在弘扬中华优秀传统文化的同时，大力发展当代先进文化，强化对人民群众精神文化消费的引领，推动精神文化消费的科学和良性发展。人民群众对优秀文化传统有着朴素的感情基础，其中蕴含着强大的精神力量，是群众精神文化需求的一个重要方面。我们既要立足国情、省情实际，坚持古为今用、推陈出新，深入挖掘和提炼中华历史文化的精华，使之不断发扬光大，又要准确把握经济全球化和我国对外开放不断扩大的大趋势，大胆吸收借鉴其中的有益经验和优秀成果，合理取舍、择善而从、创新提升、为我所用，不断从文化发展的创新性方面提升人民群众的文化自信，满足人民群众的精神文化需求。

四是公共文化产品和服务供给与人民群众精神文化需求提升的关系。人类在改造客观世界的同时，不断创造新的文明成果，在充分吸收以往优秀文化的基础上，不断产生新的精神文化需求，并表现为各种市场需求。各级党委、政府和广大文化工作者要自觉担当起满足人民群众日益高涨的精神文化需求的责任，着眼于提高人的素质和塑造高尚人格，一手抓公共文化服务体系建设，更好地保障人民群众的基本文化权益；一手抓文化产业发展，更好地满足人民群众多层次、多方面、多样性的精神文化需求。

一方面，要加大政府转型力度，构建覆盖全社会的比较完备的公共文化服务体系。要加强文化基础设施建设，健全和完善公共文化服务网络，以公益性、均等性、基本性、便民性为前提，满足人民群众的基本文化需求。尤其是要坚持城乡、区域文化协调发展，坚持把建设的重心放在基层和农村，着力改善农村和落后地区公共文化服务网络，逐步实现公共文化服务均等化。要创新公共文化服务运行机制和服务方式，不断丰富和创新群众文化活动内容；继续开展文化科技卫生“三下乡”等公益性文化活动，建立长效机制，实现经常化、制度化。要着眼于提高民族素质和塑造高尚人格的文化建设，创作生产和提供丰富多彩、健康向上的优秀作品，充分发挥文化引领风尚、教育人民、服务社会、推动发展的作用。要加快推进文化体制改革和创新，进一步解放和发展文化生产力，为文化繁荣发展提供有力的支撑。

另一方面，要自觉创新文化市场体系建设，切实提高文化产品和服务供给能力。发展文化产业是科学发展新形势下满足人民群众多样化精神文化需求的重要途径。要坚定对推进文化改革创新的自觉与自信，充分发挥市场在文化资源配置中的积极作用，大力发展经营性文化产业，培育各类自主经营、自我发展的合格市场主体，进一步繁荣文化市场，更好地满足人民群众多样化、多层次、多方面的精神文化需求。要积极调整和优化文化产业结构和区域布局，引导、鼓励各地发挥比较优势，根据区域的资源条件和发展特点采取不同的发展策略，走多元发展道路。要顺应文化产业国际化发展的要求，更大规模地利用国际国内两种资源加快发展我国文化产业，进一步增强国家文化“软实力”和中华文化国际影响力。

原载《光明日报》2012年10月20日

指导思想的与时俱进
未来发展的战略抉择

陈金龙

党的十八大报告明确提出，科学发展观同马克思列宁主义、毛泽东思想、邓小平理论、“三个代表”重要思想一道，是党必须长期坚持的指导思想。这进一步明确了科学发展观的历史定位，实现了党的指导思想又一次与时俱进。

科学发展观作为中国特色社会主义理论体系最新成果，是同马克思列宁主义、毛泽东思想、邓小平理论和“三个代表”重要思想既一脉相承又与时俱进的科学理论。科学发展观提出后，在实践中发挥了重要指导作用，取得了明显成效。但同时也要看到，深入贯彻落实科学发展观是一项长期艰巨的任务，面临着一系列矛盾和困难。我们必须以更加坚定的决心、更加有力的举措、更加完善的制度来贯彻落实科学发展观，真正把科学发展观转化为推动经济社会又好又快发展的强大力量。

贯彻落实科学发展观需要更加坚定的决心

科学发展观是指导党和国家全部工作的强大思想武器。深入贯彻落实科学发展观，对坚持和发展中国特色社会主义具有重大现实意义和深远历史意义。只有从这样的高度来认识和把握科学发展观，才能增强贯彻落实科学发展观的自觉性和坚定性，把科学发展观贯彻到我国现代化建设全过程、体现到党的建设各方面。

贯彻落实科学发展观，转变经济发展方式，将遇到一系列挑战性的矛盾和困难。比如，目前我国经济文化发展的水平尚难以满足人民群众日益增长的物质文化需要，一些民生问题短期内难以完全解决。又如，科学发展观涉及观念变革、领导方式的调整，需要善于领导科学发展的干部队伍，否则就难以在实践中推行。因此，对于贯彻落实科学发展观面临的挑战性矛盾和困难要有充分的预见和准备，不能因为暂时的矛盾和困难而影响科学发展观的贯彻落实。

贯彻落实科学发展观，涉及发展观念与发展思维的转变、发展方式与产业结构的调整、发展能力与执政能力的提升，这些不是短期内能完成的，需要经历一个较长的时期。因此，对于贯彻落实科学发展观的长期性要有充分准备，循序渐进、持之以恒。

贯彻落实科学发展观需要更加有力的举措

科学发展观需要通过一系列措施才能转化为发展实践。当前，我国已进入产业结构升级的重要时期，贯彻落实科学发展观，要求在加快改造提升传统产业的同时，大力发展战略性新兴产业、现代服务业，建立现代产业体系，走主要依靠科技、人才等创新要素驱动的集约型发展新路。

贯彻落实科学发展观，要求全党转变思想观念、思维方式、观察视野、精神状态，提高全党领导科学发展的能力。首先，要着力转变不适应不符合科学发展的思想观念，真正树立发展是第一要义的观念、以人为本的观念、全面协调可持续的观念、统筹兼顾的观念。其次，必须从一些旧的思维习惯、思维样式中解放出来，确立全局思维、协调思维、系统思维等，注意发展的全面性、协调性、可持续性、系统性。再次，在贯彻落实科学发展观过程中，要认真总结世界各国发展的经验与教训，清醒认识世界发展的趋势和未来。最后，破解当今发展难题，谋求新的发展思路，需要全党具有改革勇气、创新锐气和进取精神。

贯彻落实科学发展观，还要充分发挥人民群众主体作用。以人为本是深入贯彻落实科学发展观的核心立场，这就要求各级领导干部牢固树立为人民谋利益的价值观，切实解决关系群众生产、生活的实际问题，确保全体人民共享科学发展成果。只有这样，才能真正把人民群众的积极性、主动性、创造性充分调动起来，形成贯彻落实科学发展观的强大合力。

贯彻落实科学发展观需要更加完善的制度

就目前情况来看，一些有悖于科学发展观的行为之所以发生，有深层的制度原因。因此，贯彻落实科学发展观，必须着力构建有利于科学发展的制度，为科学发展提供坚实的制度支撑。

一是构建有利于科学发展的决策机制。为保证各级政府、部门的决策有利于科学发展，必须创新决策的体制机制。如健全科学决策机制，尊重经济社会发展的客观规律，降低决策的风险和成本；健全民主决策机制，完善重大事项集体决策、专家咨询、社会公示和听证制度等。

二是构建有利于科学发展的评价机制。评价机制是“风向标”。贯彻落实科学发展观，必须建立科学发展指数评价体系。这一评价体系既要促进经济发展，又能体现以人为本；既有利于全面协调可持续发展，也有助于统筹兼顾；既有利于社会和谐，也有助于生态文明，是一个多元的、综合的评价体系。

三是构建有利于科学发展的用人机制。要把贯彻落实科学发展观的情况作为配班子、选干部、用人才的重要标准，建立有利于科学发展的选拔机制、用人机制、培训机制，确保领导干部在科学发展中的引领作用。

四是构建有利于科学发展的矛盾化解机制。我国在经济快速发展的同时，也遇到了不少矛盾和问题，如看病难、上学难等，这些矛盾和问题的存在与体制机制不完善密切相关。因此，贯彻落实科学发展观，必须进一步深化体制改革，以化解经济社会发展中面临的各种深层次矛盾和问题。

五是构建有利于科学发展的监督机制。体制改革与机制的建立完善需要一个过程，应当采取适当的检查方式，及时了解各地贯彻落实科学发展观的情况和动态；通过法律监督、舆论监督等形式，加强对科学发展观实践情况的监督，以促进科学发展观的贯彻落实。

原载《经济日报》2012 年 11 月 12 日

中国特色社会主义总体布局思想的新发展

蒋斌　陈金龙

总体布局问题是发展中国特色社会主义事业的重大问题。党的十八大报告将中国特色社会主义事业总体布局从四位一体拓展为五位一体，强调“全面落实经济建设、政治建设、文化建设、社会建设、生态文明建设五位一体总体布局”。明确五位一体的总体布局，开辟了我们党治国理政的新境界，对于推动科学发展、促进社会和谐，全面建成小康社会、加快推进社会主义现代化，具有重大战略意义。

总体布局思想的拓展历程

我们党对中国特色社会主义事业总体布局的认识是随着改革开放实践的不断深入而深化的。党的十一届三中全会以来，中国特色社会主义事业总体布局经历了从两个文明到五位一体的拓展历程。

两个文明。1978 年 12 月，党的十一届三中全会作出把党和国家的工作中心转移到经济建设上来、实行改革开放的历史性决策。1981 年 6 月，党的十一届六中全会通过的《关于建国以来党的若干历史问题的决议》提出社会主义精神文明的概念。此后，党中央多次郑重提出：在建设高度物质文明的同时，努力建设高度的社会主义精神文明。1982 年 9 月，党的十二大报告提出：物质文明建设是精神文明建设不可缺少的基础；精神文明对物质文明建设不但起巨大的推动作用，而且保证它的正确发展方向。两个文明建设互为条件，互为目的。这里实际上提出了两个文明一起抓的战略方针。

三位一体。1986 年 9 月，党的十二届六中全会通过的《关于社会主义精神文明建设指导方针的决议》，将我国社会主义现代化建设的总体布局明确表述为：“以经济建设为中心，坚定不移地进行经济体制改革，坚定不移地进行政治体制改革，坚定不移地加强精神文明建设，并且使这几个方面互相配合，互相促进。”在这里，经济建设、政治建设、文化建设同步推进的思路已经明确。1987 年 10 月，党的十三大把社会主义初级阶段的基本路线概括为“一个中心，两个基本点”，并号召为建设富强、民主、文明的社会主义现代化国家而奋斗。富强、民主、文明是对中国特色社会主义事业发展目标的定位，如果从总体布局来看，对应的就是经济建设、政治建设、文化建设。这种三位一体的总体布局从党的十三大一直延续到党的十六大。2002 年 11 月，党的十六大报告将经济建设、政治建设、文化建设与物质文明、政治文明、精神文明结合起来，使三位一体的总体布局更加明晰。

四位一体。党的十六大报告把“社会更加和谐”纳入全面建设小康社会的战略目标，进一步明确了社会建设在中国特色社会主义事业总体布局中的战略地位。2005 年 2 月，胡锦涛同志在省部级主要领导干部提高构建社会主义和谐社会能力专题研讨班上的讲话明确提出：“随着我国经济社会的不断发展，中国特色社会主义事业的总体布局，更加明确地由社会主义经济建设、政治建设、文化建设三位一体发展为社会主义经济建设、政治建设、文化建设、社会建设四位一体。”2007 年 10 月，党的十七大报告第一次按照四位一体的总体布局论述中国特色社会主义道路和基本纲领，对经济建设、政治建设、文化建设、社会建设作了全面部署，四位一体的总体布局正式确立。

五位一体。改革开放以来，我国经济发展取得了举世瞩目的成绩，但也付出了高昂的资源和环境代价。适应人民群众对良好生态环境的新期待，党的十八大报告把生态文明建设放在突出地位，纳入中国特色社会主义事业总体布局，强调在推进经济建设、政治建设、文化建设、社会建设的同时，加强生态文明建设，使中国特色社会主义事业总体布局从四位一体拓展为五位一体，内容更加全面和完整。

确立五位一体总体布局意义重大

中国特色社会主义事业五位一体总体布局的确立，意味着我们对社会主义建设规律认识的深化，标志着我国社会主义现代化建设进入新阶段，对我国未来发展和世界文明进步将产生深远影响。

深化了对社会主义建设规律的认识。什么是社会主义、怎样建设社会主义，这是社会主义建设的根本性问题。将生态文明建设提到总体布局的高度，使之融入经济建设、政治建设、文化建设、社会建设各方面和全过程，成为社会主义的本质特征和社会主义建设的内在要求，深化了对社会主义建设规律的认识。同时，将生态文明建设提到总体布局的高度，表明我们党对经济社会可持续发展规律、自然资源永续利用规律和生态环境保护规律的认识进入新境界。五位一体的总体布局，丰富了中国特色社会主义的科学内涵和理论内容，使中国特色社会主义事业的顶层设计更为完善、更加科学。

标志着社会主义现代化建设进入新阶段。基本实现现代化是我们到新中国成立100年时的奋斗目标。五位一体的总体布局，拓展了中国特色社会主义事业的发展领域和建设范围，意味着我国现代化的发展道路从着重追求经济的现代化，发展到包含经济、政治、文化、社会、生态在内的更为全面的现代化；我国现代化进入全面推进、协调发展的新阶段，步入尊重自然、顺应自然、保护自然，人与自然和谐相处的发展境界。这是发展方式的转变与发展观念的更新，意味着我国经济社会发展和现代化建设将揭开崭新的一页。

展示了中国特色社会主义事业的新景象。五位一体的总体布局，注重生态文明建设与经济建设、政治建设、文化建设、社会建设协调发展，向世人展示了中国特色社会主义事业的新景象，即在促进经济、政治、文化、社会发展的同时，努力保持良好的生态环境，建设美丽中国。同时，五位一体的总体布局，对应人民群众的经济、政治、文化、社会、生态五大权益，是尊重人民主体地位、维护人民合法权益的充分体现。中国特色社会主义事业的这一新景象，既有助于国家形象的塑造和人民权益的实现，又为彰显社会主义制度的优越性开拓了新空间。

适应了世界文明发展的新趋势。近代以来300多年的工业文明史，是人类改造自然能力不断增强的历史。但是，传统工业化既创造了巨大的物质财富，也带来了惊人的破坏。传统工业化道路及其对地球资源的掠夺性使用，使地球不堪重负，全球生态环境恶化已经是一个不争的事实，联合起来拯救地球成为各国的共识，世界开始迈向生态文明时代。我国是世界上最大的发展中国家，将生态文明建设提到总体布局的高度，符合世界文明发展潮流，将对世界生态文明建设作出巨大贡献。

推动“五位”走向“一体”的路径选择

中国特色社会主义事业五位一体的总体布局，对发展的科学性、协调性、永续性提出了更高要求。如何推动“五位”走向“一体”，是当前和今后相当长时期必须思考、回答和实践的重大课题。

坚持科学发展。五位一体既是科学发展的要求，也是科学发展的内涵。推动“五位”走向“一体”，必须坚持以科学发展观为指导。推动经济社会发展是深入贯彻落实科学发展观的第一要义，以人为本是深入贯彻落实科学发展观的核心立场，全面协调可持续是深入贯彻落实科学发展观的基本要求，统筹兼顾是深入贯彻落实科学发展观的根本方法。因此，深入贯彻落实科学发展观能增强“五位”的协调性、有机统一性，使“五位”相互支撑、相互促进，真正融为一体，实现“五位”协调发展、人与自然和谐发展。

明确辩证关系。在五位一体的总体布局中，经济建设是中心，政治建设是保障，文化建设是灵魂，社会建设是条件，生态文明建设是基础。只有“五位”相互作用、相互影响、相互支撑，才能真正形成“一体”的格局；只有从思想上、认识上明确“五位”的辩证关系，才能在实践中自觉推动“五位”走向“一体”。

构建制度体系。推动“五位”走向“一体”，必须破除妨碍五位一体的体制机制弊端，构建系统完备、科学规范、运行有效的制度体系，使各方面制度更加成熟更加定型。只有从制度上对推动五位一体作出明确规定，才能在实践中避免单兵突进、相互割裂。如果缺少制度支撑和制度保障，“五位”就难以在实践中走向“一体”。例如，就生态文明建设而言，应加快建立生态文明制度，建立健全国土空间开发、资源节约管理、生态环境保护的体制机制，以制度确保中华民族永续发展。

提高领导水平。办好中国的事情，关键在党。推动“五位”走向“一体”，要求全党更新发展观念、调整发展思维、加快转变发展方式，提高领导科学发展的水平。比如，全党同志尤其是各级领导干部应适应五位一体的发展要求，进一步确立全局思维、协调思维、系统思维、和谐思维，更加注重发展的全面性、协调性、可持续性、系统性与和谐性，把五位一体的理念贯彻落实到工作的各个方面和环节。

原载《人民日报》2012 年 11 月 30 日

抓紧实施创新驱动发展战略

向晓梅

党的十八大报告提出，要实施创新驱动发展战略，强调科技创新是提高社会生产力和综合国力的战略支撑，必须摆在国家发展全局的核心位置。这充分表明了我们党依靠创新实现经济持续健康发展的坚定决心和对科技创新的高度重视。当前，我国已进入全面建成小康社会决定性阶段，国内外形势发生深刻变化，对科技进步和创新提出了更加全面、更加紧迫的需求，我们必须坚持走中国特色自主创新道路，抓紧实施创新驱动发展战略，全力依靠创新驱动提高发展的质量和效益。

科技创新是提高社会生产力和综合国力的战略支撑

从全球背景来看，创新驱动发展是适应新的科技革命和产业变革的迫切要求。新时期，世界范围内新的科技革命和产业变革正在孕育突破，科技创新与产业变革的深度融合成为当今世界最为突出的特征之一。2008 年以来的国际金融危机，加快催生了新一轮科技革命和产业变革。许多国家都将创新提升为国家战略，各国围绕科技创新的竞争与合作不断加强。我们必须更加自觉地把握机遇、应对挑战，更加主动地落实创新驱动发展战略。与此同时，创新驱动发展也是加快建设创新型国家的迫切需要。我国科技改革创新的一个基本要求，就是要进入创新型国家行列。创新驱动发展的成效直接影响到我国加快转变经济发展方式、推动科学发展的成效。目前，距离我国进入创新型国家行列还剩下不到 10 年，时间紧迫、任务艰巨，我们必须在科技改革创新上切实加大攻坚克难的力度，切实加快创新驱动发展的步伐。

“十一五”以来，我国科技发展进入了重要跃升期，自主创新能力大幅提升，取得了一大批具有国际影响力的标志性重大成果，科技对经济社会发展发挥了重要的支撑引领作用。科技成果转化已发生重大变化，形成了科技服务经济社会发展的新机制。企业的主体作用进一步发挥，高等学校和转制院所直接服务于经济社会发展的创新能力大幅度提高，新型科技中介组织和科技服务形式不断涌现。但从全球科技、产业竞争格局来看，我国产业创新能力与发达国家相比还有很大差距，自主创新力度有待进一步加强，区域创新体系有待进一步完善。产业层次总体偏低，劳动密集型、低技术含量的产业环节占主导地位，关键芯片、重要材料和专用制造设备只能依靠进口。同时，长期以来，我们重视技术引进的数量与规模，对引进技术的质量和适应性有所忽视；重视技术设备的引进，对技术消化吸收过程中科技人员素质与能力的提高有所忽视，从而造成了引进—消化—吸收过程中的断链，导致产业发展长期依赖低资源能源消耗和低劳动力成本，面临着不可持续的问题。

从国际发展经验和我国目前经济成长阶段来看，“创新”将成为决定加快发展方式转变的关键。全面实施创新发展战略是经济社会发展阶段性转变的内在要求，是提升经济发展后劲的关键、提高产业核心竞争力的重要依托。我国必须适应新形势，以世界眼光着力解决束缚创新的体制机制及创新主体动力不足问题，加强政府引导作用，创造市场需求，拓展创新融资渠道，弘扬企业家创新精神，加强区域科技合作，使创新真正成为经济增长的主要驱动力，实现经济发展方式转变，并最终带动我国经济的整体发展和社会的全面进步。

全力依靠创新驱动提高发展的质量和效益

全面实施创新驱动发展战略，必须进一步强化自主创新对转变经济发展方式的推动作用，重点围绕“六个着力”，构建开放互动的区域创新体系，以自主创新能力为引领，提升产业核心竞争力，推动经济发展走上创新驱动、科学发展之路。

一是着力推动创新集聚区和重大创新平台建设，以全球视野拓展整合国内、国际创新资源，抢占国际创新链高端。重点依托国家级创新型试点城市建设，围绕高新区、产业集群升级示范区、示范性产业园区等，进一步加强产业集群创新网络建设，形成技术溢出和创新示范效应，打造区域创新增长极。加大财税政策的扶持力度，对不同类别的公共技术平台，采取不同的支持和管理办法，建立和完善公共技术服务平台的运营机制。积极开展国际“招才引智”，加强与美、日、欧等发达国家及科技强国的创新合作，扩大对外交流的网络和渠道。加大引进国外先进技术成果，培养价值链高端创新能力，实现技术跨越，将我国打造成全球科技创新网络的重要节点。

二是着力加强顶层设计，促进创新链、产业链、资本链、人才链“四链融合”，以制度创新推动自主创新。在战略层面及组织层面，搭建战略技术选择信息平台，建立自主创新战略和政策的“智库”机构。加强科技进步的制度创新与政策引导，加快制定完善风险投资、税收优惠等政策体系。完善自主知识产权保护、运用和管理机制，健全技术性贸易壁垒预警、应对和防控机制。运用市场机制配置科技资源，协调科技部门与经济管理部门、教育部门之间的合作，建立产业平台、技术平台、教育平台的协同发展机制。围绕战略性新兴产业重点领域，建立面向全球的“融智”机制，重点吸聚领军型高端创新人才和自主创新科研团队。

三是着力扶持具有突破性创新引领作用的龙头企业及创新型中小企业，建设多层次创新服务支撑体系，加快形成知识创新系统。全面提升企业技术创新能力，落实企业研发投入等方面的激励政策。发挥突破性创新的引领作用，依托重点项目培育国家级创新型企业。推进科技型中小企业投融资担保体系建设，加大对科技型中小企业信贷支持。围绕支柱产业和战略性新兴产业，建设一批以大中型企业为依托的工程技术研究开发中心，鼓励中小型企业采取联合出资、共同委托等方式进行合作研究开发，鼓励企业与高校、科研机构创建技术战略联盟，联合开展前瞻性、关键共性技术研发。大力发展科技中介组织、非盈利组织，形成科技服务的网络化体系，强化行业协会的独立性和服务功能。

四是着力围绕“微笑曲线”研发、生产、营销三端开展全产业链创新，形成技术、管理、商业模式联动创新的格局。我国作为制造业大国，既要在研发领域以技术创新抢占价值链高端，也要在生产领域以管理创新提高生产效率，还要在营销领域以品牌战略及商业模式创新提升市场竞争力。应倡导实施产业链全环节创新，制定完善的支持技术创新、商业模式创新、管理创新和品牌创建的激励政策，形成创新的良好格局，推动产业转型升级，全力攻克产业链高端环节核心技术。加快推广产业中成功探索的金融创新模式，进一步创新和改进商业模式，提高市场掌控能力，有效推动高新技术产业化。进一步实施品牌战略，引导企业大胆探索多样化的管理模式和机制，支持企业开展各类模式创新。

五是着力实施“幸福导向型”民生科技战略，以智慧城市建设引领前沿技术创新及业态创新。大力开展“幸福导向型”民生科技研发，推进生命科学与健康、绿色低碳、智能交通、智能应急与安全监管等新兴技术的发展，增加以健康、绿色、时尚、智慧为特征的“幸福产业”有效供给。以“智慧城市”建设为引领，以物联网及高端电子信息产业为龙头，把握新兴产业规律及国际新技术变革路径，以世界眼光超前部署前沿技术创新，围绕“智慧城市”建设，重点打造智慧交通、智慧医疗、智慧家庭、智慧能源、智慧装备等智慧板块，实现产业智慧化与技术创新、新型城市化互动。

六是着力塑造“创新文化精神”，促进科技与人文互动融合，高度重视培育创新文化，营造创新的文化氛围和制度环境，激发创新潜能。通过高端人才集聚形成基于学习与竞合的创新型集群文化，带动创新资源集聚，打造开拓创新、宽容失败、竞争合作、注重长远的“创新文化精神”。高度重视青少年的创新教育，进一步出台扶持大学生创新创业的政策措施；大力促进科技与人文的融合，培养和造就大批具有集成创新能力的复合型人才。

原载《经济日报》2012 年 11 月 30 日

全面提高党的建设科学化水平

黄铁苗

党的十八大报告强调全面提高党的建设科学化水平，并作出了一系列重要部署。这是科学发展观在党的建设中的全面贯彻和自觉运用，对于新形势下加强党的执政能力建设、先进性和纯洁性建设，具有十分重要的意义。

党的建设是党领导的伟大事业不断取得胜利的重要法宝，在中国特色社会主义伟大事业不断向前推进、不断发展壮大的历程中，党的建设担负着不可替代的重要责任和崇高使命。一方面，全面提高党的建设科学化水平是实现党的执政使命的必然要求。只有全面提高党的建设科学化水平，不断提高党的领导水平和执政水平，才能切实增强党的创造力、凝聚力、战斗力，确保党始终成为中国特色社会主义事业的坚强领导核心，从而更好地凝聚全国人民的智慧和力量，万众一心地为实现党的执政使命不懈奋斗。另一方面，全面提高党的建设科学化水平是应对新形势新挑战的迫切需要。当前，我国发展中不平衡、不协调、不可持续问题依然突出，社会矛盾明显增多。能不能把握机遇、战胜挑战，赢得主动、赢得未来，关键在党。只有全面提高党的建设科学化水平，推进党的各项工作始终体现时代性、把握规律性、富于创造性，才能有效统筹国内国际两个大局，科学驾驭各种复杂局面，团结带领人民抓住和用好我国发展的重要战略机遇期，在攻坚克难中奋力夺取中国特色社会主义新胜利。

这些年来，从深入学习实践科学发展观活动到创先争优活动，从建设学习型党组织到加强反腐倡廉制度建设，我们党紧紧围绕中国特色社会主义伟大事业，全面推进党的建设，取得了明显成效。但也要看到，当代中国正在发生广泛而深刻的变革，党所处历史方位和执政条件、党员队伍组成结构都发生了重大变化，来自外部的风险前所未有；党所面临的执政考验、改革开放考验、市场经济考验、外部环境考验更为复杂严峻，党所面对的精神懈怠危险、能力不足危险、脱离群众危险、消极腐败危险更为尖锐迫近；党的建设方面特别是党员、干部队伍出现了许多亟待解决的突出问题。可以说，加强党的建设的任务，比以往任何时候都更为繁重、更为紧迫。面对这些挑战，我们必须充分认识加强党的建设的极端重要性，深刻把握全面推进党的建设新要求，不断提高党的领导水平和执政水平，以改革创新精神继续推进这一伟大工程。

全面提高党的建设科学化水平是一项系统工程、长期任务。党的十八大报告提出了全面提高党的建设科学化水平的总体要求：全党要增强紧迫感和责任感，牢牢把握加强党的执政能力建设、先进性和纯洁性建设这条主线，坚持解放思想、改革创新，坚持党要管党、从严治党，全面加强党的思想建设、组织建设、作风建设、反腐倡廉建设、制度建设，增强自我净化、自我完善、自我革新、自我提高能力，建设学习型、服务型、创新型的马克思主义执政党，确保党始终成为中国特色社会主义事业的坚强领导核心。当前和今后一个时期，我们要按照党的十八大关于全面提高党的建设科学化水平的要求和部署，坚持以中国特色社会主义理论体系特别是科学发展观指导党的建设各项工作，以改革创新精神研究和解决党的建设面临的重大理论和实际问题，全面认识和自觉运用马克思主义执政党建设规律，全面推进党的建设新的伟大工程，全面提高党的建设科学化水平。

一方面，要坚持用科学理论武装全党。全面提高党的建设科学化水平，最根本的就是坚持用科学理论武装全党，努力使全党在理论上更加成熟、思想上更加统一、行动上更加坚定。要始终高举中国特色社会主义伟大旗帜，推动各级党组织和广大党员干部坚定不移地走中国特色社会主义道路，始终不渝地贯彻执行党的基本理论、基本路线、基本纲领、基本经验，更好地为建设和发展中国特色社会主义服务；要牢牢把握中国特色社会主义理论体系，坚持不懈地用这一理论体系武装全党，推动广大党员干部用马克思主义中国化最新成果指导客观世界和主观世界的改造，提高运用科学理论分析和解决实际问题的能力；要牢牢把握解放思想、实事求是、与时俱进、求真务实这一科学发展观最鲜明的精神实质，及时回答实践提出的新问题，不断为党的科学理论注入新的内涵。

另一方面，要认真贯彻全面提高党的建设科学化水平的各项部署，牢牢抓住主要着力点。要大力抓好思想建设、组织建设、作风建设、反腐倡廉建设、制度建设，保持党的先进性、纯洁性，提高党的执政能力。具体而言，要坚持党要管党、从严治党，以坚定理想信念为重点，加强思想建设；以深化干部人事制度改革为契机，加强组织建设；以保持党同人民群众的血肉联系为核心，加强作风建设；以坚定不移反对腐败为准则，加强反腐倡廉建设；以积极发展党内民主为基础，加强制度建设。通过全面加强思想建设、组织建设、作风建设、反腐倡廉建设、制度建设，切实解决党自身面临的各种问题，确保党始终成为中国特色社会主义的坚强领导核心。

原载《经济日报》2012 年 12 月 7 日

全面把握“五位一体”总布局

温宪元

党的十八大报告明确提出建设中国特色社会主义“五位一体”总布局。建设中国特色社会主义的总体布局从“三位一体”“四位一体”扩展为经济建设、政治建设、文化建设、社会建设、生态建设的“五位一体”，建设中国特色社会主义总体布局更加完善。

“五位一体”总体布局的积极探索

“五位一体”总布局符合中国特色社会主义建设规律，体现了深入贯彻落实科学发展观的要求，反映了广大人民群众的愿望和期待，具有重大而深远的战略意义。只要我们坚持五个建设一起抓，推动“五个轮子”一起转，中国特色社会主义事业就能又好又快地向前发展。

“五位一体”的总布局打开了中国特色社会主义建设理论的新视野。中国特色社会主义建设事业如何进行总体布局，是一个重大战略课题。新中国成立以后，以毛泽东、邓小平、江泽民同志为核心的党的三代领导集体，对中国特色社会主义建设的理论进行了不懈探索，使社会主义现代化建设的总体布局由在经济建设内部进行农业、轻工业和重工业综合平衡的布局，发展为经济、政治、文化建设“三位一体”，相继为丰富和发展社会主义建设理论作出了重要贡献。新世纪新阶段，以胡锦涛同志为总书记的党中央第一次明确提出了从“四位一体”到“五位一体”社会主义现代化建设总体布局，打开了社会主义社会建设理论发展的新视野，为继续推进社会主义建设理论的创新发展开辟广阔的道路。

“五位一体”的总布局，构筑了增创社会主义制度优越性的新平台。在当代历史条件下，我们党着眼中国经济社会发展的总趋势和总要求，在科学总结世界社会主义实践的历史经验教训的基础上，提出“四位一体”的总布局和四个建设的战略部署，既反映了我们党对社会主义规律的认识更加全面、更加深刻，也对增创社会主义制度优越性开拓了新的空间。

“五位一体”的总布局，使社会主义中国成为全面发展、全面进步的社会，创造人类社会向着最高社会理想演进的新范式。对社会主义中国来说，按照“五位一体”的现代化建设总布局，在全面建设小康社会、加快推进社会主义现代化的历史进程中，着力构建以民主法治、公平正义、诚信友爱、安定有序、充满活力、人与自然和谐相处为基本特征的和谐社会，这不仅是立足现实自觉贯彻人类社会最高价值理想的必然要求，同时也是在为人类社会向着最高价值理想逐步演进创造新的范式。按照历史唯物主义观点，人的自由全面发展，一定意义上就是人的社会关系的全面发展。坚持以人为本的理念，全面贯彻落实科学发展观，按照“五位一体”的总布局建设中国特色社会主义，说到底就是不断培育、完善和优化人的社会关系。因此，实施“五位一体”的总布局，既是实现人的全面发展的必要条件，又是人的全面发展的历史的具体的标志。

“五位一体”总布局的内在互动

“五位一体”中，经济建设、政治建设、文化建设、社会建设和生态建设这五大要素，是互为条件、相互促进的，既不可分割又各有自己的特定领域和特殊规律，彼此形成了内在的互动关系。全面推进中国特色社会主义事业，要通过发展社会主义生产力不断增强和谐社会建设的物质基础，发展社会主义民主政治不断加强和谐社会建设的政治保障，发展社会主义先进文化不断巩固和谐社会的精神支撑，建设和谐社会为社会、政治、文化和生态建设创造有利的社会条件，建设社会主义生态文明有利于实现经济、政治、文化、社会的永续发展。

经济建设是基础。它为政治建设、文化建设、社会建设和生态建设提供雄厚的物质基础，表现为物质生产和物质生活水平的提高和进步，它是整个社会文明的基础。经济建设是整个社会赖以存在和发展的基础，对政治建设、文化建设、社会建设和生态建设来说，都是必不可少的。它不仅影响着人们的政治关系、政治意识、政治行为和整个社会的政治制度等，也制约着社会的教育、科学、文化发展水平以及人们的思想道德水平。改革开放以来，我国的面貌之所以发生了前所未有的巨大变化，社会能够取得历史性的进步，就是因为我们坚持以经济建设为中心，社会生产力上了大台阶。如果经济建设搞不上去，社会主义民主政治建设、精神文明建设、和谐社会建设就失去了基础。因此，坚持以经济建设为中心这个思想，任何时候都决不能动摇。科学发展观统领下的经济建设，最基本的是要落实“五个统筹”，并以转变经济发展方式为牵引，努力实现生产发展、生活富裕、生态良好的目的，实现国民经济又好又快发展。

政治建设是根本。它为经济建设、文化建设、社会建设和生态建设提供坚实的政治保证，是人类政治生活全面进步成果的总和，它包括进步的政治观念、政治行为和政治制度等，集中体现在进步的政治制度上。没有民主政治建设，就不可能充分调动人民群众的主动性、创造性，就没有一个以健全法制为保障的发展环境。民主政治建设搞好了，实施“五位一体”的总体布局才能有可靠的保证。社会主义民主政治不仅体现为不断完善的制度规范，也表现为不断提升的政治伦理；不仅体现为井然的政治秩序，也表现为人们普遍享有的民主权利和平等关系；不仅体现为社会管理者政治上的高素质，也表现为社会成员对人类现代文明基本原则的尊重和崇尚。民主政治建设必须随着经济社会发展不断推进，努力与人民群众政治参与的积极性不断提高相适应，不断推进社会主义政治制度自我完善和发展。建设社会主义民主政治，最关键的是要坚持正确的政治方向，落实党的科学执政、民主执政、依法执政的要求。要坚持党的领导、人民当家作主和依法治国的有机统一，通过继续扩大公民有序政治参与，健全民主制度，丰富民主形式，拓宽民主渠道，不断推进社会主义政治制度自我完善和发展。

文化建设是灵魂。它为经济建设、政治建设、社会建设提供强大的精神动力，是人类在改造客观世界的同时改造主观世界的精神成果的总和，表现为人类思想道德和科学教育文化的发展，对经济建设、政治建设、社会建设和生态建设提供精神动力和智力支持。文化建设搞好了，人们拥有较高的科学文化素养、崇高的理想信念和道德情操，才能为经济建设、政治建设和社会建设提供思想保证、精神动力和智力支持。加强文化建设，最重要的是要着眼于形成社会主义核心价值体系，并以实现最广大人民的精神文化需求为着眼点，更加自觉、更加主动地推动文化大发展大繁荣，更好地保障人民群众的文化权益，大力培育文明风尚，大力推进文化创新，使全社会的文化创造活力充分释放、文化创新成果不断涌现，使当代中华文化更加多姿多彩、更具吸引力和感染力。

社会建设是枢纽。它为经济建设、政治建设、文化建设提供有利的社会环境和条件。社会建设对经济建设、政治建设、文化建设和生态建设具有统合功能和辐射作用，与广大人民群众的切身利益紧密相连，是促进经济发展、保持政治稳定、发展精神文明的重要纽带，必须摆在更加突出的位置。社会建设水平的提升必将有力地促进和带动经济建设、政治建设、文化建设的发展，使社会主义制度在经济、政治、文化等方面的优越性更加充分地体现出来。加强社会建设，最根本的是要按照民主法治、公平正义、诚信友爱、充满活力、安定有序、人与自然和谐相处的总要求，着力发展社会事业，不断完善社会整合机制、社会管理机制、社会保障机制、利益矛盾协调机制、社会危机处理机制，以解决人民最关心、最直接、最现实的利益问题为重点，使经济发展成果更多体现到改善民生上。

生态建设是保障。它为经济建设、政治建设、社会建设、文化建设提供强大的坚强保障，是用科学发展观为指导来观察人与自然以及人与人的关系，不断克服人类活动中的负面效应，积极改善和优化人与自然、人与人的关系，建设有序的生态运行机制和良好的生态环境所取得的物质、精神、制度方面成果的总和。大力推进生态文明建设，是涉及生产方式和生活方式根本性变革的战略任务，必须把生态文明建设的理念、原则、目标等深刻融入和全面贯穿到我国经济、政治、文化、社会建设的各方面和全过程，坚持节约资源和保护环境的基本国策，着力推进绿色发展、循环发展、低碳发展，为人民创造良好生产生活环境。这“三个发展”是全新概括，指明了生态建设的重点和方向。对于推动加快转型升级、强化绿色发展，具有特别重要的战略意义。

“五位一体”总布局的根本目的

我们党制定“五位一体”总布局的目的，就是为了更好地实现、发展和维护广大人民群众的利益，它是我们党以人为本、执政为民理念在发展领域的体现，是一个造福于人民的整体布局。

人民群众的根本利益有着丰富而具体的内涵，而且是发展变化的。人民群众的利益不仅包括经济利益、政治利益、文化利益、社会权益，也包括生态利益，五者同等重要。随着经济社会的发展，人民群众的物质生活方面的需求在增长，同时，其他方面的更高层次的需求包括政治权益、文化权益、社会权益、生态环境等需求也在增长。比如，在民主政治权益方面，人们的权利意识也不断增强，对于维护自身权益，扩大政治参与的需求也日益增强，希望自己的知情权、参与权、选择权、监督权得到充分尊重，要求行使更多民主权利；在社会权益方面，人民群众已不满足一些简单的、不完善的公共服务，而是要求获得较好的社会服务和社会保障。过去，我们对人民利益的认识侧重于经济利益方面，我们的社会主义建设总体布局也主要是从经济发展考虑的。随着时代的发展进步，人民群众其他方面的利益需求不断增强。这就要求我们以与时俱进的眼光来看待人民群众不断发展的利益需求，正确把握人民群众在新的历史起点上的新期待。

“五位一体”的总布局的确立，对于全面实现人民群众的利益需求具有根本意义。“五位一体”建设的一系列重大举措，都是党从适应经济社会发展要求，着眼于满足人民群众在新形势下实现全面发展的需求提出来的，符合人民群众提高生活质量的美好愿望，适应人民群众不断提高的政治参与积极性，反映了人民群众对社会安定、文化繁荣、生态良好的现实要求，是一个顺民意、得民心的发展蓝图。把“五位一体”的总布局确立起来，将经济、政治、社会、文化和生态这五大建设一起抓，就可以极大地提高人民群众的生活质量和幸福指数，促进人的全面发展，使人民群众的人生价值得到更好的实现，使中国特色社会主义事业充满生机和活力。

原载《光明日报》2012 年 12 月 11 日

把人民放在心中最高位置

方真

人民主体思想是贯穿党的十八大报告的一条红线。从唯物史观的基本观点到人民利益的各个方面，十八大报告实现了人民主体思想理论与实践的有机统一、实践主体与利益主体的有机统一、价值形态与科学形态的有机统一。坚持人民主体思想，把人民放在心中最高位置，做到发展为了人民、发展依靠人民、发展成果由人民共享，是全面建成小康社会、加快推进社会主义现代化的根本价值取向。

社会主义革命和建设的思想结晶

人民主体思想，就是关于人民是社会生活主体的思想，是从实践主体、利益主体、权利主体、动力主体等方面，理解和认识人民群众在社会生活各个方面的主体地位、主体价值的思想。作为唯物史观的基本观点，人民主体思想在社会主义革命和建设的进程中不断得到丰富发展。

人民主体思想是马克思主义政党历来坚持的基本思想。自从马克思、恩格斯创立唯物史观以来，人民主体思想经历了从理论到实践的发展，形成不同的表现形态。马克思、恩格斯早在《神圣家族》一书中就鲜明地提出，“历史活动是群众的活动，随着历史活动的深入，必将是群众队伍的扩大”。人民群众创造历史、唤起群众的热情革命才能取得成功、群众是社会历史发展的根本力量等唯物史观的重要思想，构成了人民主体思想的基本理论形态。长期的社会主义革命，使人民主体思想在革命的战略策略中获得更多的实践意义。以全心全意为人民服务为根本宗旨，使人民主体思想达到了理论与实践的有机统一，集中体现为我们党在革命和建设时期形成、发展的群众观点和群众路线。

人民主体思想在中国特色社会主义实践中进一步深化和发展。在中国特色社会主义实践中，我们党不断丰富发展人民主体思想，使人民主体思想实现了新的思想提升、达到了新的理论高度。群众是我们力量的源泉，群众路线和群众观点是我们的传家宝；人民是我们国家的主人，是决定我国前途命运的根本力量；人民民主是社会主义的生命；以人为本、执政为民是检验党一切执政活动的最高标准；等等，这一系列新思想、新观点、新论断，使人民主体思想的逻辑体系不断完善、理论内涵不断丰富。

坚持和发展中国特色社会主义的根本要求

中国特色社会主义是亿万人民自己的事业。坚持和发展中国特色社会主义，必须坚持以人民为主体，做到发展为了人民、发展依靠人民、发展成果由人民共享。

坚持以人民为主体，是坚持和拓展中国特色社会主义道路的根本原则。走什么路的问题，首先是为什么人的问题。只有将中国特色社会主义看作人民群众自己的事业，才能真正从人民的根本利益和真实需要出发，“既不走封闭僵化的老路、也不走改旗易帜的邪路”。只要抓住人民群众的根本利益这一根本问题，就会对理想和信念倍加坚定、对党肩负的历史使命倍加清醒，不论遇到任何艰难曲折，不论经历任何风波险阻，都不会受错误思想观念的干扰和影响，都不会动摇走中国特色社会主义道路的决心和意志。我们党正是坚定地坚持人民主体思想，在全国各族人民的拥护与支持下，坚定不移地走中国特色社会主义道路，在风云变幻的世界历史大潮中成功经受住了各种风浪的考验。

坚持以人民为主体，是坚持和丰富中国特色社会主义理论体系的根本价值取向。作为我们党的指导思想，中国特色社会主义理论体系始终将人民利益放在第一位，人民主体思想体现了中国特色社会主义理论体系的根本价值取向。邓小平理论回答了建设什么样的社会主义、怎样建设社会主义的问题，以实现人民共同富裕为社会主义的奋斗目标，把人民拥护不拥护、赞成不赞成、高兴不高兴、答应不答应作为制定各项方针政策的出发点和归宿；“三个代表”重要思想进一步回答了建设什么样的党、怎样建设党的问题，以“始终代表中国最广大人民的根本利益”作为我们党始终保持先进性的一条根本原则；科学发展观进一步回答了实现什么样的发展、怎样发展的问题，将“以人为本”作为核心立场，强调发展为了人民、发展依靠人民、发展成果由人民共享。

坚持以人民为主体，是坚持和完善中国特色社会主义制度的本质要求。社会制度的性质和特点，取决于其所反映和代表的主体的根本利益。我们党是中国工人阶级的先锋队，同时是中国人民和中华民族的先锋队，以全心全意为人民服务为根本宗旨，代表中国最广大人民的根本利益。实现人民主体地位是中国特色社会主义制度的本质体现。中国特色社会主义制度内涵丰富，包括人民代表大会制度的根本政治制度，中国共产党领导的多党合作和政治协商制度、民族区域自治制度以及基层群众自治制度等基本政治制度，中国特色社会主义法律体系，公有制为主体、多种所有制经济共同发展的基本经济制度，以及建立在这些制度基础上的经济体制、政治体制、文化体制、社会体制等各项具体制度。人民代表大会制度作为根本政治制度，集中体现了广大人民群众作为社会主人的政治地位，为广大人民群众行使民主权利提供了根本制度保障。社会主义公有制的根本优势和特点之一，在于它提供了社会公平公正的基本前提，是能够实现全体社会成员公平共享社会权利和财富的经济制度。人民主体思想，同样贯穿于我国基本政治制度、中国特色社会主义法律体系和各项具体制度中。

全面建成小康社会的根本动力与保障

党的十八大提出了全面建成小康社会的奋斗目标。全面建成小康社会，就是要使全体人民共享社会主义现代化建设的成果，过上幸福安康的生活。实现这一目标，必须坚持人民主体思想。

尊重人民主体地位。人民是历史活动的主体，是历史的创造者。人民在社会主义建设中的主体地位，既体现为人民是社会实践的主体力量，是党领导中国特色社会主义建设的主要依靠力量；又体现为人民的创造性，是社会进步中创造和创新的源泉。坚持人民主体思想，应尊重人民群众的主人翁精神，尊重劳动、尊重创造。尊重人民主体地位，必须坚持一切相信群众、一切依靠群众的观点，走从群众中来、到群众中去的路线，充分尊重人民群众的首创精神，避免主观主义，切实做到科学决策、民主决策，为人民群众发挥主体作用提供良好的制度和文化环境。

保障人民合法利益。人民是实践的主体，也是经济社会发展的利益主体，社会发展进步的成果应由全体人民共享。但在几千年的社会历史发展中，这两个本来是一体的问题，却长期相互脱节和分离，导致社会关系的畸形发展。社会主义革命和建设的目标，就是要彻底改变这种不合理的状况，使建设主体与利益主体统一起来。坚定不移沿着中国特色社会主义道路前进、全面建成小康社会，任何时候都应把人民利益放在第一位，坚持利为民所谋，实现好、维护好、发展好最广大人民的根本利益。应继续深化收入分配制度改革，切实贯彻初次分配和再分配都兼顾效率和公平、再分配更加注重公平的分配原则，实现发展成果由人民共享。

维护人民民主权利。切实维护人民的民主权利，才能使人民充分表达自己的愿望、实现自身的利益，更加了解和理解社会发展重大决策和各项具体政策，真正形成国家主人的意识、尽到国家主人的责任和义务。改革开放30多年来，我国社会主义民主政治建设取得重大进展，成功开辟和坚持了中国特色社会主义政治发展道路，为实现最广泛的人民民主确立了正确方向，为中国特色社会主义事业不断发展提供了根本保证。坚定不移沿着中国特色社会主义道路前进、全面建成小康社会，须加快推进社会主义民主政治建设，积极发展党内民主，以党内民主带动人民民主；继续扩大人民民主，进一步完善人民民主制度，把制度建设放在突出位置，强化民主制度的现实性和可操作性，保证人民依法实行民主选举、民主决策、民主管理、民主监督，最广泛地动员和组织人民依法管理国家事务和社会事务、管理经济和文化事业。

原载《人民日报》2012年12月21日

2013年

用“关键一招”实现“中国梦”

温宪元

“改革开放是决定当代中国命运的关键一招，也是决定实现‘两个100年’奋斗目标、实现中华民族伟大复兴的关键一招。”习近平总书记近期在广东考察时的重要讲话，吹响了进一步深化改革开放的新号角。掷地有声、发人深思的话语，给人力量，催人奋进。全党全国人民唯有坚持改革开放，靠改革开放攻坚克难，才能奋力开拓中国特色社会主义伟大事业的新境界，实现我们的“中国梦”。

改革开放是活力之源

改革开放创造了年均GDP增幅10%左右的“高增长、低通胀”经济奇迹，也使我们与实现“中国梦”的距离越来越近

中国的改革在危机和忧患中起步、发展，中国的开放在质疑和挑战中突围、创造。30多年前，中国共产党人带领全国人民开启了改革开放的新时代。从探索改变僵化的计划经济体制，到确立建立社会主义市场经济体制的目标；从支持建立经济特区发挥改革开放“试验田”作用，到形成全方位多层次宽领域的对外开放格局，改革开放极大地激发了经济社会发展的活力，推动国民经济驶上了一条高速、健康成长的轨道，创造了年均GDP增幅10%左右的“高增长、低通胀”经济奇迹，也使我们与实现“中国梦”的距离越来越近。

实践证明，改革开放是我们党的历史上一次伟大觉醒，正是这个伟大觉醒孕育了新时期从理论到实践的伟大创造。改革开放是当代中国发展进步的活力之源，是坚持和发展中国特色社会主义的必由之路。当前和今后一个时期，实现中华民族伟大复兴的“中国梦”，仍不可避免地遇到这样那样的挑战，坚持改革开放是战胜挑战、大踏步赶上时代前进步伐的重要法宝。特别是今天，我国转变经济发展方式进入关键时期，发展仍面临不少风险和挑战，不平衡、不协调、不可持续问题依然突出。解决这些问题，促进经济持续健康发展，迫切需要继续通过改革开放为我们提供动力来源。不积跬步无以至千里，不积小流无以成江海，依靠改革开放源源不断释放的“红利”，必将为实现中华民族伟大复兴提供不竭动力。

尊重人民群众首创精神

各级领导都不能把自己当成“主角”，把群众当成“看客”，而应把群众广泛吸引到改革这个历史大舞台上来

为实现中华民族伟大复兴的梦想，党的十八大勾画了全面建成小康社会、加快推进社会主义现代化、夺取中国特色社会主义新胜利的宏伟蓝图，向全党全国人民发出了深化改革开放新的宣言书。当前，深入贯彻党的十八大精神，必须坚定不移地走改革开放强国之路，不断解放和发展生产力，释放蕴藏在亿万人民之中的活力和创造力。

坚定不移地走改革开放强国之路，必须坚定信心、凝聚共识，以更大的政治勇气和智慧不失时机深化重要领域改革。深层次的改革、深水区的改革牵一发而动全身，必须更加注重改革的系统性、整体性、协同性，统筹协调，全面推进。要敢啃硬骨头，敢涉急流险滩，要有逢山开路、遇河架桥的精神。

坚定不移地走改革开放强国之路，必须坚持以改革促发展、以开放赢空间，加快形成新的经济发展方式，努力建设美丽中国。要通过切实深化改革、着力推进开放，不断推出改革新举措，加快破除经济、政治、社会、文化和生态等领域的体制机制性障碍，推动经济社会发展质量和人民生活水平不断迈上新台阶。

坚定不移地走改革开放强国之路，必须重视顶层设计，尊重人民群众首创精神。改革是亿万群众自己的事业，改革开放中的许多东西，都是由群众在实践中提出来的。同改革初期相比，今天的改革具有不少新的特点，问题更复杂，利益矛盾更突出，对顶层设计的要求更急迫。但这绝不意味着可以把人民群众的主体作用淡忘了。各级领导都不能把自己当成“主角”，把群众当成“看客”，而应当通过各种方式，把群众广泛吸引到改革这个历史大舞台上来。在重大改革决策的制定过程中，应吸纳民众参与讨论，并注意把专家的见解和群众的创造结合起来，使改革方案具有更广泛的民意基础。

加快释放改革红利

充分认识实现“中国梦”的内涵和目的，使改革发展成果更多更公平惠及全体人民

我们党一以贯之地带领全国各族人民追求“中国梦”，说一千道一万，归结到一点就是为了最广大人民群众的幸福。

现在，我们在民生领域尚有诸多欠账，教育、就业、社会保障、医疗、住房、生态环境、食品药品安全、安全生产、社会治安、执法司法等关系群众切身利益的问题仍然较多。沿着中国特色社会主义道路用“关键一招”实现“中国梦”，就要按照党的十八大精神，充分认识实现“中国梦”的内涵和目的，加快释放改革红利，使改革发展成果更多更公平惠及全体人民，让城乡居民生活一天比一天好。

加快释放改革红利，使改革发展成果更多更公平惠及全体人民，最重要的在于坚持以人为本。坚持以人为本，就要把最大多数人的利益当作改革决策的出发点和落脚点。最大多数人利益首先体现在促进社会生产力的发展上。只有推动经济持续健康发展，才能筑牢国家繁荣富强、人民幸福安康、社会和谐稳定的物质基础。为此，必须坚持市场化的改革方向不动摇，更加尊重市场规律，更好发挥政府作用，加快转变经济发展方式，把推动发展的立足点转到提高质量和效益上来，着力激发各类市场主体发展新活力，着力增强创新驱动发展新动力，着力构建现代产业发展新体系，着力培育开放型经济发展新优势，使经济发展更多依靠内需特别是消费需求拉动，更多依靠现代服务业和战略性新兴产业带动，更多依靠科技进步、劳动者素质提高、管理创新驱动，更多依靠节约资源和循环经济推动，更多依靠城乡区域发展协调互动，不断增强长期发展后劲。

“中国梦”是民族的梦想，也是每一个人的梦想。实现梦想的征程尽管漫长，但中国共产党人牢记埋头苦干、顽强拼搏、实干兴邦，坚持把改革开放事业传承下去、发展下去，必能团结带领亿万人民，把我们伟大的祖国建成富强民主文明和谐的社会主义现代化国家，在中国特色社会主义道路上实现中华民族伟大复兴！

原载《经济日报》2013年1月10日

“道路”的使命

温宪元

党的十八大报告指出：“道路关乎党的命脉，关乎国家前途、民族命运、人民幸福。”近日，习近平总书记在新进中央委员会的委员、候补委员学习贯彻党的十八大精神研讨班开班式上发表重要讲话时强调指出：“道路问题是关系党的事业兴衰成败第一位的问题，道路就是党的生命。”一个执政党，只有正确认识和理解自己的发展道路，才能在现实奔腾的浪潮中把握方向，才能在不断演化的社会变革中走向进步。

道路认识的不断深化

俗话说，世上的路有千万条，条条道路通罗马。但是，要找到一条能够让一个曾经深陷苦难的民族站起来、富起来、强起来的路，却是不那么容易的事情。我们党对道路的认识经历了一个不断深化的过程。

以毛泽东为核心的第一代党的领导集体，对中国一定要走上现代化发展道路始终抱有强烈的愿望。毛泽东说，我们不但善于破坏一个旧世界，我们还将善于建设一个新世界。新民主主义革命胜利后，社会主义基本制度的建立，为当代中国一切发展进步奠定了根本政治前提和制度基础。毛泽东还说，对于建设社会主义规律的认识，必须有一个过程。必须从实践出发，从没有经验到有经验，从有较少的经验，到有较多的经验，从建设社会主义这个未被认识的必然王国，到逐步地克服盲目性、认识客观规律、从而获得自由，在认识上出现一个飞跃，到达自由王国。由于认识正确，在短短的20多年，我国就建立起了独立的比较完整的工业体系和国民经济体系。

以邓小平为核心的第二代党的领导集体，在总结国内外经验的基础上，对社会主义本质做了新的概括，强调发展才是硬道理，一个真正的马克思主义政党在执政以后，一定要致力于发展生产力，并在这个基础上逐步提高人民的生活水平。这就把我们党对道路问题的认识提高到新的科学水平。

以江泽民为核心的第三代党的领导集体，根据国内外形势的发展变化，根据我国经济社会发展的新要求，进一步深化了党对道路问题的认识。一要“坚定不移，毫不动摇”；二要“全面执行，一以贯之”。并强调指出，必须把发展作为党执政兴国的第一要务；要坚持用发展的办法解决前进中的问题；一定要正确处理改革发展稳定的关系；社会主义社会是以经济建设为重点的全面发展、全面进步的社会；要促进社会主义物质文明、政治文明、精神文明协调发展，促进人的全面发展。

十六以来，党中央立足社会主义初级阶段基本国情，特别是深刻分析新世纪新阶段我国发展呈现的一系列新的阶段性特征，继承和发展党的历代中央领导集体关于道路问题的重要思想，提出了科学发展观等重大战略思想。十七大以后，进一步提出坚持科学发展的本质要求，加快转变经济发展方式的深刻变革；在经济发展的基础上，更加注重社会建设，着力保障和改善民生，促进社会公平正义；以改革创新的精神加强党的自身建设，促进经济社会又好又快的发展。

实践证明，道路问题的解决使我们国家在新时期空前活跃起来，快速发展起来，日益繁荣富强起来，彰显了巨大优越性和强大生命力。中国特色社会主义道路，是一条几代中国人不断探索而来的“人间正道”。找到这条正确的道路多么不易。我们只要沿着这条正确的道路前进，就一定能实现中华民族伟大复兴的最美“中国梦”。

道路决定命运

伟大的社会变革贯穿在20世纪以来中国历史发展的艰难进程中，如同人类社会近代以来的伟大变革，无一不是以社会的思想解放和观念更新为先导，波澜壮阔的中国近现代历史，正是中国先进知识分子对先进思想理论的掌握，才为中国式的社会主义现代化道路变迁展开了崭新的篇章。先进文化的引领，对中国社会变革和中国的社会主义现代化进程具有非同寻常的意义。马克思曾经指出：“人们自己创造自己的历史，但是他们并不是随心所欲地创造，并不是在他们自己选定的条件下创造，而是在直接碰到的、既定的、从过去继承下来的条件下创造。”综观近代以来中国社会发生惊人变革的一条主线，可以使我们能够生动地看到先进文化引领中国社会主义现代化道路发展的现实逻辑：一次次先进文化的选择比较，使中国特色社会主义道路有了一个正确的发展方向和发展路径，从而避免了大的历史弯路和历史延误；一次次先进文化的比较选择，促进中国先进阶级的优秀代表构建起自己的组织——中国共产党，提供了动员民众和领导革命与改革的组织保障。

“人间正道是沧桑”。道路的确立，如何决定中国特色社会主义命运的选择？从历史到现实，从生产力到先进文化，不断探索为现实生产力和经济社会发展创造条件，使中华民族走上了复兴的高速路。正如十八大报告指出：“中国特色社会主义道路，就是在中国共产党领导下，立足基本国情，以经济建设为中心，坚持四项基本原则，坚持改革开放，解放和发展社会生产力，建设社会主义市场经济、社会主义民主政治、社会主义先进文化、社会主义和谐社会、社会主义生态文明，促进人的全面发展，逐步实现全体人民共同富裕，建设富强民主文明和谐的社会主义现代化国家。”中国特色社会主义道路是实现途径，它与理论体系、制度一道，三者统一于中国特色社会主义伟大实践，这是党在领导建设社会主义长期实践中形成的道路决定命运的最鲜明特色。

道路的使命

道路的使命，就是要解决沿着中国现代化道路实现国家和民族的前途和命运、人民富裕和幸福的问题。

第一，要着力解决人与物的关系问题，为中国现代化提供坚实的力量基础。社会主义现代化建设的根本目的，就是要解决人民群众日益增长的物质文化需求与落后的社会生产之间的矛盾。科学发展观的提出，把视角从“物”转向“人”，转向人的需求的满足和人的发展，明确现代化的关键是人的现代化，推进经济社会发展的目的，并非单纯的物质财富的积累，而是要让人民共享发展成果，实现社会公平正义，把促进人的全面发展作为一项历史进程和长期任务，使中国现代化道路的动力和目的更加明确。

第二，要着力解决人与人的关系问题，为中国现代化提供稳定的社会环境。“社会建设”和“民生问题”的起步腾飞是一个国家现代化发展程度的地标。十六届四中全会提出构建和谐社会后，党中央不断强调加强社会建设，着眼于保障和改善民生，谋民生之利，解民生之忧；着眼于发挥社会主义制度优势，通过发展增加社会物质财富、不断改善人民生活，促进社会和谐；着眼于解决人民最关心、最直接、最现实的利益问题，努力形成全体人民各尽其能、各得其所而又和谐相处的局面，提供良好社会环境。这样就使我们有可能走出一条兼顾效益与公平，既充分发挥各方面的积极性、主动性、创造性，又能协调好各方面的利益关系，保持社会和谐稳定发展的现代化新路。

第三，要着力解决人与自然的关系问题，为中国现代化提供可持续的发展保障。人类在现代化的过程有着痛苦的经验，付出了巨大的生态代价。党的十八大报告在十七大提出建设生态文明的基础上，进一步强调建设生态文明，发展循环经济，加强节能减排，建设资源节约型、环境友好型社会。强调必须把生态文明建设的理念、原则、目标等深刻融入和全面贯穿到我国经济、政治、文化、社会建设的各方面和全过程。

原载《光明日报》2013 年 1 月 12 日

中国特色社会主义是实现中国梦的必由之路

蒋斌　陈金龙

实现中华民族伟大复兴的中国梦，是近代以来中国人民的理想和追求。习近平同志指出：实现中国梦必须走中国道路。改革开放以来，我们总结历史经验，经过艰辛探索，找到了实现中华民族伟大复兴的正确道路，取得了举世瞩目的发展成就。这条道路就是中国特色社会主义。这是历史的结论，也是现实的必然；既指明了实现中国梦的方向，也彰显了坚持走中国特色社会主义道路的重要性。

道路选择是实现中国梦的首要问题

道路选择攸关党和国家事业兴衰成败，是实现中国梦的首要问题。道路选择正确，民族复兴、国家发展就会步入坦途，给人民带来幸福和安康；道路选择错误，民族复兴、国家发展就会遭受挫折，给人民带来痛苦和灾难。

鸦片战争以降，面对积贫积弱的现实，魏源提出了“师夷长技以制夷”的主张，洋务派开出了“中体西用”的药方，孙中山先生喊出了“振兴中华”的口号，洋务运动、戊戌维新、辛亥革命等进行了谋求民族复兴的不断尝试。但这些主张和实践都未能改变中华民族的命运，究其根本原因，在于民族复兴道路选择的偏差。历史已经证明，不改变封建专制制度或照搬西方资本主义发展道路，不可能实现中华民族伟大复兴。

中国共产党诞生后，自觉担负起实现中华民族伟大复兴的历史重任，开始了民族复兴道路的接力探索。新民主主义革命的胜利使我们赢得了国家独立、人民解放，为实现中华民族伟大复兴创设了前提条件。新中国成立后开始的社会主义建设，为实现中华民族伟大复兴奠定了重要基础。但随后社会主义建设出现偏差和失误，又使中华民族偏离了实现伟大复兴的目标。历史再次昭示我们，选择适合中国国情的社会主义道路，对于实现中华民族伟大复兴至关重要。

改革开放之初，我们对中国特色社会主义道路的具体形式、基本特征是什么，并没有系统完备的认识。经过30多年实践探索与经验总结，中国特色社会主义道路的基本轮廓已经形成。党的十七大报告首次对中国特色社会主义道路进行了概括，十八大报告对此作了进一步界定，丰富了中国特色社会主义道路的内涵。改革开放以来，我国经济快速发展，人民生活水平显著提高，民主政治稳步推进，文化建设日益繁荣，社会保持稳定，生态文明建设上升到总体布局的高度，综合国力、国际竞争力、国际影响力迈上新台阶，比历史上任何时期都更接近中华民族伟大复兴的目标。这些成就的取得，关键在于选择了立足中国国情、反映时代发展要求、符合人类社会发展规律的正确道路——中国特色社会主义道路。

中国特色社会主义道路引领中华民族走向伟大复兴

中国特色社会主义道路符合实现中华民族伟大复兴的要求，是引领中华民族走向伟大复兴的必由之路。

中国特色社会主义道路符合实现中华民族伟大复兴的要求。实现中华民族伟大复兴的中国梦，就是要实现国家富强、民族振兴、人民幸福，就是要建成富强民主文明和谐的社会主义现代化国家。现代化是整体的社会变迁，是经济、政治、文化、社会、生态以及人等各方面的全面发展和进步。中国特色社会主义道路既坚持以经济建设为中心，又全面推进经济建设、政治建设、文化建设、社会建设、生态文明建设以及其他各方面建设；既不断解放和发展社会生产力，又坚持走共同富裕道路、促进人的全面发展。中国特色社会主义道路的内涵与指向与实现中华民族伟大复兴的目标是一致的、吻合的，只有经由中国特色社会主义道路，才能实现中华民族伟大复兴。

中国特色社会主义道路为实现中华民族伟大复兴提供前提条件。实现中华民族伟大复兴是全民族的事业，有赖于人民群众积极性、主动性、创造性的发挥。肩负民族复兴任务的主体，从整体而言是中华民族，从个体而言是每一个中国人。正如习近平同志指出的："中国梦是民族的梦，也是每个中国人的梦。"人民群众是社会物质财富和精神财富的创造者，是推动社会变革、历史前进的主要力量；没有人民群众的参与和支持，没有人民群众的智慧和力量，就不可能实现中华民族伟大复兴。中国特色社会主义道路顺应人民对经济发展、政治民主、文化繁荣、社会和谐、生态良好的期待，尊重人民的经济、政治、文化、社会、生态权益，充分体现了人民主体地位。中国特色社会主义实践的成功，促进了人民生活水平的提高，保障了人民基本权益的实现，人民亲身感受到中国特色社会主义道路的价值和魅力。因此，中国特色社会主义道路有利于调动人民群众的积极性、主动性、创造性，有利于凝聚人民群众的智慧和力量。这是实现中华民族伟大复兴的前提条件。

中国特色社会主义道路为实现中华民族伟大复兴提供根本保障。中华民族伟大复兴走的是和平发展道路。当今世界，人类向往和平、追求和平，和平与发展仍然是时代主题。中国将继续高举和平、发展、合作、共赢的旗帜，坚定不移致力于维护世界和平、促进共同发展。中国特色社会主义道路是和平发展之路，既通过争取和平国际环境发展自己，又以自身发展维护和促进世界和平，推动建设持久和平、共同繁荣的和谐世界。和平发展既符合中国文化传统，又反映当今时代诉求，成为实现中华民族伟大复兴的根本保障。

毫不动摇地坚持和拓展中国特色社会主义道路

选择了正确道路，就要坚定不移走下去。我们应坚定道路自信，不断完善和拓展中国特色社会主义道路，奋力实现中华民族伟大复兴的中国梦。

坚定中国特色社会主义道路自信。自信是一种健康、积极的心理状态，实现民族复兴必须提升民族自信。20 世纪 30 至 40 年代，中国知识界在探讨民族复兴问题时，特别强调民族自信力对于民族复兴的重要意义。当今时代，要实现中华民族伟大复兴，同样离不开民族自信。正因为如此，党的十八大报告在强调建设中国特色社会主义的总任务是实现社会主义现代化和中华民族伟大复兴的同时，要求全党坚定中国特色社会主义的道路自信、理论自信、制度自信。中国特色社会主义道路的形成，凝聚了几代中国共产党人的集体智慧，总结了人民群众的创造性实践。中国特色社会主义道路实现了社会主义和市场经济的有机结合，既超越了传统社会主义的发展模式，又超越了西方资本主义的发展道路，是我国实现社会主义现代化的独特道路，为彰显社会主义制度的优越性开拓了新途径，为人类文明发展开辟了新道路。坚定中国特色社会主义道路自信，才有实现中华民族伟大复兴的自信。

完善和拓展中国特色社会主义道路。我国仍是世界上最大的发展中国家，实现中华民族伟大复兴的任务十分艰巨，将遇到不少新矛盾、新问题。如果不能有效化解、从容应对这些矛盾和问题，就会延缓民族复兴的进程。因此，应发挥全党、全民族的积极性、主动性、创造性，勇于创新、敢于突破，不断完善和拓展中国特色社会主义道路。同时，进一步深化改革开放，在融入全球经济发展的过程中，汲取世界各国经验，破解我国发展难题，为中国特色社会主义道路增添新的内容，使中华民族的复兴在更大范围内、更高程度上得到国际社会的理解和认同。

既不走封闭僵化的老路，也不走改旗易帜的邪路。民族复兴与道路选择密切相关，道路选择的折腾是对实现民族复兴的最大伤害。回归过去的发展模式，质疑改革开放的举措和成就；或者照搬西方的发展道路，盲从西方的规范和价值，都是对中国特色社会主义道路的背离，都是对实现中华民族伟大复兴的背离。只有不动摇、不懈怠、不折腾，毫不动摇坚持并持之以恒拓展中国特色社会主义道路，中华民族伟大复兴才能如期实现。

原载《人民日报》2013年3月29日

走文化、科技、创意、服务融合之路
——关于广东文化产业发展的调查

蒋斌　丁晋清

广东发展文化产业，先天优势并不突出。然而，广东的文化产业发展却在全国处于领先位置。为什么广东的文化产业能够异军突起？广东的经验对于全国其他地区有哪些借鉴意义？

促进文化与科技深度融合

深入研究广东的文化企业，可以发现一个普遍特征：它们大都既是文化创意企业，也是高科技企业，实现了文化与科技的深度融合。“文化+科技”的发展模式，极大提高了文化产业的科技含量和文化产品的附加值，也使高科技找到了新的应用领域，拓展了市场空间。

深圳华强文化科技集团是“文化+科技”发展模式的典型。华强集团是一家以做电子产品起家的高科技企业。本世纪初互联网泡沫的破裂，使全球电子信息产业发展遭遇寒流。在认真分析高新技术产业和文化产业发展的大趋势之后，华强集团率先提出“文化科技产业”概念，逐步形成了以文化为核心、以科技为依托的新型产业发展模式，短短几年时间就开发出特种影院、数字动漫、大型文化科技主题公园等高端文化产品。目前，华强集团的原创动画片输出到海外100多个国家和地区，环幕立体电影系统及影片打入了包括美国、加拿大在内的40多个国家，成为推动中华文化走向世界的成功案例。

全球瞩目的北京奥运会开幕式，完美展现了中华文化和现代科技的魅力。作为北京奥运会最大的声光音频设备供应商和技术服务商，广州励丰文化科技股份有限公司功不可没。励丰公司充分运用视频移动、无缝拼接、曲面校正等多项世界先进技术，同时自主研发了“视频实时控制编辑软件”等技术，使北京奥运会主场馆鸟巢“碗边”的视频拼接超过493米，打破了视频拼接长度的世界纪录。励丰公司聚焦文化创意产业，依托专业音响、灯光、视频产品与集成控制技术，在文化设施建设、文化表演艺术、文化休闲旅游、展览展示工程、城市文化景观建设等领域为客户提供创新的解决方案与全流程服务，科技对文化产业的驱动作用得到鲜明体现。

打造创意文化产业品牌

与世界知名文化产业品牌相比，我国文化产业品牌总体上还处于弱势。一些文化企业要么只在技术方面“单兵突进”，要么守着丰富历史文化资源却不知道如何开发利用。进一步发展壮大我国文化产业，一个重要方面就是通过独特的文化创意，打造富含“中国元素”的文化产业品牌，推动传统文化产业转型升级。

说起瓷砖，人们往往只会将其与室内装修联系起来。然而，东莞唯美陶瓷公司却在普通的瓷砖上用足了功夫，把瓷砖做出丰富的“文化味”。2005 年，公司建立了国家级行业博物馆——中国建筑陶瓷博物馆。依托博物馆这个平台，唯美陶瓷公司从历代陶瓷文物标本中汲取文化营养，对传统瓷砖进行艺术化演绎；通过刀笔书法的表现形式，将书法、绘画等传统文化元素巧妙融入设计中，开发出具有原创性、文化内涵丰富的“中国印象”系列产品，使产品的文化创意含量和价值大幅提高。

莞香是东莞特产的珍贵香料，明清时期就已闻名全国。然而长期以来，东莞莞香产业却一直停留在传统的种植、加工、交易层面，其巨大的文化价值没有被充分挖掘出来。2009 年，东莞市寮步镇启动“古代香市·现代香都”莞香产业化项目，把香市文化与旅游产业有机结合，积极打造以莞香文化为主题、以“一区六园”为平台的 4A 级香市旅游景区，建设香市公园、香市动物园、佛岭莞香生态公园、现代农业生态园、体育公园和汽车文化乐园。未来的寮步不仅是莞香产品的交易中心，也将成为人们观光旅游、放松身心的好去处。

夯实文化产业服务平台

强大的产业服务平台，不仅可以为文化产业发展提供高起点、高规格的展示、交易、交流场所，而且可以汇聚大量资金、文化产业项目、信息、技术和人才，有力地促进区域文化产业发展。

深圳文博会自 2004 年创办以来，已成功举办 8 届，是目前我国规模最大、最权威的国家级、国际化、综合性文化产业展会，在促进我国文化产业发展、推动中华文化走出去和服务中西部地区文化发展等方面起到了重要作用。作为文博会的延伸，深圳市按照行业集聚、空间集中的发展策略，规划建设了一批主业突出、集聚带动效应明显的优势文化创意产业基地，全市形成了50多个文化产业园区、基地，产业集聚辐射功能显著增强。其中，中国丝绸文化产业创意园、大芬村等11家企业和园区被评为国家级文化产业示范基地，成为文化与科技融合发展的“孵化器”和“加速器”。

羊城晚报报业集团旗下的羊城创意产业园，以良好的公共服务平台和技术平台吸引了上百家中小创新型文化企业入驻，有力地带动了当地文化创意产业发展。更好地发挥“孵化器”功能，是产业园下一步的发展方向。据产业园负责人介绍，园区在继续打造一流服务平台的同时，也将尝试参与到园区企业的发展中，积极引进金融服务类企业，为入驻园区的中小文化企业提供金融支持。

文化、科技、创意、服务的互动与融合，不断催生文化产业新业态，不断推动文化产业新发展。“文化+科技”、“文化+旅游”、“文化+创意”、“文化+服务”、“文化+金融”已经成为广东文化产业发展的亮点和特色，并能为其他地区的文化产业发展带来有益启示。

原载《人民日报》2013年4月28日

救灾重建彰显制度优势

温宪元　张造群

从汶川到雅安，短短 5 年间，突发的地震灾害以一种特殊的方式，让我们看到了一个国家的成长，看到了一个民族的团结，看到了灾难中坚挺的中国脊梁，更真切地感受到了中国特色社会主义制度的独特优势。

集中力量办大事的能力，彰显中国特色社会主义制度的优越性

中国特色社会主义制度有利于集中力量办大事、有效应对各种风险挑战。中国特色社会主义制度，既注重发挥市场的作用又注重加强宏观调控，既充分尊重和保障个人民主权利又能形成共同意志、集中力量办大事，既注重调动活力又富有效率，使党和政府拥有强大的应急动员能力、资源调配能力、统筹协调能力和驾驭复杂局面的能力。地震发生后，党和政府及时快速动员调配各种资源、从中央到地方统一组织协调、各机关部门有效运行，保证了灾后及时救助和社会秩序的稳定。在汶川救灾重建中，震后 10 天完成 1500 多万人应急安置，震后 100 天完成 1200 多万人过渡性安置，震后 3 周年之时完成了 95% 的国家重建项目，创造了世界救灾史上的奇迹。芦山地震救援工作更加科学合理，救援高效有力：震后 32 分钟四川省政府启动抗震救灾一级响应，震后 2 小时空军机组到达震源地上空，震后 15 小时雅安通往震中芦山救灾主通道抢通、震后 30 小时宝兴结束“孤岛”状况，仅十多天时间抢险救援基本完成，灾后恢复重建已经展开。这一切都显示了中国特色社会主义制度抵御各种风险和灾害的能力，彰显了中国特色社会主义制度集中力量办大事、办难事的能力，为世界所赞叹与肯定。

中国特色社会主义制度有利于调动广大人民群众和社会各方面的积极性、主动性、创造性。复杂的国情和艰巨的任务，需要凝聚全国人民的力量。中国特色社会主义制度兼顾各个阶层、群体、党派、民族的利益以及

人民群众的各项权利诉求，能够更好地集中全国人民的意志，整合其利益，形成强大凝聚力和动员力。面对突如其来的巨大灾难，广大人民群众以强烈的主人翁意识，大力发扬全国一盘棋精神，一切为了灾区、全力支援灾区，主动投身抗震救灾和恢复重建工作中。在汶川灾后恢复重建中，上万亿元重建资金顺利筹措，几十万建设大军迅速组织，四万多个重建项目快速推进；在芦山抗震救灾中，短短几天内，400 多支专业救援队伍、上万医务工作者、数十万志愿者奔赴灾区，数百万吨食品、药品、帐篷、机械等救灾物资通过空中、铁路、公路、水路驰援灾区。抗震救灾的事实再次证明，中国特色社会主义制度在应对巨大灾难和突发事件时能够举全国之力办大事，这正是中国特色社会主义制度优越性的生动体现。

以人为本、民生优先的理念，彰显中国特色社会主义制度的优越性

中国特色社会主义制度有利于保障和改善民生、实现人民共同富裕。把满足人民群众不断增长的物质文化需求作为根本出发点，坚持效率与公平、先富与共富的有机统一，是中国特色社会主义制度的一个突出点。抗震救灾和恢复重建坚持“以人为本、民生优先”理念，树立“救灾就是救民、重建就是为民”的思想。在汶川灾后重建中，优先推进住房重建，震后一年内，365 万户震损住房修复加固全面完成；震后一年半，150 万户农房重建全部完成；震后两年，26 万户城镇住房重建基本完成。高标准高质量建设学校、医院等公共服务设施，规划重建 3002 所学校、1362 个医疗卫生机构已交付使用，标准更高、功能配套更全、服务能力更强，并成为最安全、最牢固、群众最放心的避险场所。着力解决灾区群众的特殊困难，157. 5 万因灾失业失地人员实现就业，妥善解决了 20 万耕地损毁农民的安置和生计问题。重建后的灾区群众生产生活条件显著改善，群众说，现在灾区“最漂亮的是民居，最安全的是学校，最现代的是医院，最满意的是百姓”。在芦山抗震救灾中，地震刚一发生，习近平总书记第一时间作出重要指示，要求把抢救生命作为首要任务；李克强总理当日下午就抵达灾区指导抗震救灾工作，发出“一刻不能停”的救援指令。从中央到地方，所有抗震救灾机制迅速启动：震后 53 秒，第一条震情微博发出；3 小时内，第一支救援部队火速到达震中；一天后，首趟铁路抢险救援专列已到达灾区；两天后，国家应急广播首个定向应急频率芦山开播……现在，抗震救灾工作已经取得阶段性胜利，受灾群众得到妥善安置，灾区生产生活正在恢复正常，人心安定、社会稳定。

中国特色社会主义制度有利于解放和发展社会生产力、推动经济社会全面发展。中国特色社会主义制度是由经济、政治、文化、社会等各个领域的根本制度、基本制度和具体制度组成的一整套相互衔接、相互联系的制度体系。汶川灾后重建，坚持把恢复重建与跨越发展相结合，注重增强"造血"能力，使当地生活生产迈上新水平。在重建过程中，把基础设施重建作为基础性、先导性工程，建设了一批关系长远的基础设施重大项目，整个灾区基础条件得到极大改善；重建城镇注重城镇道路、供水、配气等市政设施建设，建成了一批布局科学、功能配套、具有现代风貌的新城镇；生态环境加快修复，林草植被基本恢复。同时，把产业重建作为实现灾区发展振兴的基石和支撑，积极培育壮大优势产业，抓住时机淘汰落后产能，着力增强灾区自我发展能力，一批重点企业借势推动技术升级、电子信息、汽车制造、油气化工等产业迅速崛起，引进了一批重大产业项目和优势企业，促进了产业集中集约发展。目前，汶川地震灾区基本生产生活条件和经济社会发展水平得到全面恢复并超过灾前水平，实现了"家家有房住、户户有就业、人人有保障、设施有提高、经济有发展、生态有改善"的重建目标，不仅基础设施、人居条件、社会形态实现了巨大进步，而且在经济结构、产业布局等方面进行了优化升级。

以爱国主义为核心的民族精神，彰显中国特色社会主义制度的优越性

在灾难面前，中华民族迸发出强大的爱国主义精神、集体主义精神、社会主义精神、人道主义精神，使整个世界都看到了中华民族的强大力量，充分彰显了中国特色社会主义核心价值体系的优越性。中华民族自古以来就有吃苦耐劳不畏牺牲的优良品格。改革开放以来，我们大力加强社会主义核心价值体系建设，使这种精神特质具有了新的时代内涵，并在这场抗震救灾的伟大斗争中集中地表现出来。抗灾抢险中，英勇的中国人民毫无畏惧，党员干部身先士卒，人民军队冲锋陷阵，白衣战士舍生忘死，灾区群众奋起自救。灾后重建中，勤劳勇敢的中国人民迎难而上，全国上下大力弘扬抗灾救灾精神，集全国之力支援灾区恢复重建，灾区广大人民群众发扬艰苦奋斗自力更生精神，重建物质家园和精神家园。在这场艰苦卓绝的斗争中，中国共产党、人民军队、中国人民泰山压顶不弯腰，生死较量不退缩，千难万险不放弃，巨大困难不低头，在灾难中奋发，在废墟上崛起。这是民族精神和时代精神的升华，是社会主义核心价值体系建设取得的新成果。

汶川恢复重建和芦山抗震救灾的伟大实践充分表明，我国社会主义制度具有巨大的优越性，能够集中力量办大事、团结各方渡难关；中国共产党具有强大的战斗力，能够应对各种风险考验、驾驭各种复杂局面。只要我们坚持发挥政治和制度优势，就一定能够战胜前进道路上的一切艰难险阻。

原载《经济日报》2013 年 5 月 24 日

全面把握群众路线与实现中国梦的内在联系

温宪元　张造群

群众路线体现了党的性质与宗旨，是党的根本工作路线、工作方法和宝贵经验总结。中国梦是凝聚全党全国各族人民团结奋斗的一面旗帜，深刻领会和把握中国梦的精神实质，要求我们深化对党的群众路线的认识，全面把握群众路线与实现中国梦的内在联系。

一

党的群众路线，是马克思主义群众观的一座丰碑，也是我党发展马克思主义群众观的一大创举。随着中国革命和建设实践的不断推进，群众路线的内涵不断丰富，党对群众路线的认识不断深化。

以毛泽东为核心的党的第一代领导集体，在领导中国革命的过程中，把马克思主义关于人民群众是历史的创造者的科学原理同中国革命的具体实际相结合，创立了群众路线理论。他们提出了完整、成熟的群众路线思想，阐述了群众路线的基本观点，主要包括：“人民、只有人民，才是创造世界历史的动力”；群众是真正的英雄，有伟大的、无限的创造力；中国共产党是中国人民的领导核心，党的领导和人民是中国的决定性因素，相信群众、相信党是两条根本的原则；党本身无私利可图，而是彻底地为人民的利益工作，党的任务是根据群众的需要和愿望领导群众前进，使群众认识自己的利益，团结起来为自己的利益而奋斗，自己解放自己。

以邓小平为核心的党的第二代领导集体，从事关党的生死存亡和社会主义性质的高度，重新强调了在新时期坚持群众路线的极端重要性，并对群众路线的基本内容作了简明而准确的概括，指出群众路线就是“一切为了群众，一切依靠群众，从群众中来，到群众中去”，同时高度评价了群众路线在毛泽东思想中的重要地位，把它看成是毛泽东思想活的灵魂的三个基本方面之一。在改革开放过程中，邓小平对党的群众路线从理论和实践上都作出了突出的贡献。他尊重人民群众的首创精神，指出：“改革开放中的好多东西，都是由群众在实践中提出来的……是群众的智慧，集体的智慧”；时刻注意搞好党群关系，指出：“群众是我们力量的源泉，群众路线和群众观点是我们的传家宝。党的组织、党员和党的干部，必须同群众打成一片，绝对不能同群众相对立。”他明确提出人民利益标准，把“人民拥护不拥护”、“人民赞成不赞成”、“人民高兴不高兴”、“人民答应不答应”作为考虑和处理一切问题的出发点和归宿。

以江泽民为核心的党的第三代领导集体，高度重视“建设一个什么样的党，怎样建设党?”的问题，把“进一步密切党群关系”作为新形势下加强党的建设的重要任务，党的群众路线不断丰富发展。江泽民充分认识到党的群众路线的现实价值，指出：“政治问题主要是对人民群众的态度问题，同人民群众的关系问题”，“脱离了群众就从根本上脱离了马克思主义政治，脱离了建设有中国特色社会主义的政治。”江泽民提出了“三个代表”重要思想，始终“代表着中国最广大人民的根本利益”，是对党的群众路线的继承和发展；并提出要“全心全意为人民服务，立党为公，执政为民”的新要求。

党的十六大以来，以胡锦涛为总书记的党中央，进一步坚持和发展了党的群众路线。胡锦涛强调群众路线对于党在执政过程中的重要作用，要求全党始终坚持党的群众路线不动摇。他深刻指出，我们党的根基在人民、血脉在人民、力量在人民，保持党同人民群众的血肉联系，是我们党无往而不胜的法宝，也是我们党始终保持先进性的法宝。他提出了“权为民所用，利为民所谋，情为民所系”的群众观和以人为本的执政理念，丰富和发展了党的群众路线理论。

在庆祝中国共产党成立90周年大会上，胡锦涛强调指出：“每一个共产党员都要把人民放在心中最高位置”，“必须坚持以人为本、执政为民理念，牢固树立马克思主义群众观点、自觉贯彻党的群众路线，始终保持党同人民群众的血肉联系。”这是当代共产党人对群众路线的丰富和发展。

党的十八大报告进一步深化和丰富了党的群众路线，彰显人民群众的主体地位，指出“必须增强宗旨意识，相信群众，依靠群众，始终把人民放在心中最高位置”，把“必须坚持人民主体地位”放在了“八个必须坚持”中的第一位；强调人民群众是至高无上的，指出“坚持国家一切权力属于人民”“人民民主是社会主义的生命”，要“以保证人民当家作主为根本”，“调动人民积极性为目标”，“保证人民依法享有广泛权利和自由”；倡导人民群众是实践主体，指出要“坚持问政于民，问需于民，问计于民，从人民伟大实践中汲取智慧和力量”；始终把人民群众利益放在第一位，指出“凡是涉及群众切身利益的决策都要充分听取群众意见，凡是损害群众利益的做法都要坚决防止和纠正”，“要多谋民生之利，多解民生之忧，解决好人民最关心最直接最现实的利益问题，在学有所教、劳有所得、病有所医、老有所养、住有所居上持续取得新进展，努力让人民过上更好生活”，同时要“正确处理人民内部矛盾，建立健全党和政府主导的维护群众权益机制”，“畅通和规范群众诉求表达、利益协调、权益保障渠道”，实现发展成果由人民共享。这些新论断对党和人民群众的关系给予了科学、明确、严谨的定位，同时也指明了党在今后的努力和发展方向，它在中国特色社会主义理论体系中居于最基础的位置和最核心的地位。

群众路线是中国共产党三大法宝之一。中国共产党90多年的发展历程昭示我们，什么时候党的群众路线坚持得好，我们的事业就顺利发展；什么时候党的群众路线执行得不好，党群关系受到损害，党的事业就会遭受挫折。面对复杂多变的世情、国情和党情，党要带领全国各族人民奋勇前进，实现中国梦的宏伟目标，就必须始终坚持群众路线，贯彻群众路线，保持党与人民群众的血肉联系。

二

党的历史证明，人民群众是我们党战胜各种困难、搞好各项工作的力量源泉。党根据不同时期的目标和任务，创造性运用群众路线，赢得了民族独立和人民解放，走上了社会主义道路，取得了改革开放的伟大成就。习近平同志关于“中国梦归根到底是人民的梦，必须紧紧依靠人民来实现，必须不断为人民造福”的论述，与群众路线的精神实质一脉相承，为全国人民形成共识、凝聚力量、共同推进中国特色社会主义事业提供了科学指南，我们要从贯彻落实群众路线的高度，深刻理解中国梦的丰富内涵。

人民主体是实现中国梦的基本前提。党的群众路线的灵魂就在于人民群众是历史的主人。马克思主义唯物史观告诉我们，人民群众是社会发展、社会变革、社会进步的引领者、推动者和决定力量，人民群众的日常社会实践活动决定着社会发展的总趋势。社会发展史首先是生产发展的历史，同时也是物质资料生产者本身谱写的历史。一切为了群众，一切依靠群众，从群众中来，到群众中去，把党的正确主张变成群众的自觉行动，是我们党的根本工作路线。中国梦一直以来都是全国各族人民的共同理想，正如习近平同志所强调的，“只有每个人都为美好梦想而奋斗，才能汇聚起实现中国梦的磅礴力量”。实现中国梦，使命光荣，任务极为艰巨，它涉及范围之广、人员之多，面临困难之大、挑战之多，世所罕见。要克服种种困难，完成艰巨任务，需要全国各族人民团结奋斗，需要每一个人为之付出辛勤劳动和艰苦努力。中国梦的实现必须紧紧依靠人民，必须相信群众，始终把人民放在心中最高位置，激发人民的积极性、主动性和创造性。

群众至上是实现中国梦的根本所在。任何个人、政党和阶级，要想成为进步的社会力量，在客观上必须站在人民一边，为人民谋利益。我们党作为以马克思主义为指导思想的无产阶级政党，更应该自觉地反映人民群众的利益和要求。这既是我们党的先进性的集中表现，也是我们党同其他一切政党的根本区别。同时，这还是我们党能够赢得广大人民群众的衷心拥护、成为中国人民领导核心的根本原因所在。习近平总书记说：中国梦归根到底是人民的梦。中国梦的最大特点，就是把国家、民族和个人作为一个命运共同体，把国家利益、民族利益和每个人的具体利益紧紧联系在一起。老百姓对幸福生活的追求，构成了中国梦最坚实的基础。老百姓期盼有更好的教育、更稳定的工作、更满意的收入、更可靠的社会保障、更高水平的医疗卫生服务、更舒适的居住条件、更优美的环境，期盼孩子们能成长得更好、工作得更好、生活得更好。从党的群众路线的角度来看，实现中国梦必须以人民利益为最高准绳，把最广大人民群众的切身利益实现好、维护好、发展好，把中国梦落实到老百姓的幸福生活上，落实到解决老百姓关心的一件一件具体事情上。

群众观点是实现中国梦的必要条件。群众观点是我党的基本政治观点。中国共产党在领导革命与建设实践的过程中，把马克思主义基本原理与中国实际相结合，形成了系统的关于人民群众历史地位、历史作用以及党同群众关系问题的理论。以马克思主义为行动指南的中国共产党只有相信和依靠人民群众，全心全意为人民服务，做人民群众利益的忠实代表，并通过正确的路线、方针和政策来实施科学决策和正确领导，才能赢得人民群众真心实意的拥护和支持，才能把革命和建设不断推向前进。领导干部必须懂得，只有首先善于做群众的学生，才有可能做群众的先生；只有认真地总结群众的经验，集中群众的智慧，才能提出正确的办法，领导群众前进。对于人民群众来说，他们总是在历史活动的实践和比较中，不断寻找能够带领自己前进、满足自身利益需求的领路人。谁尊重人民群众的历史主体地位，能够不断满足他们的利益需求，谁就能得到他们的拥护和支持。实现中国梦的事业是亿万人民的事业，我们所开创的道路是为人民谋幸福的道路。凝聚共识，攻坚克难，形成建设中国特色社会主义的强大合力，是我们的事业取得成功的基础和保证。在全面建成小康社会的新的历史时期，我们只有牢固树立群众观点，深入到人民群众中，紧紧地依靠群众，密切地联系群众，随时听取群众的呼声，代表群众的利益，才能形成强大的力量，顺利实现中国梦的宏伟目标。

群众路线是实现中国梦的重要保障。党与人民群众的血肉联系是我们党的根本优势和力量所在。群众路线是我们党的生命线，事关人心向背。人心向背，实际上就是民声、民意和民心的所向和所背，它是以人民群众基本的物质利益为基础，代表人民群众的利益，反映他们的愿望和要求。坚持走群众路线正是党实现这一目标最为重要的法宝。以“一切为了群众，一切依靠群众；从群众中来，到群众中去”为核心的群众路线，其根本目的就是维护和实现人民群众的根本利益，赢得大多数群众对党的拥护和支持，巩固自己的执政地位。“一切为了群众”，突出的是价值取向，是指党必须把人民群众的根本利益作为一切工作的出发点和归宿，多为群众办实事、办好事。“一切依靠群众”，突出的是手段，是指党要密切联系群众，遇事同群众商量，虚心向群众学习，善于组织和团结广大群众，从群众中汲取智慧和力量。“从群众中来、到群众中去”，突出的是领导方法和工作方法，是指在党的一切实际工作中，凡属正确的领导，必须是把集中起来的群众意见，通过处理再返回到群众中去，使群众坚持下去，见之于行动，并在群众行动中考验这些意见是否正确。然后再从群众中集中起来，再到群众中坚持下去。如此无限循环。这一路径是保证党始终植根于人民、成长于人民、服务于人民的重要保证。在实现中国梦的过程中，要按照党的十八大的要求，完善党员干部直接联系群众制度，坚持问政于民、问需于民、问计于民，从人民伟大实践中汲取智慧和力量；坚持实干富民、实干兴邦，敢于开拓，勇于担当，多干让人民满意的好事实事；坚持艰苦奋斗、勤俭节约，下决心改进文风会风，着力整治庸懒散奢等不良风气，坚决克服形式主义、官僚主义、享乐主义和奢靡之风，以优良党风凝聚党心民心、带动政风民风。

原载《经济日报》2013 年 7 月 9 日

为实现中国梦凝聚中国力量

丁晋清　张浩

习近平同志指出，实现中国梦必须坚持走中国道路，弘扬中国精神，凝聚中国力量。实现中国梦必须凝聚中国力量这一重要论断的提出，对于我们统一思想、凝聚力量，实现中华民族伟大复兴，具有十分重要的意义。

凝聚中国力量是实现中国梦的根本保证

中国梦的本质内涵是实现国家富强、民族振兴、人民幸福，凝聚中国力量是实现中国梦的根本保证。

凝聚中国力量是实现国家富强的前提。实现中国梦，基础在于不断提升我国的综合国力。只有加快经济发展，才能提升综合国力，为实现中国梦奠定坚实的物质基础。推动经济发展，必须有一个安定和谐的政治局面。凝聚中国力量，不仅有利于创造良好的经济发展环境，推动经济持续健康发展，提升我国综合国力；而且可以把各方面的压力转化为发展的动力，进而有效化解矛盾、推动发展，加快实现国家富强。

凝聚中国力量是实现民族振兴的关键。回顾我们党领导人民进行革命、建设和改革的历史，我们之所以能够击败强敌、化解难题，取得一个又一个胜利，靠的就是全党全国各族人民的团结奋斗。邓小平同志曾明确指出："如果搞得乱七八糟、一盘散沙，那还有什么希望？过去帝国主义欺侮我们，还不是因为我们是一盘散沙？"今天的中国，利益格局多样化、社会意识多样化和人民利益诉求多样化相互交织，增进共识、凝聚力量显得更加必要和紧迫。只有凝聚中国力量，在不同社会阶层中形成最大限度的理想认同和价值认同，才能把中华民族伟大复兴事业不断推向前进。

凝聚中国力量是实现人民幸福的基础。中国梦不仅仅是国家和民族的宏伟目标，更是亿万人民群众的福祉所系。让广大人民群众享受到发展的成果、感受到生活的幸福，是中国梦的一个基本价值取向。凝聚中国力量，汇集来自中国特色社会主义事业各个领域、各条战线、各行各业的力量，团结一切可以团结的力量，形成改革合力、攻坚合力、追梦合力，不断使改革取得新突破、发展取得新成就，就能不断为广大人民群众造福，让人民群众得到看得见、摸得着的实惠，让人民群众生活得更加幸福、更有尊严。

把握中国力量的丰富内涵

凝聚中国力量，就是凝聚全国各族人民团结奋斗的力量，就是使 13 亿中国人心往一处想、劲往一处使，汇聚起不可战胜的磅礴力量。

中国力量是个体力量与整体力量的有机结合。中国力量的基础是 13 亿中国人每个个体的力量。中国梦是民族复兴之梦，也是在复兴过程中每个个体自我实现之梦。因此，凝聚中国力量，应激发每个个体积极向上的力量，让每个人都享有人生出彩的机会，享有梦想成真的机会，享有同祖国和时代一起成长与进步的机会。同时，中国梦是 13 亿中国人的共同理想信念，中国力量是来自中国特色社会主义事业各个领域、各条战线、各行各业的共同力量。广大工人、农民、知识分子以及新的社会阶层人士等，都是推动我国经济社会发展的主体。凝聚中国力量，必须把全体中国人的力量汇聚成一个整体。

中国力量是国内各族人民大团结与全体中华儿女大团结的有机结合。实现中华民族伟大复兴的中国梦，首先要依靠国内力量，即国内各族人民在理想、目标、利益一致基础上所聚合起来的强大而深厚的力量，同时也需要凝聚全体中华儿女的力量。长期以来，港澳台同胞和海外中华儿女凭着对中华民族的深厚感情，积极支持、参与中华民族伟大复兴事业，作出了积极贡献。今天，实现中华民族伟大复兴这一神圣而艰巨的历史使命，仍然需要发挥港澳台同胞和海外中华儿女的作用，实现海内外全体中华儿女的大团结。

中国力量是硬实力与软实力的有机结合。硬实力是指看得见、摸得着的物质力量，包括基本资源（如土地、人口、自然资源等）、军事力量、经济力量和科技力量等；软实力指的是精神力量，包括政治力、文化力、外交力等，是国家制度、文化和理念等的影响力、吸引力、竞争力。实现中国梦既需要坚强的硬实力作后盾，也需要深厚的软实力作支撑，两者紧密联系、相辅相成。凝聚中国力量，必须把两者有机结合起来，在增强我国硬实力的同时，不断提升我国软实力。

中国力量是传统力量与现实力量的有机结合。实现中国梦，既是一个历史命题，更是一个时代命题。同样，凝聚中国力量，既要倚重传统力量，更要倚重现实力量。在五千年的文明史中，中华民族不仅创造了灿烂的物质文明，也创造了辉煌的精神文明，培育了自强不息的民族精神，这些传统力量是中国力量的重要组成部分。同时，我们在改革开放新时期所形成的以改革创新为核心的时代精神，以及在探索中国特色社会主义实践中所积累的宝贵经验和物质基础，是实现中国梦的现实力量。实现中国梦，必须在继承中创新、在创新中发展，在凝聚传统力量与现实力量中不断前行。

凝聚中国力量的关键是依靠广大人民群众

人民群众是历史的创造者，也是实现中国梦的中坚力量。中国梦归根到底是人民的梦，必须紧紧依靠广大人民来实现。凝聚中国力量必须依靠广大人民群众，调动广大人民群众实现中国梦的积极性、主动性和创造性。

必须坚持人民主体地位。人民群众中蕴含着无穷的智慧和力量，永远是我们克敌制胜、推进事业的力量源泉。人民群众越是有身为国家主人的认同感，对民族复兴伟业的担当就越自觉。只有坚持人民主体地位，尊重人民群众的首创精神，汇聚人民群众的聪明才智，才能把实现中国梦这一伟大事业不断推向前进。为此，应进一步坚持和发展人民民主，不断增进人民群众对公共事务的知情权、参与权、管理权和监督权，使人民群众真切感受到自己是民族复兴伟业的主人翁，从而将个人前途命运同整个民族前途命运融为一体，积极推动民族复兴伟业。

必须维护社会公平正义。公平正义是中国特色社会主义的内在要求。只有切实维护和实现社会公平正义，才能让广大人民群众拥有追梦、圆梦的空间及社会环境，各方面的社会关系才能和谐，人民群众追梦的能动性才能充分发挥出来。因此，应把建立以权利公平、机会公平、规则公平为主要内容的社会公平保障体系作为中国特色社会主义的重大任务，摆在现代化建设更加突出的位置抓紧抓好，使全体人民在经济社会发展中平等参与、平等竞争、平等发展、平等享有，使人人都拥有实现梦想的机会，从而激发广大人民群众团结奋斗的力量。

必须着力保障和改善民生。民生连着民心，民心关系国运。提高人民物质文化生活水平，是改革开放和社会主义现代化建设的根本目的，也是凝聚广大人民群众力量的内在要求。在追梦的道路上，应从维护最广大人民根本利益的高度，多谋民生之利，多解民生之忧，千方百计帮助群众解决最关心的就学、就业、就医、养老和住房等方面的现实问题，在学有所教、劳有所得、病有所医、老有所养、住有所居上持续取得新进展，努力让人民过上更好生活。始终坚持民生为先、民生为重、民生为本，不断实现好、维护好、发展好最广大人民的根本利益，使发展成果更多更公平惠及全体人民，在经济社会不断发展的基础上，朝着共同富裕方向稳步前进，让广大人民群众都成为追梦途中的受益者。

原载《人民日报》2013 年 7 月 12 日

以更大的勇气和智慧深入推进改革开放

蒋斌　曾凡光　张军民

改革开放是决定当代中国命运的关键抉择，是坚持和发展中国特色社会主义的必由之路。过去30多年的快速发展靠的是改革开放，未来的发展依然要靠改革开放。当前，我国改革已经进入攻坚期和深水区，必须以更大的勇气和智慧，不失时机地在重要领域和关键环节实现新突破，为全面建成小康社会、夺取中国特色社会主义新胜利持续提供强大动力。

一、改革开放永无止境，停顿和倒退没有出路

改革开放是探索中国特色社会主义道路的实践起点，是提升中国特色社会主义制度优越性的根本所在。实现中华民族伟大复兴梦想，必须把党的十八大确立的改革开放重大部署落实好，更加深刻地认识改革开放的历史必然性，更加自觉地把握改革开放的规律性，更加坚定地肩负起深化改革开放的重大责任。

改革开放是当代中国发展进步的活力之源。正是依靠改革开放，坚持把马克思主义基本原理同中国实际相结合，系统回答什么是社会主义、怎样建设社会主义，建设什么样的党、怎样建设党，实现什么样的发展、怎样发展等重大理论和现实问题，我们才能不断开辟马克思主义中国化的新境界，不断增强理论自信。正是依靠改革开放，从农村改革入手，大胆变革生产关系中不适应生产力发展的方面，推动经济社会又好又快发展，我们才能不断创造“中国道路”“中国模式”“中国经验”“中国奇迹”“中国故事”，不断增强道路自信。正是依靠改革开放，推动社会主义制度的自我完善和发展，建立完善符合当代中国国情、充满生机活力的制度体系，我们才能不断为经济繁荣发展、社会和谐稳定提供强有力的保障，不断增强制度自信。实践证明，改革开放是一场深刻革命，是新时期从理论到实践伟大创造的活力之源。

改革开放是大踏步赶上时代前进步伐的重要法宝。今天，我们比历史上任何时期都更接近中华民族伟大复兴的目标，都更有信心、有能力实现这个目标，这完全得益于改革开放以来取得的伟大成就、奠定的雄厚基础和积累的宝贵经验。但也要清醒地认识到，发展中不平衡、不协调、不可持续的问题依然突出，城乡、区域发展差距和居民收入分配差距较大；教育、就业、社会保障、医疗、住房、生态环境、食品药品安全、安全生产、社会治安等关系群众切身利益的问题亟待解决。经济社会双重转型的压力、利益格局深刻调整的矛盾等一系列问题，都有待认真破解。面对艰难险阻，停顿和倒退没有出路。改革开放中的矛盾只能用改革开放的办法来解决。我们要开创发展新局面，就必须实现改革新突破，更加自觉地把握改革开放的规律性，协调推进经济、政治、文化、社会、生态等各方面体制改革，坚决破除一切妨碍科学发展的体制机制弊端，全面深化改革开放。

改革开放是坚持和发展中国特色社会主义的必由之路。改革开放是中国经济社会发展的根本动力，离开改革开放，就没有中国特色社会主义。过去30多年，我们依靠改革开放取得了举世瞩目的成就，全面建设小康社会取得了重大进展。要夺取中国特色社会主义新胜利，实现全面建成小康，仍然离不开改革开放。党的十八大确定的“两个一百年”的奋斗目标，为继续深化改革开放指明了方向，提出了更高要求。面对不断出现的新机遇、新挑战，面对人民群众日益增长的新期待、新要求，只有坚持正确方向，沿着正确道路，坚定不移推进改革开放，才能坚持和发展中国特色社会主义，实现中华民族伟大复兴的中国梦。

二、更加注重改革的系统性、整体性和协同性

改革开放是前无古人的崭新事业，没有现成的套路可循。经过30多年的发展，今天改革开放的复杂性和艰巨性大大增强。随着中国和世界的联系日益紧密，波诡云谲的国际局势的影响越来越直接；随着生活水平普遍提高和利益多元化不断发展，人民群众的期望越来越高，诉求越来越多；随着改革开放不断向纵深挺进，改革领域越来越拓展、内涵越来越广泛。今天的改革，是经济、政治、文化、社会等领域的全面改革；今天的开放，是对外对内的全面开放。改革开放的环节紧密联系，领域相互影响，每一步都可能“牵一发而动全身”，不可能一帆风顺和一蹴而就。必须按照习近平总书记的要求，将改革开放当作一项系统工程，“坚持全面改革，在各项改革协同配合中推进”。

正确处理坚持改革和发展稳定的关系。发展是改革的目的，稳定是改革的前提，必须坚持改革发展稳定的统一。我们要以高度的历史使命感和勇于担当的精神，咬定青山不放松，百折不挠始终不渝地推进改革。对那些制约大局和长远发展的利益障碍，要敢于硬碰硬，攻坚克难。同时，又要清醒认识到，不少改革之所以推不动，是因为既有利益格局的制约。社会结构和利益格局发生深刻变化，协调各方面利益和达成改革共识、形成改革合力的难度加大，妥善把握和处理好复杂的利益关系，是改革深入并最终成功的一个关键因素。要积极而稳妥地把握相关改革出台的时机、步骤和力度，坚持把改革的力度、发展的速度和社会可承受的程度统一起来，把实现好、维护好、发展好最广大人民群众的根本利益作为正确处理改革发展稳定关系的结合点，使改革决策更加审慎、步伐更加稳健、措施更加周密，确保改革积极稳妥推进。

正确处理全面推进和重点突破的关系。改革开放是一项系统工程，头绪多、任务重，必须更加注重各项改革的相互促进、良性互动，既要整体推进，又要重点突破。一方面，要坚持全面改革，协同推进各项政策措施，提高改革决策的科学性，增强改革措施的协调性，全面深化经济、政治、文化、社会以及其他各方面改革；另一方面，又要善于抓主要矛盾和矛盾的主要方面，从事物的普遍联系和动态发展中，抓住影响经济社会发展全局、影响人民群众切身利益的重要领域和关键环节，找准突破口，明确着力点，不失时机地加大改革力度，坚决破除一切妨碍科学发展的思想观念和体制机制弊端，不断把改革开放引向深入。要学会“弹钢琴”，既有先后次序，又有轻重缓急；学会“下围棋”，既有大局观和前瞻性，又提前在关键位置“做眼”。

正确处理顶层设计和基层创造的关系。今天的改革，是在深水区作业、在艰难处攻坚，每一步都充满了艰难和风险，必须按照习总书记的要求，将“摸着石头过河”与“加强宏观思考和顶层设计”辩证统一起来，使改革的理论准备更充分、政策思路更缜密、方法步骤更科学，降低改革成本，提高改革效率，减少改革代价。在改革的攻坚阶段，要通过顶层设计，对改革的走向、重点、路径等进行统筹安排、科学谋划，以增强改革的系统性、整体性、协同性。同时，要继续鼓励大胆试验、大胆突破。人民是历史的创造者，是改革开放的主体，一定要尊重人民的首创精神，尊重实践，尊重创造，给地方和基层发挥积极性、创造性的更大空间，既善于通过提出和贯彻正确的路线方针政策带领人民前进，又善于从人民的实践创造和发展要求中完善政策主张。

三、坚持改革开放正确方向，敢于啃硬骨头，敢于涉险滩

改革只有进行时，没有完成时。改革越推进，触及的矛盾就越深，涉及的利益关系就越复杂。习近平总书记强调，“要坚持改革开放正确方向，敢于啃硬骨头，敢于涉险滩，既勇于冲破思想观念的障碍，又勇于突破利益固化的藩篱”，这为我们深化改革开放指明了重点和方向。改革开放犹如逆水行舟，不进则退。我们必须拿出“壮士断腕”的气魄，众志成城，奋力将改革开放巨轮继续推向前进。

突破思想僵化的束缚。思想是行动的先导。改革开放永无止境，思想解放也永无止境。要坚持实践标准，实事求是，排除习惯势力和主观偏见的干扰，大胆地闯、大胆地试。如何深化改革开放，不同的人、不同的社会群体对此有不同的见解和主张。要相信群众，努力为各种声音提供各抒己见、相互撞击的机会，在思想碰撞中达成改革共识；要教育群众，使大家认识到今天的改革涉及面越来越广，改革收益可能在短期内难以显现，不能企望通过一次改革就能够很快解决目前存在的所有问题，必须做好长期作战的准备；要团结群众，及时将改革的目标方向公之于众，征求群众意见，善于读懂群众对深化改革的期待，找到“最大公约数”。“明者因时而变，知者随事而制。”要打破陈旧观念的束缚，突破不合时宜的思想“禁区”，克服得过且过的惰性思维，为深化改革开放创造良好的思想基础和舆论氛围。

冲破利益固化的藩篱。利益固化是改革开放的拦路虎，深化改革开放就要及时调整既有的不断固化的利益格局。要坚持完善按劳分配为主体、多种分配方式并存的分配制度，努力实现“两个同步”，提高“两个比例”，千方百计增加城乡居民收入。要着力解决收入差距过大的问题，在调节过高收入、增加低收入群体保障上有所作为，运用法治思维和方式规范收入分配秩序，保护合法收入，取缔非法收入。要善于在利益增量上做文章，在利益预期上作调整，同时稳妥推进存量利益的优化，更加注重权利公平、机会公平、规则公平，使所有人都能通过自己的努力获得应有利益。要积极推进公共服务均等化，营造有利于向上流动的社会环境，提高社会各阶层参与和支持改革的自觉性，共同打造一个兼顾公平与效率的社会环境，让广大人民群众共享改革发展成果。调整利益固化格局，免不了局部、短期阵痛，但从全局和长远看，收益会更大、更持久，人民群众将会得到更多实惠。

遏制权力的滥用。在长期执政、特别是在改革开放和社会主义市场经

济条件下，很容易滋生权力滥用现象。权力滥用同利益固化有着紧密联系，利益固化催生权力滥用，权力滥用又进一步强化利益固化。解决权力滥用问题与解决利益固化问题同样重要。要合理配置权力结构，理顺权力关系格局，为顺利推进行政体制改革创造重要的基础前提；要减少政府对市场、社会的不必要干预，完善社会主义市场经济体制，充分发挥市场配置资源的基础性作用；要实质性削减和下放政府过大的权力，大力推进行政审批制度改革，切实转变政府职能，取消不必要的行政许可和行政审批，真正做到简政放权；要加强权力制约和监督，确保权力和谐运作，坚决破解政府权力部门化、部门权力利益化的困局，将改革开放顺利推向前进，努力开创中国特色社会主义新局面。

原载《求是》2013 年第 14 期

群众路线：实现中国梦的重要保障

陈金龙

群众路线是一种思想方法、工作方法，更是一种政治立场和价值理念。一切为了群众，一切依靠群众，从群众中来，到群众中去，是中国共产党群众路线的真谛和精髓。中国梦是新一届中央领导集体执政理念的升华与执政目标的定位，其实现需要多方面的支撑。群众路线为实现中国梦奠定思想基础、提供力量源泉与方法指引，是实现中国梦的重要保障。

群众路线是实现中国梦的思想基础

中国梦是国家梦、民族梦、人民梦的统一。习近平在十二届全国人大一次会议上的讲话指出："实现中华民族伟大复兴的中国梦，就是要实现国家富强、民族振兴、人民幸福。"三者之中，国家富强、民族振兴是人民幸福的手段和途径，人民幸福是国家富强、民族振兴的目的和归宿。实现人民幸福的思想基础，就在于确立一切为了群众的价值理念，把造福于民作为中国共产党人的价值追求。

一切为了群众，是群众路线的出发点，也是中国共产党区别于其他政党的本质属性。中国共产党信守全心全意为人民服务的宗旨，始终坚持人民利益高于一切，党的所有活动都是为了维护、实现和发展人民群众的根本利益。也正因为如此，中国共产党才赢得了群众的信任和支持。

实现中国梦要求党员干部确立一切为了群众的价值理念，把人民幸福作为党员干部的价值追求，使一切为了群众落到实处。为此，首先要对群众倾注真情。对群众缺乏情感的投入，就容易漠视群众利益，对群众的疾苦视而不见、充耳不闻；一旦对群众有了真感情，就会想群众之所想，急群众之所急，倾听群众呼声，反映群众诉求。对群众倾注真情，要求党员干部放下身段，贴近群众生活，融入群众之中。如此，才能知群众冷暖、解群众忧愁，才有可能把群众的"小事"当成自己的"大事"。感情真才能用心、专心为群众办实事、谋利益；感情虚就会做表面文章、搞政绩工程，敷衍群众、愚弄群众。其次，要把群众利益放在心中最高位置。群众利益是群众生存发展的基本条件，为群众谋利益是中国共产党的执政使命，也是中国共产党执政合法性的基础；群众对美好生活的向往，就是中国共产党的奋斗目标。要实现人民幸福，必须关注群众利益，把群众利益放在心中最高位置。再次，要切实解决民生问题。民生问题与群众的生存发展直接相关，是群众最关心的问题。但民生问题的解决往往涉及面广、难度大，要下决心、动真格，甚至动员全社会的力量才能解决。民生问题解决的效果老百姓看得见、摸得着，各级党委政府把民生问题放在心上，老百姓就会把党和政府放在心上。民生问题的投资是最有回报的“投资”，解决民生问题是实践群众路线的根本要求，也是人民群众对中国共产党的最大诉求。

群众路线是实现中国梦的力量源泉

中国梦归根到底是人民的梦，必须紧紧依靠人民来实现。没有人民群众的参与和支持，没有人民群众的智慧和力量，中国梦的实现就失去了依托。人民群众是实现中国梦的力量源泉。

中国共产党的根基在人民，血脉在人民，力量在人民，一切依靠群众是群众路线的内在要求，也是实践群众路线的关键。人民群众是历史的主体，是物质财富、精神财富的真正创造者，是社会发展的最终决定力量。相信群众，尊重群众的主体地位和首创精神，从群众中汲取智慧和力量，引导群众为国家富强、民族振兴贡献力量，创造自己的美好生活，才能托起中国梦、实现中国梦。密切联系群众，紧紧依靠群众，是中国共产党最大的政治优势，丢掉这个优势，不仅一事无成，甚至连自身的存在都将成为问题。

如何做到一切依靠群众以推动中国梦的实现？首先，要尊重群众的主体地位，真正认识到人民群众的力量与价值，人民群众对于党的事业发展的意义。同时，要尊重民意，以人民拥护不拥护、赞成不赞成、高兴不高兴、答应不答应、满意不满意，作为衡量一切工作得失成败的标准。其次，要善于调动人民群众的积极性、主动性和创造性。通过舆论引导，使群众认识到实现中国梦与个人的关联性，引导群众明确实现中国梦应当承担的责任和义务，实现人民群众力量的聚集；通过建构各种平台，让群众有表现和表达的机会，有梦想成真、人生出彩的机会，以展示和发现群众的智慧和力量。再次，要注意提升国民素养。实现中国梦需要高素质的国民。20 世纪初，中国知识界在探讨民族复兴问题时，多从国民性的批判、反思开始。一百多年过去了，国民素养改造、提升的任务并未完成。要充分发挥人民群众在实现中国梦过程中的作用，需要提升国民素养，改造国民陋习，实现人的全面发展。

群众路线是实现中国梦的根本保障

经过改革开放30多年的发展，中国的综合国力、国际地位得到提升，具备了实现中国梦的良好基础。但也应当看到，中国目前仍是世界上最大的发展中国家，实现中国梦的任务依然十分艰巨，在民族复兴的过程中将遇到不少新矛盾、新问题，如不能有效化解、从容应对，将延缓民族复兴的历史进程。实现中国梦需要“顶层设计”、需要科学决策，设计如何合理，决策如何可行，关键在于坚持从群众中来、到群众中去的工作方法。

从群众中来，到群众中去，是实践群众路线的工作方法、领导方法。党的正确的路线、方针、政策，来自人民群众的实践智慧，是对人民群众实践智慧的科学总结和理性升华；党的正确的路线、方针、政策一经制定，也要回到群众中去，化为群众的实践，接受群众的检验和监督。

通过群众路线的工作方法实现中国梦，首先要深入群众。只有到群众中去，才能听到真实的声音、发现群众的智慧，找到解决问题的办法和路径。邓小平说：“农村搞家庭联产承包，这个发明权是农民的。农村改革中的好多东西，都是基层创造出来，我们把它拿来加工提高作为全国的指导。”实现中国梦，要深入群众之中，了解群众对国家富强、民族振兴的诉求、幸福生活的期待，将群众的诉求、期待作为党和政府工作的目标，上升为国家决策，并付诸实践。其次，尊重群众意见。人民群众富有智慧和创造力，在实现中国梦的过程中，要善于将群众意见转化为实现中国梦的方针政策，对于其中难以上升到决策层面的意见，也要进行解释和疏导，以引导群众理解和认同党的方针政策，达成实现中国梦的共识。再次，接受群众检验和监督。党的方针政策在实践中能否行得通，实践的效果如何，还是要回到实践中来检验。而社会实践的主体是人民群众，实现中国梦的方针政策要由群众来实践和评判，接受群众监督。如此，才能将党的方针政策转变为群众的自觉行动，才有可能实现中国梦。

总之，群众路线是实现中国梦不可缺少的思想路线、组织路线、工作方法，深入扎实开展党的群众路线教育实践活动，能为实现中国梦提供思想、组织、方法保障，中国梦的实现将进一步彰显群众路线的当代价值和魅力。

原载《光明日报》2013年8月10日

杜绝奢靡之风

蒋斌　陈金龙

艰苦奋斗、勤俭节约是党的优良传统，是中国革命、建设、改革取得胜利的重要保证。但一个时期以来，在少数机关、部分党员干部之中滋长了一股奢靡之风，甚至有愈演愈烈之势。杜绝奢靡之风，保持艰苦奋斗的优良传统，是开展党的群众路线教育实践活动的重要内容，也是当前党的作风建设面临的紧迫任务。

奢靡之风的具体表现

奢靡之风形式多、花样新，涉及范围广，突出表现在如下几个方面：

一是大兴土木，违规兴建楼堂馆所。随着经济社会发展，基本办公条件的改善、改造和更新是必要的。但有的机关借机违规兴建豪华气派的办公大楼，比规模、攀气派，占地多、耗资大。有的部门违规兴建富丽堂皇的休闲场所，吃喝玩乐一应俱全，美其名曰“培训中心”“办事处”“疗养院”，实则拉关系、搞接待、享乐挥霍。

二是热衷于造节办节，劳民伤财。逢传统节日、纪念日举办简朴的活动是必要的，既有利于表达对历史的尊重和缅怀，也有利于增强社会共识和社会凝聚力。但有的地方在举办传统节日、纪念日活动时，过于讲究形式的华丽与场面的壮观，铺张浪费严重；有的地方挖空心思设计和制造各种节日、庆典，期望以此带动人气、提高在媒体上的曝光率，导致节庆泛滥成灾，耗资巨大，得不偿失。有的地方在造节办节过程中，为弥补资金缺口，强制性地向群众摊派捐款任务，弄得群众怨声载道，党群干群关系紧张。

三是超规格接待，舌尖上的浪费触目惊心。对于公务接待的原则、标准、场所、禁止事项等，中央有关部门早有明确规定。但有的地方和单位置若罔闻，在公务活动中讲排场、比阔气、搞变通，超规格、超标准接待，住高档酒店，吃山珍海味，喝美酒佳酿，导致公款消费数额惊人，餐桌上的浪费触目惊心。中央八项规定出台后，一些高档酒店、餐饮场所难以为继，纷纷改变经营策略，走低端路线，表明超规格、超标准接待问题开始有所好转。

四是个人生活奢华，挥霍无度。随着经济社会发展，人们的生活水平相应提高，这本合乎常情。但衣食住行应以理性消费、简约朴素为宜，铺张浪费、奢侈挥霍实不足取。一些党员干部热衷于个人享受，生活要求越来越高，房子不厌其宽敞，车子不厌其豪华，菜肴不厌其精美，穿戴讲究名牌，成为奢侈品消费的重要群体。有的手持数额不小的会员卡、消费卡，活跃于高档会馆，流连于高级运动场所，乐此不疲，醉生梦死。更有少数人赌兴大发，在办公场所赌，在娱乐场所赌，甚至到境外赌场大显身手。有的作风不检点，甚至道德败坏、生活放荡，不以为耻、反以为荣，突破道德底线，有悖做人德性。

奢靡之风的成因

奢靡之风之所以盛行，既有认识上、心理上的原因，也有个人修养、制度环境方面的原因，是多种因素综合作用的结果。

——认识误区。在一些人看来，中国经济发展了，告别了物资短缺的年代，没有必要再倡导艰苦奋斗，认为艰苦奋斗“过时”“老土”。应看到，我国仍然是世界上最大的发展中国家，人均 GDP 世界排名居后，农村还有近一亿贫困人口，城市还有几千万低保居民以及为数众多的困难群众，资源短缺问题依然是制约我国经济社会可持续发展的瓶颈。时下，社会上流传这样一种说法：“接待也是生产力”，认为把接待工作做好了，就能出生产力、促进生产力发展。其潜台词的意思是，接待好了，能获得上级单位的资金支持或者项目支持；接待不好，就会失去这些潜在资源和发展机会，甚至可能带来其它不良后果。实际上，这是官场的一种陋习，是变相的送礼、给好处。认识上、思想上存在误区，奢靡之风就如影随形。

——攀比心理。一些单位在兴建办公大楼时，唯恐落后于人，赶不上潮流和时尚，纷纷扩大建筑面积、提高装修标准，导致“豪华病”蔓延。部分单位在公务接待时，唯恐不上档次、没有品位而令“上级领导”不悦，力图通过超规格、超标准接待拉近距离、联络感情、协调关系，由此导致接待规格、接待标准不断提高。有的党员干部羡慕同事、他人日子过得滋润、潇洒，不甘寂寞和清苦，置党和政府形象、个人前途于不顾，企图通过非正当途径过上奢华生活，甚至追求向往骄奢淫逸的生活。

——人生观扭曲。人生是在奉献中感受幸福，还是在享乐中找到感党，不同的人有不同的选择和回答。少数党员干部信奉享乐主义人生观，认为人的自然本性是趋乐避苦、趋利避害，因而人生的目的和意义就在于追求个人的物质享受，满足生理本能和感官刺激。以享乐作为人生取向、价值追求，信守今朝有酒今朝醉，奢靡之风的滋长就在所难免。

——制度执行不力。为预防、遏制奢靡之风，有关部门早有相应的制度安排。如，关于公务接待，2006 年 10 月中共中央办公厅、国务院办公厅出台了《党政机关国内公务接待管理规定》，要求公务接待坚持“有利公务、简化礼仪、务实节俭、杜绝浪费”等原则。类似的规定，可谓明确具体，有操作性。问题在于，出台规定易，落实规定难，这些规定在不少机关成了摆设。不少人没有养成遵守制度的习惯，存在“法不责众”的意识。有制度而不按制度办事，制度的威慑力未能释放出来，这是导致奢靡之风盛行的重要原因。

奢靡之风的危害

奢靡之风绝非小事，不仅大量浪费国家和人民的宝贵钱财，而且成为消极腐败现象得以滋长蔓延的温床，严重侵蚀党的肌体，削弱党的凝聚力、战斗力。此风不禁，后果不堪设想。

败坏党风和社会风气。我们党是在艰苦环境中成长起来的，是靠艰苦奋斗发展壮大的。毛泽东同志反复告诫全党，“务必使同志们继续地保持艰苦奋斗的作风”，“根本的是我们要提倡艰苦奋斗，艰苦奋斗是我们的政治本色”。奢靡之风盛行，与党的艰苦奋斗传统背道而驰，背离了党的宗旨，对党的形象、党的威信是一种极大伤害。党风对于社会风气具有引领、示范效应，党内奢靡之风的蔓延，催生和助长了社会上铺张浪费、贪图享受之风，实在令人忧心，决不能听任这种腐朽思想和不良作风蔓延，损害党和政府同人民群众的血肉联系。

有损党的执政基础与执政地位。“历览前贤国与家，成由勤俭败由奢。”我们党得民心、赢天下，靠的是与人民群众同甘共苦；改革开放以来取得的辉煌成就，靠的是与人民群众同舟共济、艰苦创业。艰苦奋斗是我们党的政治本色，也是我们党的精神支撑。如果漠视群众的利益诉求，不致力于改善民生，而醉心于挥霍享乐、追求奢靡，必然引起群众不满和对立，破坏党群干群关系，最终失去群众信任和支持，严重损害并危及党的执政基础和执政地位。

耗费自然资源与社会财富。奢靡之风是以自然资源的过度消耗为代价的，滥用自然资源必然导致资源短缺，加剧人与自然的矛盾，导致国家发展危机。同时，奢靡之风蔓延造成社会财富的浪费，凸显社会的苦乐贫富不均，引发民众心理失衡，加剧社会矛盾和社会冲突，进而影响社会力量的凝聚，掣肘中华民族伟大复兴中国梦的实现。只有坚决刹住奢靡之风，有效抵制剥削阶级思想和生活方式的影响和侵蚀，才能保证党和国家政权永不变质。

腐蚀人的心灵和意志。奢靡之风是腐蚀剂，腐蚀人的心灵，销蚀人的意志。党员干部一旦追求物质享受，甚至纵情声色犬马，讲排场、摆阔气，奋斗的意志势必消沉，进取的动力势必消退，由此导致不作为、乱作为。同时，一旦染上奢靡之风，需要巨额花销和开支，仅靠个人的合法收入远远不够，一些人就会利用自己掌握的公共权力、公共资源，“设租”“招租”“寻租”，权钱交易由此而生。奢靡之风不禁，腐败势在必然。

杜绝奢靡之风的途径

杜绝奢靡之风，要注重从源头治理，坚持多管齐下、常抓不懈。

筑牢思想防线。杜绝奢靡之风，首先要从关系党和国家前途命运、关系中华民族伟大复兴的高度，认识奢靡之风的危害和保持艰苦奋斗优良传统的重要性必要性。要把理想信念、宗旨意识、从政道德作为开展群众路线教育实践活动的重要内容，帮助党员干部树立正确的世界观人生观价值观，培养积极健康的生活态度、工作态度和高尚的道德情操。历史是一面镜子，能启发人的智慧，使人醒悟。要通过重温党史国史，回溯我们党艰苦奋斗、勤俭建国的传统，促使党员干部对照历史进行反思反省，消除认识上观念上的误区，为抵御奢靡之风奠定思想基础。

加强制度规范防范。建立健全有利于厉行节约、不能铺张浪费、不敢肆意挥霍的制度体系，是杜绝奢靡之风的关键。制度发挥作用的基础在于它的科学性、权威性。为此，制度设计要针对问题、解决问题，直指奢靡之风的要害；制度安排要互相衔接，形成严密的制度体系，不能因制度之间相互矛盾和冲突导致制度失效。制度一经制定，必须严格执行，以维护制度的权威性。违反制度规定的行为，是对制度权威的公然蔑视和挑战，一旦发生绝不能轻易放过。否则，就会破坏制度的严肃性，削弱制度的执行力。

强化监督检查。杜绝奢靡之风，需要通过各种方式强化对奢靡之风的监督检查力度，并将监督检查情况以适当的方式及时披露和通报。敢于暴露问题，才有可能解决问题，对问题遮遮掩掩，“犹抱琵琶半遮面”，不利于问题解决。就当前而言，杜绝奢靡之风要选择一些群众反映强烈、社会关注度高的问题进行集中整治，找准靶子，抓住要害，有的放矢，加大监督检查力度，使奢靡之风无藏身之地。

营造良好社会氛围。奢靡之风的盛行，有其社会环境；奢靡问题的解决，需要营造良好社会氛围。要在全社会大力倡导艰苦奋斗精神，以勤俭为荣，以奢侈为耻，形成奢靡之风“人人喊打”的局面。社会氛围不改，奢靡之风难绝。社会氛围的形成需要时间，并非一日之功。舆论导向和监督、消费观念变革、攀比心理矫正等，都是营造良好社会氛围必备的条件。

领导干部带头。奢靡之风表现在基层，根子在领导。奢靡之风的盛行，与部分领导干部喜好奢靡有关；奢靡之风的解决，需要领导干部带头拒绝奢靡、崇尚节俭。领导干部率先坚守节约光荣、浪费可耻的思想观念，在公务活动和个人生活中，不与人比富贵、比阔气、比奢华，精打细算、勤俭办事，真正回归艰苦奋斗的传统，才能杜绝奢靡之风。

原载《求是》2013 年第 17 期

为实现中国梦提供强大动力

温宪元　陈金龙　张造群

改革开放始终是推动实现中国梦的强大动力。过去30多年的快速发展靠的是改革开放，实现“两个100年”奋斗目标、实现民族伟大复兴中国梦也必须坚定不移依靠改革开放。只有改革开放才能发展中国、发展社会主义、实现中国梦。这是改革开放在发展中国特色社会主义事业中的重要地位和作用所决定的。

一

改革开放是推进社会主义制度自我完善和发展的强大动力。马克思主义认为，生产力是最活跃最革命的因素，是社会发展的最终决定力量。生产力与生产关系、经济基础与上层建筑的矛盾构成社会的基本矛盾，决定着社会发展的方向。改革开放是社会主义条件下正确处理生产力与生产关系、经济基础与上层建筑这对基本矛盾的必然要求，是根据生产力发展要求自觉调整和变革生产关系和上层建筑中不相适应的环节和方面的重要手段，是对不适应生产力发展要求的体制机制的根本变革，这种变革必然引起经济、政治、文化、社会等各个领域的深刻变化，引起人们精神面貌、价值观念和生活方式的重大变化。

改革开放是调动和激发广大人民群众积极性、主动性、创造性的强大动力。改革开放以来，我们党始终把是否有利于发展社会主义社会的生产力、是否有利于增强社会主义国家的综合国力、是否有利于提高人民的生活水平作为衡量改革开放成效的根本标准，把实现好、维护好、发展好中国最广大人民的根本利益作为制定和执行各项方针政策的出发点和落脚点，使改革开放得到了广大人民群众的衷心拥护和支持。人民生活水平从温饱不足发展到总体小康，人民当家做主得到有效保证，物质文化需求不断得到满足，这些都极大地调动和激发了广大人民群众建设和发展中国特色社会主义的积极性、主动性、创造性。

改革开放为中国梦的提出和实现奠定物质基础、开辟前进道路、指明奋斗方向。实现民族伟大复兴的中国梦，是近代以来中华民族肩负的历史使命。事实雄辩地证明，改革开放是中国经济社会发展的根本动力，没有改革开放，就不会有30多年来的发展成就；没有改革开放，就不会有中国特色社会主义道路的成功开辟；没有改革开放，就无法实现民族伟大复兴的中国梦。

二

实现中国梦必须坚定不移地推进改革开放。当前，我国改革进入攻坚期和深水区，既面临前所未有的机遇，也面临一系列严峻挑战。现实中的问题千头万绪，各种深层矛盾错综复杂，只有全面深化改革开放，不断推进实现中国梦进程与改革开放的协调发展，才能有效解决前进道路上的各种问题，推动我国经济社会持续健康发展，实现民族伟大复兴的中国梦。

必须处理好理想和实干的关系。历史告诉我们，中华民族之所以迎来复兴的曙光，靠的就是一代又一代人的艰辛奋斗和埋头苦干。中国梦是以实践为基础的科学理想，只有通过坚持不懈的实干，才能变为生活中的现实。同时，和平崛起的烦恼，经济社会双转型的压力，发展所面临的矛盾、问题和挑战，迫切要求党员干部求真务实、艰苦奋斗，迫切要求每一个人在各自岗位上付出更多的辛劳。只会纸上谈兵而不知行合一，热衷于空谈误国而不求务实，追求形式主义而不脚踏实地，结果只能是大政方针落空、政策措施变味。讲实干，最重要就是要摆脱无谓的争论，从实际出发，实实在在搞改革、实实在在谋发展，一步一个脚印实现中国梦。

必须处理好方向与方法的关系。实现中国梦是一个复杂的系统工程，改革开放是一场深刻革命，都必须坚持正确方向，沿着正确道路推进。在方向问题上，我们头脑必须十分清醒，不断推动社会主义制度自我完善和发展，坚定不移走中国特色社会主义道路。改革开放必须坚持正确的方法论，在不断实践探索中推进。全面深化改革开放既要重视整体推进，也要重视突破重点领域的关键问题，增强改革的系统性、整体性、协同性，努力做到全局和局部相配套、治本和治标相结合、渐进和突破相衔接，形成推进改革开放的强大合力；全面深化改革开放既要注重顶层设计，也要注重摸着石头过河，在摸石过河中加深对规律的认识，在统筹规划中协力推进改革；全面深化改革开放要把胆子要大和步子要稳结合起来，既要鼓励敢闯敢干，也要权衡得失、稳妥推进。

必须处理好速度与质量的关系。全面深化改革开放，必须坚持发展是硬道理的战略思想，决不能有丝毫动摇。首先要纠正那种以“发展是硬道理”为名搞违背科学发展的“唯 GDP 论”、以“效率优先”为名损害社会公平正义、以“市场化”为名规避必要的政府宏观调控和微观规制等错误观念和做法，坚决不再以牺牲质量而获得速度、不再用速度替代一切，做到速度与质量的高度统一。在推动经济持续健康发展中，要在尊重经济规律的基础上实现有质量、有效益、可持续的速度，要在不断转变经济发展方式、不断优化经济结构中实现增长。在对经济工作的管理中，要用更多的市场手段、经济手段、法律手段，不断提升创新能力、市场驾驭能力。在发展的出发点和落脚点上，要把民生工作放到经济工作的重要位置，把重大民生工程摆在发展工程的优先序列，努力在保障和改善民生上取得新成效。

必须处理好改革、发展与稳定的关系。改革发展稳定三者的关系，贯穿 30 多年改革历程。能否科学把握三者关系、实现改革发展稳定的有机统一，决定全面深化改革和实现中国梦的成败。改革的力度、发展的速度、社会的可承受度，成为处理改革发展稳定关系必须坚持的三个维度。力度不能小，改革不是修修补补，而是一场深刻革命，必须从社会主义初级阶段的实际出发，必须找到适合中国国情的经济体制和各方面体制的实现形式；速度不能慢，中国的现代化是后发追赶型的，保持持续发展仍旧是必然要求，面对国内外复杂多变的形势，只有加快改革和扩大开放才能抢占先机，把握主动权；承受度不能冒，总结改革渐进式推进的成功经验，必须使改革从易到难、从小到大、从外围到核心、从增量到存量不断推进。同时，要把改善人民生活作为正确处理三者关系的结合点，改革的红利要体现在百姓切身利益上，发展的结果要惠及群众，稳定的环境要建立在民意基础上。

三

以更大的政治勇气和智慧，积极探索通过改革开放实现中国梦的新途径。改革开放以来的实践已经证明，中国特色社会主义道路是引领中国走向繁荣富强、和谐幸福之路，是一条通向中华民族伟大复兴的必由之路，是中国梦得以实现的成功之路。我们必须坚持社会主义市场经济的改革方向，坚持对外开放的基本国策，以更大的政治勇气和智慧，不失时机深化重要领域改革，朝着实现中国梦的宏伟目标奋勇前进。

进一步形成全国统一的市场体系，营造公平竞争的发展环境。要把更好发挥市场在资源配置中的基础性作用作为下一步深化改革的重要取向，加快形成统一开放、竞争有序的市场体系，着力清除市场壁垒，提高资源配置效率；继续完善市场准入制度，促进各种所有制企业依法平等使用生产要素、公平参与市场竞争、同等受到法律保护。

进一步增强经济发展活力，为实现经济持续健康发展提供不竭动力。要坚持和完善基本经济制度，增强公有制经济特别是国有经济发展活力，鼓励、支持、引导非公有制经济发展，完善财税体系，发展更高水平的开放型经济体系，不断增强经济发展微观基础的活力。深化财税、金融、资源性产品价格等方面的改革，加快产业结构转型升级，提高发展的质量、效益和水平。深化科技体制改革，大力实施创新驱动发展战略，完善知识产权制度，强化企业创新主体地位，支持科技型企业和优秀人才创新创造创业，跟上世界科技革命步伐。

进一步提高宏观调控水平，提高政府效率和效能。以加快转变政府职能为抓手，处理好政府和市场的关系。加快实施政府机构改革和职能转变，减少对微观事务的管理，重在向市场、向社会、向企业放权，更大程度更广范围发挥市场在资源配置中的基础性作用，使企业在竞争中优胜劣汰，充分激发市场主体活力。同时，着力提高政府管理科学化水平，增强宏观调控前瞻性、针对性、有效性，真正做到该管的管住管好，不该管的不管不干预，建设人民满意的服务型政府。

进一步实现社会公平正义，通过制度安排更好保障人民群众权益。要在全体人民共同奋斗、经济社会不断发展的基础上，通过制度安排，依法保障人民权益，让全体人民依法平等享有权利和履行义务。继续深化社会领域改革，优化财政支出结构，调动社会资本参与的积极性，着力推进教育、医疗、社保、住房等领域的基本公共服务均等化。改革收入分配制度，规范收入分配秩序，缩小收入分配差距。加快改革户籍制度，有序推进农业转移人口市民化，积极稳妥推进城镇化。加强和创新社会管理，促进社会公平正义，增强社会活力。

原载《经济日报》2013 年 11 月 1 日

紧紧依靠人民群众推动改革伟业

丁晋清

党的十八届三中全会《决定》指出，“人民是改革的主体，要坚持党的群众路线，建立社会参与机制，充分发挥人民群众积极性、主动性、创造性，充分发挥工会、共青团、妇联等人民团体作用，齐心协力推进改革。”这一重要论述，体现了我们党对唯物史观的准确把握、对人民群众历史地位和作用的深刻认识。全面深化改革，应从思想深处认同唯物史观关于人民群众创造历史的基本原理，深刻认识人民是改革的主体，从而更加自觉地贯彻党的群众路线，做到在思想上尊重群众、在感情上贴近群众，紧紧依靠人民群众推动改革伟业。

人民群众是创造社会历史的主体。唯物史观认为，决定历史前进方向的是“行动着的群众”。作为历史活动的主体，人民群众的意志、愿望、要求和实践反映社会发展趋向，代表时代精神，体现社会发展规律。任何阶级和政党要成为进步的社会力量，推动社会前进，就必须反映并代表最广大人民的利益、意愿和要求。人类社会从低级向高级有规律向前运动发展，人民群众自身也在不断发展。随着历史活动的深入，人民群众创造历史的活动越来越自觉，其主体作用呈不断增强的趋势。也就是说，人民群众对历史进程的影响不仅是决定性的，而且这种决定性作用是不断增强的。只有坚持唯物史观的这一基本原理，尊重人民群众的历史主体地位，在全面深化改革中坚持一切依靠群众，尊重和发挥人民群众的首创精神，虚心向人民群众学习，才能赢得最广大人民群众对改革的衷心拥护和支持，不断获得改革事业发展的新动力、新智慧，永葆马克思主义政党的先进性。

人民群众在解放和发展生产力中起主导作用。生产力是推动社会历史发展的决定性力量，人民群众在解放和发展生产力中起主导作用。唯物史观认为，生产力和生产关系的矛盾、经济基础和上层建筑的矛盾是一切社会的基本矛盾，是一切社会发展的根本动力。其中，生产力和生产关系的矛盾是更为基本的矛盾，决定着社会中其他矛盾的存在和发展。生产力决定生产关系的性质和其他社会关系的基本面貌，是社会基本矛盾运动中最基本的动力因素，是人类社会发展和进步的最终决定力量。生产力是由劳动者、劳动资料和劳动对象构成的，是劳动者与劳动资料、劳动对象的统一。其中，劳动资料和劳动对象只是生产力构成中“物”的要素，只有同劳动者结合在一起才能形成真正的生产力；无论它们在生产力中占有多么重要的地位，归根到底是劳动者进行劳动的成果。换句话说，生产力是人的因素与物的因素的统一，人的因素是其中最重要、最活跃、最革命的因素。正是人民群众在生产过程中不断积累生产经验、改进生产工具，才推动了生产力的发展和进步，并通过推动生产力的发展从根本上影响和决定着社会基本矛盾的走势，对社会历史发展起最终的推动作用。在新形势下全面深化改革，必须坚持生产力是推动历史发展的决定性力量，承认人民群众创造历史的伟大力量，肯定人民群众是社会变革的最终决定力量，依靠人民群众的智慧和力量进一步解放和发展社会生产力。

人民群众的实践活动是检验认识正确与否的唯一标准。唯物史观认为，社会生活在本质上是实践的，人民群众的实践活动是检验认识正确与否的唯一标准。人类社会是在人们的实践活动中形成和发展的，只有在物质生产活动和交往活动的基础上，人们才能进行观念创造活动。因此，生产实践和交往实践是认识发展的根本动力；不能从范畴、观念出发来解释实践，而应从实践出发来解释范畴和观念。唯物史观把主体与客体、思维与存在、主观与客观等关系在实践基础上统一起来，认为实践在不断发展，认识也跟着不断发展。当前，国内外环境都在发生极为广泛而深刻的变化，我国发展面临一系列突出矛盾和问题，前进道路上还有不少困难和问题。解决这些矛盾、困难和问题，关键在于全面深化改革，制定切实可行的改革举措，并且通过人民群众的实践活动来检验这些举措，逐步完善这些举措，以实现改革目标。

人民群众是人类社会发展的根本动力。社会历史发展是无数个人合力作用的结果，每个人的作用都不为零。唯物史观在坚持人民群众的历史主体地位的同时，也承认杰出人物的重要历史作用，认为他们起着宣传教育、组织指挥、团结率领人民群众的作用，是实现一定历史任务的主要倡导者和领导者，也是历史进程的影响者，能够影响甚至决定历史事件，加速历史任务的完成。但杰出人物历史作用的形成和发挥，是同他们作为人民群众和先进阶级的代表分不开的。杰出人物能发挥历史作用，是因为他们的思想和活动反映了广大人民群众的愿望和要求，他们的作为概括了人民群众的经验、集中了人民群众的智慧，在人民群众的实践中经受检验并不断丰富和发展。如果离开人民群众的参与，他们的思想引领、组织领导就会失去现实对象，他们的才能和智慧的发挥就会失去深厚的根基，他们的思想理论和战略策略就不能转变为巨大的物质力量。也就是说，如果没有人民群众的历史性活动，任何杰出人物都难有作为。还应该看到，政治上的杰出人物是群众运动的产物，个人作用不可能取代人民群众作用；他们不管在历史上发挥什么样的作用，都有其历史局限性，推动历史前进的真正力量是人民群众。坚持唯物史观的这一原理，要求我们在全面深化改革中正确处理党群干群关系，民主决策、科学决策，充分发挥人民群众的积极性、主动性、创造性，团结和带领广大人民群众齐心协力推进改革。

人民群众是经济社会发展成果的享有者。人民群众是创造社会历史的主体，也是享受经济社会发展成果的主体。唯物史观认为，要调动人民群众的历史创造性，就要重视发展成果由人民群众共享，使人民群众成为社会历史的价值主体，让人民群众享受改革发展的成果，不断维护和发展人民群众的经济、政治、文化、社会、生态权益。正如恩格斯指出的："要不是每一个人都得到解放，社会本身也不能得到解放。"人民是改革的主体，内在包含人民是价值主体之意。全面深化改革，必须坚持以实现好、维护好、发展好人民根本利益为最高旨归，自觉把体现党的主张和反映人民意志统一起来，切实做到全面深化改革为了人民，全面深化改革依靠人民，全面深化改革的成果由人民共享。

原载《人民日报》2013 年 12 月 30 日

2014年

全面深化改革与实现中国梦

温宪元　程京武　陈金龙　张造群　胡国胜

改革开放是当代中国最鲜明的特色，是决定当代中国命运的关键抉择，是党和人民事业大踏步赶上时代的重要法宝。党的十八届三中全会指出：“实现中华民族伟大复兴的中国梦，必须在新的历史起点上全面深化改革”，必须“进一步解放思想、解放和发展社会生产力、解放和增强社会活力，坚决破除各方面体制机制弊端”。通过改革开放推进中国梦的实现，依据实现中国梦的总体要求全面深化改革开放，具有重大的理论意义和实践价值。

改革开放为实现中国梦提供强大动力和有力保障

改革开放为实现中国梦奠定坚实基础，提供可靠保障，没有改革开放，就没有中国的今天，也不会有中国更加美好的未来。推进改革开放与实现中国梦是内在统一的。

改革开放开启中国梦新征程。习近平总书记指出：“实现中华民族伟大复兴的中国梦，就是要实现国家富强、民族振兴、人民幸福。”正是改革开放开启了国家富强、民族振兴、人民幸福的新征程，使中国梦的实现成为可能。在改革开放的引领和推动下，我国经济社会快速发展，经济总量位居世界第二位，这是国家富强的重要体现；我国综合国力不断增强，国际地位大幅提升，对世界的影响力越来越大，成为民族振兴的重要信号；改革的成果惠及人民，人民的生活水平不断提高，人民幸福日渐成为现实。改革开放的成功，使我们比历史上任何时期都更接近中华民族伟大复兴的目标，是对中国梦的最好诠释。改革开放的成功，进一步激发了我们党和人民对中华民族伟大复兴的追求和探索。

改革开放奠基中国梦。实现中国梦必须坚持中国道路、弘扬中国精神、凝聚中国力量。改革开放的过程，正是开辟中国道路、弘扬中国精神、凝聚中国力量的过程。在改革开放中开辟的中国特色社会主义道路，是党领导人民长期探索、接力奋斗开创的伟大道路，是适合中国国情、符合时代要求的科学发展之路，是实现中华民族伟大复兴的必由之路。改革开放激发了以爱国主义为核心的民族精神的活力，彰显了以改革创新为核心的时代精神的价值，为实现中国梦提供了巨大精神动力和强大精神支撑。改革开放调动了人民群众的积极性主动性，激发了人民群众的创造、创业活力，促进了国内各族人民的团结，为实现中国梦积蓄了力量。可见，改革开放为实现中国梦奠定了道路、精神、力量基础，提供了多方面的条件支撑。

改革开放保障中国梦。在改革开放中确立和发展的中国特色社会主义制度，是当代中国发展进步的根本制度保障。但中国特色社会主义制度还不是尽善尽美、成熟定型的。目前依然存在的体制机制弊端和各种社会矛盾，如现代市场体系发育尚不成熟，经济发展方式转变尚不彻底，政府职能转变尚不到位，区域发展不协调，贫富差距拉大等，制约和阻碍了中国经济社会发展和中国梦的实现。解决这些矛盾和问题，根本出路还在于改革开放。改革开放只有进行时，没有完成时；改革开放中的矛盾只能用改革开放的办法来解决。只有深化改革，才能破解发展难题、创新发展模式，构建系统完备、科学规范、运行有效的制度体系，进一步释放体制机制活力，协调各种利益关系，化解社会矛盾；只有扩大开放，才能使中国在国际事务和国际社会发挥更大的作用，使实现中国梦的过程成为既造福中国人民，也造福世界各国人民的过程。改革开放既是实现中国梦的助推器，也是实现中国梦的重要保障。

以实现中国梦为坐标全面深化改革开放

党的十八届三中全会通过的《中共中央关于全面深化改革若干重大问题的决定》，提出了全面深化改革的总目标，对全面深化改革作出系统部署，成为实现中国梦的新起点。

深化经济体制改革。中国梦的实现以经济发展为基础，没有经济发展，难以实现国家富强、民族振兴、人民幸福。发展经济必须深化经济体制改革，进一步破除阻碍经济发展的体制机制弊端。经济体制改革的核心问题是处理好政府和市场的关系，使市场在资源配置中起决定性作用和更好发挥政府作用。为此，必须加快建设统一开放、竞争有序的市场体系，形成企业自主经营、公平竞争，消费者自由选择、自主消费，商品和要素自由流动、平等交换的现代市场体系，着力清除市场壁垒，提高资源配置效率和公平性；必须坚持和完善基本经济制度，毫不动摇巩固和发展公有制经济，毫不动摇鼓励、支持、引导非公有制经济发展，不断增强国有经济活力、控制力、影响力，不断激发非公有制经济活力和创造力；必须加快转变经济发展方式，建设创新型国家，推动经济更有效率、更加公平、更可持续发展。

深化政治体制改革。发展社会主义民主政治，保证人民当家作主，建设法治中国，是实现中国梦的内在要求和重要保障。实现中国梦，要求紧紧围绕坚持党的领导、人民当家作主、依法治国有机统一深化政治体制改革。一方面，加快推进社会主义民主政治制度化、规范化、程序化，发展更加广泛、更加充分、更加健全的人民民主，从各层次各领域扩大公民有序政治参与；另一方面，深化司法体制改革，加快建设公正高效权威的社会主义司法制度，维护人民权益，维护宪法法律权威，完善中国特色社会主义法律体系，建设社会主义法治国家。

深化文化体制改革。文化软实力是国家综合实力的重要组成部分，文化发展繁荣是民族振兴的体现，是人民幸福的诉求。实现中国梦，要求紧紧围绕建设社会主义核心价值体系、社会主义文化强国深化文化体制改革。要坚持中国特色社会主义文化发展道路，坚持以人民为中心的工作导向；加快完善文化管理体制和文化生产经营体制，建立健全现代公共文化服务体系、现代文化市场体系，推动社会主义文化大发展大繁荣。

深化社会体制改革。中国梦说到底是人民的梦，人民幸福是中国梦的最终归宿。实现中国梦，要求紧紧围绕更好保障和改善民生、促进社会公平正义深化社会体制改革。为此，必须改革收入分配制度，规范收入分配秩序，缩小分配差距，促进共同富裕；推进社会领域制度创新，推进基本公共服务均等化，形成科学有效的社会治理体制，确保社会既充满活力又和谐有序，确保人民安居乐业、更好满足人民需求。

深化生态文明体制改革。生态环境与人民幸福密切相关，良好的生态环境也是国家的良好形象。实现中国梦，要求紧紧围绕建设美丽中国深化生态文明体制改革。为此，必须加快建立生态文明制度，用制度保护生态环境；健全国土空间开发、资源节约利用、生态环境保护的体制机制，推动形成人与自然和谐发展现代化建设新格局。

深化党的建设制度改革。中国梦的实现离不开党的领导，实现中国梦是党的奋斗目标和执政追求。实现中国梦，要求紧紧围绕提高科学执政、民主执政、依法执政水平深化党的建设制度改革。要加强民主集中制建设，完善党的领导体制和执政方式，保持党的先进性和纯洁性，为实现中国梦提供坚强政治保证。规范各级党政主要领导干部职责权限，科学配置党政部门及内设机构权力和职能，明确职责定位和工作任务。

进一步扩大开放。开放和改革相辅相成、相互促进，以开放促改革是我国改革的成功经验。要拓宽开放视野、更新开放理念、创新开放路径、优化开放布局，着力构建充满生机活力的开放型经济体系。要推动对内对外开放相互促进、引进来和走出去更好结合，促进国际国内要素有序自由流动、资源高效配置、市场深度融合，加快培育参与和引领国际经济合作竞争新优势，以开放促改革。提高文化开放水平，增强中华文化的国际影响力与吸引力。

高举改革开放旗帜为实现中国梦而奋斗

我国改革已进入攻坚期和深水区，面临的各种问题和深层矛盾千头万绪、错综复杂。党的十八届三中全会对全面深化改革作出总体部署，改革方向更加明确，改革思路更加清晰，改革策略更加系统，我们有理由对中国的改革充满信心，对中国梦的实现充满期待。

广泛凝聚改革共识。改革开放是党在新的时代条件下带领人民进行的新的伟大革命，是当代中国发展进步的根本原因，也是我们党最鲜明的旗帜。当前，在改革开放问题上，党内外、国内外都很关注，全党上下和社会各方面期待很高。改革开放到了一个新的重要关头。只有凝聚改革共识，才能形成改革合力。党的十八届三中全会指出，全面深化改革的总目标是完善和发展中国特色社会主义制度，推进国家治理体系和治理能力现代化。这个总目标，深刻表明了改革的鲜明性质和根本任务。实践发展永无止境，解放思想永无止境，改革开放永无止境。要坚定不移走中国特色社会主义道路，始终确保改革正确方向。

慎重提出改革举措。全面深化改革是关系党和国家事业发展全局的重大战略部署，必须秉持科学理念，讲究改革策略，提高改革决策科学性。既要重视整体推进，又要重视重点突破，加强各项改革的系统性、整体性、协同性研究；既要反复研究、反复论证，但也不能因此就谨小慎微、裹足不前，什么也不敢干、不敢试；既要注重顶层设计，也要注重摸着石头过河，在实践探索中加深对规律的认识，在统筹规划中协力推进改革；既要胆子大，又要步子稳，坚定改革信心，以更大的政治勇气和智慧、更有力的措施和办法推进改革。

正确处理改革发展稳定的关系。科学把握改革发展稳定的关系，实现三者的有机统一，是全面深化改革面临的重要课题。习近平总书记指出："要坚持把改革的力度、发展的速度和社会可承受的程度统一起来，把改善人民生活作为正确处理改革发展稳定关系的结合点。"改革的力度不能小，全面深化改革不是修修补补，而是一场深刻革命；发展的速度不能慢，中国的现代化是后发追赶型的，保持一定增长速度是必要的；社会的承受度不能冒，总结改革渐进式推进的成功经验，必须使改革从易到难、从小到大、从外围到核心、从增量到存量稳步推进。同时，要把改善人民生活作为正确处理三者关系的结合点，人民群众是改革的主体、发展的目的、稳定的基石，改革的红利要体现在人民切身利益上，发展的成果要惠及群众，稳定的环境要建立在民意支持的基础上。

充分发挥人民主体作用。改革开放是亿万人民自己的事业，必须坚持以人为本，尊重人民主体地位，发挥群众首创精神，紧紧依靠人民推动改革，紧紧依靠人民实现中国梦。只有从人民的实践创造和发展要求中吸取无穷的智慧和力量，才能谱写改革开放伟大事业历史新篇章，才能全面建成小康社会、不断夺取中国特色社会主义新胜利、实现中华民族伟大复兴的中国梦。

原载《求是》2014 年第 3 期

坚持走和平发展道路实现中国梦

张浩

习近平总书记在中法建交50周年纪念大会上的演讲中强调，中国梦是追求和平的梦。中国梦需要和平，只有和平才能实现梦想。中国人民珍惜和平，希望同世界各国一道共谋和平、共护和平、共享和平。深入学习领会习近平总书记的讲话精神，就要充分认识走和平发展道路的科学依据、深刻内涵和战略要点，在新形势下继续沿着和平发展道路奋力前进，从而为实现中国梦营造良好的国际环境。

一

中国的和平发展道路是人类追求文明进步的一条全新道路，是中国现代化建设的必由之路。中国走和平发展道路，有着充分的科学依据。尽管当今世界仍存在诸多不稳定不确定的因素，人类还面临许多严峻挑战，但从大局、主流、根本趋势看，和平与发展仍然是时代主题，求和平、谋发展、促合作已经成为不可阻挡的时代潮流。在这样的背景下，任何国家要实现自己的发展，都必须顺应这一时代发展的潮流。而当今中国虽正处在历史上发展最为快速、变革最为深刻的新时期，但是人口多、底子薄、发展不平衡的基本国情没有改变，人民日益增长的物质文化需要同落后的社会生产之间的矛盾没有变。发展依然是中国的第一要务。这就要求中国顺应时代潮流，始终不渝走和平发展道路，从而为中国的发展营造和平稳定的国际环境和友好的周边环境。

二

坚持走和平发展道路实现中国梦，就是在和平与发展为主题的时代条件下，决心走一条既符合中国国情又适应时代特征，既同经济全球化相联系又独立自主推进社会主义现代化建设，既在维护世界和平中来发展自己，又以自身发展来促进世界和平的发展之路。

第一，和平、发展、合作、共赢是中国走和平发展道路的重要理念。求和平、谋发展、促合作、图共赢，是大势所趋、人心所向。党的十八大报告指出，中国将继续高举和平、发展、合作、共赢的旗帜，坚定不移致力于维护世界和平、促进共同发展。这不仅反映了我们党对时代潮流的深刻认知，而且阐明了我们坚持走和平发展道路是合乎时代潮流的明智之举，是尊重历史规律的正确选择。

第二，以中国的和平发展推进世界的和平发展。中国是维护世界和平的坚定力量，将始终坚持同世界各国和平共处、互利合作，恪守和平共处五项原则，坚持奉行独立自主的和平外交政策，积极营造和平稳定的国际环境，同世界各国一道推动建设共同繁荣的和谐世界。

第三，不断提高我国综合国力是中国走和平发展道路的坚实保障。强大的综合国力是一个国家或民族实现和平发展的力量支撑。只有不断提高我国综合国力，才能使我国具有越来越强的把握和平发展主动权的战略能力。

第四，各国共同走和平发展道路是中国走和平发展道路的重要条件。要使中国的和平发展道路走得通，就必须要求其他国家与我们相向而行，也都走和平发展道路，只有这样，各国才能和平相处、共同发展。和平发展不是哪一个国家的事。我们在坚持走和平发展道路的同时，也要倡导其他国家都走和平发展道路，推动各国和平相处、共同发展，使和平发展成为各国共同的政策取向。

三

在实现中华民族伟大复兴的历史进程中，必须着眼于和平发展的内在要求，正确处理影响和平发展的若干重大关系，确立走和平发展道路的重要着力点。

一是坚持维护中国自身利益与促进各国共同利益的有机统一。党的十八大向全世界郑重承诺，中国将坚持把中国人民利益同各国人民共同利益结合起来。中国的和平发展建立在同各国合作的基础之上，追求的是世界持久和平与各国共同发展。事实上，中国的和平发展道路能不能走得通，很大程度上要看我们能不能把世界的机遇转变为中国的机遇，把中国的机遇转变为世界的机遇。因此，我们要统筹好国内国际两个大局，坚持开放的发展、合作的发展、共赢的发展，不断扩大与各国共同利益的汇合点，深化与各国利益融合，把国内发展与对外开放更好地统一起来，把中国发展与世界发展更紧密地联系起来，把中国人民利益同各国人民共同利益更多地结合起来，从而为我国和平发展开辟越来越广阔的空间。

二是坚持独立自主与互利共赢的有机统一。中国走和平发展道路既要始终坚持独立自主，又要顺应和平、发展、合作、共赢的时代潮流，加强与其他国家的合作。一方面，我们观察和分析国际问题，处理国际事务，都要坚持从中国人民的根本利益和各国人民的共同利益出发，根据事情本身的是非曲直，独立自主地决定自己的立场和政策。另一方面，中国的发展离不开世界，中国必须奉行互利共赢的开放战略，积极参与经济全球化进程，充分利用国际国内两个市场、两种资源，在平等互利原则的基础上积极参加国际竞争与合作。

三是坚持硬实力建设与软实力建设的有机统一。中国走和平发展道路既需要坚强的硬实力作后盾，也需要深厚的软实力作支撑。硬实力是指看得见、摸得着的物质力量，包括基本资源（如土地、自然资源等）、经济力量和科技力量等；软实力指的是精神力量，包括文化力、外交力等，是文化和理念等的影响力、竞争力。硬实力与软实力既相互区别，又紧密联系、相辅相成、相互制约和相互转化。要实现中国的和平发展，须把硬实力建设与软实力建设有机结合起来，坚持硬实力与软实力协调发展，在增强我国硬实力的同时，不断提升我国软实力，切实用中国独具特色和魅力的软实力来赢得中国的世界话语权，以维护国家利益和文化形象。

原载《经济日报》2014 年 6 月 10 日

21世纪海上丝绸之路：实现中国梦的海上大通道

段华明

以习近平为总书记的党中央站在历史高度，着眼世界大局，审时度势，把握机遇，创造性地提出丝绸之路经济带和21世纪海上丝绸之路的战略。引人注目的21世纪海上丝绸之路，是实现中华民族伟大复兴中国梦的海上大通道，既有源远流长的历史深邃，更是面向未来的时代抉择。

海上丝绸之路见证了中华民族的辉煌与苦难

公元前200年秦汉之际兴起的海上丝绸之路，在历史延伸中不断拓展为交通贸易的黄金路线。这条海道自中国东南沿海，穿过南中国海，进入印度洋、波斯湾，远及东非、欧洲，构成四通八达的交通网络，“舶交海中，不知其数”，蔚成中国与外国商业贸易的大动脉。隋唐时期运送的大宗货物多是丝绸，人们把这条连接东西方的水道称作“海上丝绸之路”；宋元时期瓷器渐成主要出口货物，这条路被叫作“陶瓷之路”；明代涌向欧洲的茶叶成为最大数量的出口商品，它又被唤作“茶叶之路”。郑和率庞大舰队七下西洋，开创了和平外交和经贸的航海模式。海上丝绸之路绵延两千年，跨越亚欧非，成为无与伦比的洲际贸易通道，留下中国走向世界、经略海洋的光荣与梦想。

海上丝绸之路更是沟通全球文明的重要走廊。联合国曾组织专家团综合考察，认为它不仅是沿线各国互通有无的“商贸之路”，也是各国文明的“文化交流之路”，还是中外国家友好往来的“和平对话之路”。

由于明末清初政府控制对外贸易和防范海外势力入侵，转向闭关锁国，采取禁海政策，“不许片帆入口”，繁荣昌盛的海上贸易急剧衰落，光芒闪耀的海上丝绸之路日渐式微，随着1840年鸦片战争走到了尽头。友好交往的和平航线发生根本性变化，竟成腥风血雨的炮舰之路，一支又一支西方列强舰队沿着这条海上航线东来，多次发动侵华战争，使中国主权遭践踏，领土被分割，无情地打破了中央王国、天朝上国的千年旧梦，中华文明发展跌到了历史的谷底。

海上丝绸之路的沧桑剧变，见证了中华民族的辉煌与苦难，留下了深沉的时空启迪。闭关自守阻碍中外经济文化交流，使中国落伍于西方，导致被动挨打，泱泱大国沦为半殖民地。而今，中国共产党带领亿万人民实现中华民族伟大复兴的中国梦，坚持对外开放交流，追逐世界发展潮流，赢得了国家和民族的进步。

21 世纪海上丝绸之路是中国建设经济贸易强国的重要战略

2013 年 10 月，习近平总书记出访东盟国家时倡议建设“21 世纪海上丝绸之路”，并上升为国家战略。这对于我们全面深化改革，加快转型升级，提高开放水平，参与国际竞争，推动全球发展，具有重大而深远的意义。

全面深化改革开放的重要举措。21 世纪海上丝绸之路主动因应我国改革进入攻坚期和深水区的形势变化，推动新一轮对外开放，打造具有巨大发展潜力的海上经济大通道，有助于促进对内对外开放相互促进，引进来和走出去更好结合，加快沿边开放步伐，拓展开放合作的广度和深度，形成全方位开放新格局；有助于统筹国际国内两个大局，协调陆上海上两大区域，构建开放型经济新体制，以贸易促进内外融合，为产业升级提供资源支撑，加快推进经济转型升级；有助于把改革攻坚与扩大开放紧密结合起来，通过开放倒逼深层改革和结构调整，以开放促转型、促发展，从外延和内涵上为全面深化改革拓展战略路径。

参与国际经济竞争的重要谋划。进入新世纪，世界范围内市场、技术、资源等方面的竞争日益激烈，一些发达国家试图通过制订新的国际经贸安排，推动博弈规则变局。而中国经济总量已居世界第二，对外贸易跃居世界第一。21 世纪海上丝绸之路因势利导，在全球市场汪洋大海中搏击风浪，加快培育参与国际经济合作竞争的新优势，有利于加强中国同沿线国家的经贸联系，驱动带动区域发展的开放引擎，开展多层次、宽领域、高水平的交流合作，带来巨大的地缘利益，大大拓展经济发展的战略空间；有利于增强中国对区域经济一体化进程的主导影响，建立以我为主的国际贸易和投资网络，促进以我为龙头的区域分工合作格局；有利于促进中国成为经济强国、贸易强国，既可以保障自身安全和利益，又能够在互通交流中减少矛盾和冲突，增进与世界各国的和平、合作与发展。

实现全球战略的重要布局。全球化加速向纵深发展，各主要国家纷纷争夺未来发展主动权和国际关系主导权。21世纪海上丝绸之路以积极姿态参与全球治理，在新起点上谋划中国走向未来的全球战略，由过去国际战略的被动接受者变成主动塑造者，提出和主导议题，成为中国在国际发展格局重新洗牌中抢占制高点，推进双边、多边、区域次区域开放合作的重大决策；成为中国拓展面向周边地区的经济辐射，深化欧亚大陆经济一体化，激发各国活力，推动全球发展的重大方略；成为中国深入推进和平发展战略，实施海洋强国战略，拓展国际战略空间，从区域大国走向全球负责任大国的重大担当。

建设21世纪海上丝绸之路，为实现中国梦铺就海上大通道

穿越历史长河，顺应时代潮流，建设21世纪海上丝绸之路，以新理念和新共识，铺就实现中华民族伟大复兴中国梦的海上大通道。

打造中国—东盟自贸区升级版。东南亚地区自古就是海上丝绸之路的重要枢纽，而今同中国的经贸合作有了长足进展。中国与东盟建立战略伙伴关系以来，携手开创了“黄金十年”。中国—东盟博览会连续举办十年，以经济合作为重点，逐渐向政治、安全、文化等领域延拓，在应对国际金融危机和抗击重大灾害中守望相助、同舟共济，形成了合作交流的良好局面。2010年中国—东盟自贸区建成，中国成为东盟第一大贸易伙伴，东盟成为中国第三大贸易伙伴，以自贸区升级为标志，“关系已进入成熟期，合作已进入快车道”。21世纪海上丝绸之路作为重要推力和载体，将从规模和内涵上进一步提升贸易投资自由化、便利化水平，发展好海洋合作伙伴关系，创造下一个“钻石十年”，续写海上丝绸之路的新篇章。

构建面向南海、太平洋和印度洋的战略合作经济带。海阔凭鱼跃，天高任鸟飞。21世纪海上丝绸之路以点带线，以线带面，增进同沿边国家和地区的交往，联结东盟及沿线各经济体，构建横跨太平洋两岸、惠及亚太各方的区域合作框架，进一步推动全新的地缘、经济、政治、文化等立体合作，以亚欧非经济贸易一体化为发展的长期目标，谱写中国梦和世界梦相得益彰、交织共鸣的华彩乐章。

拉紧相互利益纽带，加强海上通道互联互通建设。“春江潮水连海平，海上明月共潮生。”21世纪海上丝绸之路平行推进基础设施互联互通、产业金融合作和机制平台建设，加快实施自由贸易区战略，加深沿线区域经贸合作，加强安全领域交流与合作，筹建亚洲基础设施投资银行，加强基础文化建设，优先发展海上互联互通，在港口航运、海洋能源、经济贸易、科技创新、生态环境、人文交流等领域，促进政策沟通，道路联通，

贸易畅通，货币流通，民心相通，使实现民族富强的伟大梦想变得更加真实。

实施海洋战略，建设海洋经济，维护海洋权益。中国有1.8万多公里海岸线，海洋国土绝对面积居世界第四。海域辽阔，海疆富饶，越来越成为支撑中国发展的战略依托。向海上开放的成功，将有力助推中国梦的实现。当前，处理好错综复杂的南海问题事关重大。21世纪海上丝绸之路倡导“命运共同体”理念和“互联互通”设想，统筹自身利益与各国共同利益和关系，扩大利益汇合点和战略契合点，营造新的合作机遇，有利于搁置争议，增进共识，良性互动，为妥善处理和管控争端，提供了充满东方智慧的思维和模式。

打破国强必霸怪圈，传递与邻为善正能量。历史上西方大国崛起，无一不是以殖民扩张和掠夺为实现形式。共建21世纪海上丝绸之路，以“发挥各自优势，实现多元共生、包容共进，共同造福于本地区人民和世界各国人民”为基本路径和方式，既不损人利己，也不图谋霸权，为亚洲和世界带来的是发展机遇而不是威胁，体现中华文明海纳百川、协和万邦、化干戈为玉帛的优良传统和美好愿望。

“长风破浪会有时，直挂云帆济沧海。”海上丝绸之路意味着中国梦有着浩瀚大海的万顷波涛，21世纪海上丝绸之路将使中国梦扬帆远航！

原载《光明日报》2014年6月16日

“三链融合”是经济转型升级的根本出路

温宪元

习近平总书记在山东视察时强调，要深入实施以质取胜和市场多元化战略，支持有条件的企业全球布局产业链。今年6月，习近平总书记在两院院士大会上进一步提出，要围绕产业链部署创新链、围绕创新链完善资金链。促进创新链、产业链、资金链“三链融合”，并指出有效配置科技创新资源是加快经济转型升级的根本出路。

促进“三链融合”，必须破解两大发展困境，即围绕产业链部署创新链，破解“技术孤岛”困境；围绕创新链完善资金链，破解“产业旱地”困境。为此，需要做到以下几方面：

整合科技规划和资源，完善政府支持机制。加强创新驱动的组织整合，避免科技资源分散重复。加快梳理政府各部门科技管理职能，将创新管理职能和资源更多地落实到产业部门，解决好科技创新活动投入分散、管理交叉等问题。

健全创新市场导向机制，突出企业主体作用。在科技项目设立和制定产业政策时，吸纳企业参与决策，听取企业和产业界的意见。鼓励有条件的大企业牵头组织实施重大科技专项，支持行业骨干企业与科研院所、高校联合组建一批产业技术创新战略联盟，鼓励中小企业积极参与国家重大科技项目配套工程，促进产业链、创新链协同互动。

促进科技与金融的结合，改善科技融资条件。推动金融创新，加快发展多层次资本市场，建立完善不同层次市场的转板机制，积极探索股权质押、应收账款质押、知识产权质押等创新金融产品。加快建立新兴产业创业投资引导基金，引导银行加大对中小企业的信贷支持力度，鼓励和引导民间资本进入科技金融服务领域。

原载《光明日报》2014年7月30日

发挥创新驱动的原动力作用

李源

中国经济要顺利转入到新常态，而不在经济增速换挡过程中掉入中等收入陷阱，经济结构必须不断优化升级，发展驱动力必须要发生新变化，要从过去的要素、投资驱动转向创新驱动。把这种战略认识转化为经济发展中的普遍行为，取决于经济中的规则和制度。体制机制创新是创新的重要方面，也是实现创新驱动发展的重要依托。依靠制度创新推动科技创新，发挥好创新驱动的原动力作用，才能实现从追赶型经济向创新型经济的转变。

一

对创新而言，体制机制创新的核心是正确处理政府与市场在实施创新驱动发展战略中的关系。党的十八届三中全会在深化科技体制改革的论述中提出，要建立健全鼓励原始创新、集成创新、引进消化吸收再创新的体制机制，健全技术创新市场导向机制，发挥市场对技术研发方向、路线选择、要素价格、各类创新要素配置的导向作用。这是我们党放眼世界、立足当前、面向长远作出的重大部署。将市场调节机制作为科技创新的主要驱动力以激发微观主体创新动力、以政府提供创新资源，培育创新主体，克服知识流动障碍等来弥补市场缺陷，是深化科技体制改革的重要内容。

当前情况下，处理政府与市场关系时，应立足于区域发展不平衡、大企业与中小企业创新能力差异大等现实。相比较发达地区和大企业，对技术落后和创新资源相对匮乏的地区以及中小企业，更需要政府发挥好作用以提升企业创新的信心和能力，在尊重市场机制及市场主体意愿的基础上积极作为，为市场主体的创新活动、创新主体之间的协调与合作创造良好的外部环境，从而实现“使市场在资源配置中起决定性作用和更好发挥政府作用”的高度统一。

促进科技与经济紧密结合是体制机制创新的重点。破解科技与经济

“两张皮”问题是将创新驱动发展战略落到实处的关键。解决该问题，应从改革科研体制入手，变革政府纵向分段管理和配置科技资源的方式，建立市场导向的配置机制，促进从科研到中试以及产业化全过程互动；改革科研运行机制，推广科研人员持股激励；坚持企业在创新中的主体地位，通过加强产学研合作，让创新需求与创新供给紧密结合起来。要将促进产业链、创新链、资金链的融合作为解决问题的重要抓手。要正确把握科技创新、金融发展、产业升级的客观规律，积极推进科技资源、金融资源和产业需求的有效对接，大力发展科技金融（尤其是风险投资），建立多元化、多层次、多渠道科技投融资体系。

二

创新价值说到底要通过市场来实现。充分发挥市场对研发方向、技术路线选择、技术要素价格等各类创新要素配置的导向作用，必须以企业和市场为核心健全技术创新市场导向机制，通过建立基于体制机制创新的创新政策体系来形成自我激励、自我循环的创新生态系统。

应深化科技体制改革。加快建立由市场决定技术创新立项、实施和评价的机制。企业是联系市场和创新的纽带，能够敏锐把握市场对创新的需求。在技术创新项目立项上，多听企业意见，在技术创新的经费投入上，以企业投入为主。完善政府支持企业技术创新方式，探索财政科技投入新渠道，由事前投入扩展为事中和事后补助，采用政府购买服务的方式支持社会公益技术推广应用。在成果评价上，注重科技创新实际贡献，应用研究由用户和专家等第三方评价，着重评价成果转化情况以及成果的突破性和带动性；产业化开发由市场和用户评价，着重评价对产业发展的实质性贡献。同时，要积极落实鼓励企业创新的优惠政策，支持企业加大研发投入，进一步强化企业研发费加计扣除、高新技术企业税收优惠等政策的落实，提高对企业技术创新投入的回报，引导形成公平、普惠的政策环境；进一步加大国家自主创新示范区改革政策的试点力度，深化股权激励分期纳税、职工教育经费税前扣除等改革试点，总结完善后逐步推广。

制定政策的理念和重点应发生转变。建议创新政策的重点从针对创新活动的政策为主向完善促进创新链的制度环境建设转变，从注重创新资源投入数量向提高创新投入的效率转变。围绕建立和完善创新体系，提升创新要素禀赋，用更倾向于市场化、平台化、网络化的方法来推动创新。坚持地方特色和全局统筹相协调，适时改变非均衡创新发展观，创新政策要从强调空间和地域的差别性，转向注重区域间的协同发展。要在创新投入方面体现公平，通过政策引导创新活动活跃的地区帮助创新能力弱的地区。

要注意政策工具的协调运用。技术变迁的研究已经证明，供给导向政策和需求导向政策都会诱导创新。目前来看，供给导向政策用得较多，例如通过直接财政投入和税收优惠来激励创新，而需求导向政策用得较少。供给导向政策的不足在于容易造成创新资源的错配、分割和短期化。而需求导向政策基于通过创造市场需求来促进创新，有助于减少研发投资的不确定性，弥补由负外部性所导致的竞争劣势，是一种更市场化的方法。例如通过许可证交易，政府采购，消费补贴，卖方和买方信贷或者制定标准来诱发创新需求。未来可考虑通过对两类政策工具的协调使用来提高创新效率、激发创新活力。

原载《经济日报》2014 年 12 月 1 日

中国特色社会主义理论体系的丰富和发展

丁晋清

十八大以来，习近平总书记系列重要讲话，集中反映了新一届中央领导集体的执政理念、工作思路和信念意志，深刻回答了新的历史条件下党和国家发展的一系列重大理论和现实问题，是马克思主义中国化最新成果的集中体现，是中国特色社会主义理论体系的丰富和发展。

内涵丰富、基础坚实和特征鲜明彰显讲话的中国风格、中国特色和中国气派

讲话具有丰富的理论内涵。坚持和发展中国特色社会主义，是改革开放以来我们党全部实践和理论的主题，续写好中国特色社会主义的新篇章是贯穿讲话的主题。围绕这一主题，习近平总书记在改革发展稳定、治党治国治军、内政外交国防各个领域，创造性地提出了一系列紧密联系、相互贯通的新思想、新观点、新论断，形成中国道路、中国梦、科学发展、深化改革、“三个倡导”、依法治国、执政根基、群众路线、反腐倡廉、“三严三实”、从严治党、意识形态建设、一国两制、“一带一路”、和谐世界、“亚太梦”等基本范畴，全面系统地阐述了坚持和发展中国特色社会主义伟大事业、推进党的建设新的伟大工程中的一系列基本问题，为我们在新的历史起点上实现新的奋斗目标提供了根本遵循，成为一个对党和国家发展全局起着统领作用的科学理论。

讲话具有坚实的理论基础。讲话贯穿了马克思主义的世界观和方法论，生动体现了马克思主义唯物史观和唯物辩证法的有机统一。讲话要求全党实事求是，一切从实际出发，强调“空谈误国，实干兴邦”，提出要“踏石留印，抓铁有痕”，以钉钉子的精神，把工作做实。讲话强调人民是历史的创造者，要紧紧依靠人民推进改革，坚持把实现好、维护好、发展好最广大人民根本利益作为推进改革的出发点和落脚点，让发展成果更多

更公平惠及全体人民，满足人民过上美好生活的新期待。讲话充分体现了共产党人实事求是的理论品质、人民至上的价值追求、高瞻远瞩的战略思维和求真务实的工作作风，开阔了我们认识事物的角度视野，丰富了我们把握问题的思维路径，是辩证唯物主义和历史唯物主义的中国化、大众化的当代表达，是辩证唯物主义和历史唯物主义在当代中国的运用和发展。

讲话具有鲜明的理论特征。一是科学性。讲话坚持马克思主义基本原理，始终用实践的观点、辩证的观点和群众的观点观察分析问题，始终做到以马克思主义基本原理同中国具体实际相结合，是指引实现中华民族伟大复兴中国梦的科学指南。二是实践性。讲话总结人民群众的实践经验，把改革开放 30 多年的实践探索上升为规律性认识，并用来指导新的实践，坚持在实践中创新和发展理论，具有鲜明的实践特色。三是时代性。讲话以马克思主义的宽广眼界观察世界，以科学思维审视时代，充分吸纳借鉴当代人类社会文明成果，始终站在时代前列谋划发展、引领中国进步，是时代精神的精华。四是民族性。讲话在科学理论的表现形式上极具中华民族的特色和神韵，用朴素的话语表达深邃的道理，容易内化为人民群众的思维方式和价值观念，真正为中国人民所喜闻乐见和自觉实践。五是开放性。随着实践的深入，讲话的理论内涵还会继续得到丰富、发展和完善。

丰富、完善和发展中国特色社会主义理论体系，续写马克思主义中国化新篇章

讲话是中国特色社会主义理论体系的重要组成部分。在继续围绕“什么是社会主义、怎样建设社会主义”“建设什么样的党、怎样建设党”“实现什么样的发展、怎样发展”三大基本问题作出创造性科学回答的同时，讲话还围绕“什么是改革、进行什么样的改革、怎样改革”这一时代课题，科学布局了全面深化改革的战略重点、主攻方向、工作机制、推进方式和时间表、路线图，深刻反映新的社会诉求和人民期盼，为中国特色社会主义理论体系注入了新的时代内容和鲜活元素，成为中国特色社会主义理论体系一个新的有机组成部分，开辟了马克思主义中国化的新境界。

讲话与邓小平理论、“三个代表”重要思想、科学发展观对象一致、主题一致，都是探讨完善和发展中国特色社会主义的规律问题。围绕实现中华民族伟大复兴的中国梦、增强中国特色社会主义道路理论制度“三个自信”“五位一体”建设、全面深化改革开放、推进国家治理体系和治理能力现代化等重大问题进行全面系统阐述，充分体现了坚持和发展、继承和创新的统一；在中国发展道路、中国梦、群众路线、党的建设、依法治

国、科学发展、全面深化改革、意识形态建设、国防和军队建设、祖国统一等方面，讲话在理论内涵、范畴体系和语言表述等方面明显地发展了邓小平理论、“三个代表”重要思想和科学发展观，为中国特色社会主义理论体系增添了新的时代内容，是继邓小平理论、“三个代表”重要思想、科学发展观之后马克思主义中国化的最新成果，对指导党和国家事业发展、开创中国特色社会主义新局面具有重大现实意义和深远历史意义。

勇担历史使命，开创发展新局面，发展中国特色社会主义理论体系

讲话能够承担起进一步发展中国特色社会主义的历史使命。讲话关于坚持和发展中国特色社会主义的重要论述，是新一届中央领导集体对举什么旗、走什么路、坚持什么制度的政治承诺，是深刻彻底的马克思主义科学理论，奠定了全国人民团结奋斗的共同思想基础；讲话关于实现中华民族伟大复兴中国梦的论述，反映了近代以来一代又一代中国人的美好夙愿，进一步揭示了中华民族的历史命运和当代中国的发展走向，成为海内外中华儿女的最大公约数和最大共识；讲话关于改革开放的重要论述，阐明了全面深化改革的重大意义、指导原则和科学方法，强调改革开放是一场深刻革命，必须坚持正确方向，决不能在根本性问题上出现颠覆性错误，宣示了我们党坚定不移推进改革开放的坚定决心和勇气；讲话关于推动科学发展的重要论述，强调更加重视发展的质量和效益，强调民生改善和环境保护，是对发展经验的深刻总结和发展规律的科学把握，是对我们党关于科学发展理论的进一步深化；讲话关于党要管党、从严治党，从思想、组织、作风、反腐倡廉建设和制度建设方面所作的论述，为推进党的建设新的伟大工程指明了方向。讲话在社会主义民主政治和依法治国、宣传思想工作、国际关系和我国外交战略等方面的论述，科学回答了当前面临的一系列关键问题、紧迫问题，对做好相关工作具有重要指导意义。

讲话指导我们开创党和国家事业发展的新局面。科学的理论指导实践会使实践顺利进行，达到预期的效果。党的十八大以来，以习近平同志为总书记的党中央以鲜明的执政风格、朴实的工作作风，赢得了亿万中国人民的真诚信赖。用中国梦点燃了亿万华夏儿女心中的激情，凝聚了海内外华夏儿女的意志，形成了巨大合力；坚持以提高经济发展质量和效益为中心，稳增长、调结构、促改革，推动经济健康持续发展；保持强烈的忧患意识和责任意识，敢于啃硬骨头、敢于涉险滩，推动全面深化改革迈出重要步伐；统筹国内国际两个大局，坚持开放、合作、共赢的发展，扩大同

世界各国各方利益汇合点，“世界命运共同体”“亚太梦”“中美新型大国关系”的理念开创了中国外交新局面；坚持以加强作风建设为切入点，制定实施八项规定，部署开展党的群众路线教育实践活动，深入推进反腐败斗争，一个风清气正的时代正在来临；强调改革开放是有方向、有立场、有原则的，坚持把完善中国特色社会主义制度、推进国家治理体系和治理能力现代化作为全面深化改革的总目标，保持中国改革正确的方向，以简政放权、释放改革红利、实现公平正义为特色的新一轮改革正如火如荼进行，开创了改革开放的新局面。

讲话提出的一系列新思想、新观点、新论断和新要求相互渗透、相互促进、相互补充，融为一个有机整体，从理论和实践层面回应和解决了改革开放进入攻坚期和深水区时人们的思想疑虑和深层困惑，必将起到统一思想、澄清模糊认识的巨大作用，焕发全国人民奋勇前进和创造热情的强大动力，继续引领中国特色社会主义在科学的轨道上奋力前行。

原载《光明日报》2014 年 12 月 6 日

理顺政府和市场关系要靠法治

周联合

党的十八届四中全会作出的《中共中央关于全面推进依法治国若干重大问题的决定》明确提出，“各级政府必须坚持在党的领导下、在法治轨道上开展工作，创新执法体制，完善执法程序，推进综合执法，严格执法责任，建立权责统一、权威高效的依法行政体制，加快建设职能科学、权责法定、执法严明、公开公正、廉洁高效、守法诚信的法治政府”“健全依法决策机制”“把公众参与、专家论证、风险评估、合法性审查、集体讨论决定确定为重大行政决策法定程序，确保决策制度科学、程序正当、过程公开、责任明确”。我们一定要按照党的十八届三中、四中全会的要求，以法治来理顺政府和市场关系，把健全完善依法决策机制作为全面推进依法治国的一项重要任务。

政府和市场关系不顺、政府干预过多与监管不到位并存，是当下经济运行诸多突出矛盾的重要根源。市场经济条件下有“两只手”，看不见的是市场的手，看得见的是政府的手。这些年来，“看得见的手”变成了“闲不住的手”，干什么事都要报批。在“越位”“错位”的同时，一些地方政府“缺位”问题也比较突出，结果是耕了别人的田，荒了自己的地，近年来频频发生的食品安全事件就是证明。党的十八届三中全会提出，经济体制改革是全面深化改革的重点，核心问题是处理好政府和市场的关系，使市场在资源配置中起决定性作用和更好发挥政府作用。这是非常重要的判断。一方面，要放开该放的。政府的职责和作用主要是保持宏观经济稳定，加强和优化公共服务，保障公平竞争，加强市场监管，维护市场秩序，推动可持续发展，促进共同富裕，弥补市场失灵。市场能够有效调节的经济活动，政府应一律不再审批；企业投资项目，除了关系国家安全、生态安全、涉及重大生产力布局、战略性资源开发和重大公共利益以外，应一律由企业依法依规自主决策，政府不再审批；必须保留的审批项目，直接面向基层、量大面广、由地方管理更方便更有效的经济社会事项，应一律交由地方和基层管理。另一方面，要管住该管的。市场在资源配置中起决定性作用，并不是起全部作用。发展社会主义市场经济，既要发挥市场作用，也要更好发挥政府作用，做“有为的政府”。政府要加强发展战略、规划、政策、标准等制定和实施，加强市场活动监管，加强各类公共服务提供。要依靠“有形的手”，形成公平竞争的良好发展环境，让一切创造社会财富的源泉充分涌动。

法治是市场经济的重要基石，是理顺政府和市场关系的重要手段。让“两只手”各司其职，都发挥作用，就要深入推进依法行政，加快建设法治政府。

第一，履行政府职能要依法进行。行政机关要坚持法定职责必须为、法无授权不可为，勇于负责、敢于担当，坚决纠正不作为、乱作为，坚决克服懒政、怠政，坚决惩处失职、渎职。行政机关不得法外设定权力，没有法律法规依据不得作出减损公民、法人和其他组织合法权益或者增加其义务的决定。要推行政府权力清单制度，坚决消除权力设租寻租空间。要推进各级政府事权规范化、法律化，完善不同层级政府特别是中央和地方政府事权法律制度。

第二，健全依法决策机制。决策是行政行为的起点，规范决策行为是规范行政权力的重点，也是法治政府建设的前端。行政机关能否做到依法决策，直接体现着其依法行政水平高低，直接决定着政府职能全面正确履行。科学民主依法决策是决策机制和程序的内核。科学决策，就是要坚持从实际出发，运用科学方法，尊重客观规律，保证决策符合经济社会发展的客观实际和需要。民主决策，就是要坚持民主集中制，贯彻群众路线，保障人民群众通过多种途径参与决策，保证决策符合最大多数人的利益。依法决策，就是要坚持各项决策严格遵守宪法和法律规定，保证决策权限合法、程序合法、实体合法。科学决策是目标，民主决策是基础，依法决策是保障。落实科学民主依法决策，更可靠的还是健全依法决策机制，在总结实践经验的基础上建立一整套完善的决策制度，让广大公务员特别是各级党政领导干部在实际工作中学习掌握、正确运用、严格遵循，让科学民主依法决策的理念和要求内固于心、外化于行。

与此同时，要强化对行政权力的制约和监督。加强对政府内部权力的制约，是强化对行政权力制约的重点。对财政资金分配使用、国有资产监管、政府投资、政府采购、公共资源转让、公共工程建设等权力集中的部门和岗位，应实行分事行权、分岗设权、分级授权，定期轮岗，强化内部流程控制，防止权力滥用。要完善政府内部层级监督和专门监督，改进上级机关对下级机关的监督，建立常态化监督制度。要完善纠错问责机制，健全责令公开道歉、停职检查、引咎辞职、责令辞职、罢免等问责方式和程序。要全面推进政务公开，坚持以公开为常态、不公开为例外原则，推进决策公开、执行公开、管理公开、服务公开、结果公开。各级政府及其工作部门依据权力清单，向社会全面公开政府职能、法律依据、实施主体、职责权限、管理流程、监督方式等事项。

原载《经济日报》2014 年 12 月 11 日

以法治理论创新引领依法治国实践

丁晋清　张浩

党的十八届四中全会描绘了全面推进依法治国的路线图，揭开了法治中国建设的新篇章。全面推进依法治国，必须坚持和发展中国特色社会主义法治理论，以法治理论创新引领全面推进依法治国实践。

围绕重大理论和实践课题推进法治理论创新

党的十八届四中全会就全面推进依法治国提出很多新的课题，我们必须围绕这些重大理论和实践课题推进理论创新。

围绕如何坚持和拓展中国特色社会主义法治道路推进法治理论创新。中国特色社会主义法治道路是社会主义法治建设成就和经验的集中体现，适应中国具体国情、解决中国实际问题、彰显中国法治特色，是建设社会主义法治国家的唯一正确道路。我们建设中国特色社会主义法治体系，建设社会主义法治国家，都是对中国特色社会主义法治道路的坚持和拓展。当前，应集中力量对中国特色社会主义法治道路这一根本问题进行深入研究，推出一批理论成果，进一步坚定中国特色社会主义法治道路自信，增强战略定力。

围绕如何实现全面推进依法治国总目标推进法治理论创新。党的十八届四中全会《决定》指出，全面推进依法治国，总目标是建设中国特色社会主义法治体系，建设社会主义法治国家。总目标的提出，是对依法治国基本方略的新提升，为全面推进依法治国勾画出更加清晰的奋斗愿景。总目标的内涵十分丰富，是贯穿全会精神的一条主线，是理解《决定》内容的总纲。它揭示了全面推进依法治国的性质和方向、总抓手、基本原则、基本内容和重大意义等，这些都是法治理论创新的重大课题。

围绕如何构筑完备系统的中国特色社会主义法治体系推进法治理论创新。党的十八届四中全会对中国特色社会主义法治体系进行顶层设计，提出要形成完备的法律规范体系、高效的法治实施体系、严密的法治监督体系、有力的法治保障体系、完善的党内法规体系五个体系。这五个体系相互支撑、相互作用、互相促进，形成了中国特色社会主义法治体系“五位一体”的总体布局。深入研究五个体系的丰富内涵以及它们之间的逻辑关系，是推进法治理论创新的重要内容。

围绕如何妥善处理全面推进依法治国的重大关系推进法治理论创新。全面推进依法治国涉及许多重大关系，搞清楚这些关系的内在逻辑是法治理论创新的重要内容。其中最为重要的，是搞清楚如何处理全面建成小康社会、全面深化改革与全面推进依法治国的关系，如何处理依法执政、依法行政与依法治国的关系，如何处理法治国家、法治政府与法治社会的关系，如何处理依法治国与坚持党的领导的关系，如何处理依法治国与人民民主的关系，如何处理依法治国与以德治国的关系等。

推进法治理论创新必须坚持三大原则

立足我国国情。不符合现实国情的理论创新是没有意义的。推进法治理论创新，必须立足我国现实国情，坚持从实际出发。我们正处于并将长期处于社会主义初级阶段，这是我国的最大国情、最大实际。推进法治理论创新，必须从社会主义初级阶段的现实国情出发，科学把握我国国情的丰富内容，包括历史文化、传统习俗、民族心理以及经济建设、政治建设、文化建设、社会建设、生态文明建设的实际情况和现实需要等。

突出中国特色。推进法治理论创新必须体现中国特色，这个特色就是坚持中国共产党的领导，坚持马克思主义的立场、观点和方法，坚持社会主义方向。坚持党的领导是我国法治建设健康发展的根本保证，也是法治理论创新不可动摇的一项根本原则。马克思主义的立场、观点和方法是我们进行社科理论研究的根本立场、观点和方法，也是法治理论创新应坚持的根本立场、观点和方法。社会主义是我国法治理论创新的根本方向，只有坚持这个根本方向，法治理论创新才能在正确的轨道上进行。

具有世界眼光。人类文明包括法治文明的进步是一个互相学习、互相借鉴的过程。人类法治文明中的好的法律法规，资本主义国家可以用，社会主义国家也可以用，不能认为它们被资本主义国家利用了就变成资本主义国家所特有的，社会主义国家就不能借鉴和利用了。推进法治理论创新应具有开放意识、世界眼光，积极借鉴国外有益的法治理论和经验。当然，法治理论有鲜明的时代性、民族性，我们决不能照搬外国法治理念和模式，而应批判地吸收，取其精华、去其糟粕。

原载《人民日报》2014 年 12 月 21 日

推进依法治国　实现民族复兴

丁晋清　张浩

依法治国是人类文明进步的重要标志，是坚持和发展中国特色社会主义的本质要求和重要保障。全面推进依法治国，关系我们党执政兴国、关系人民幸福安康、关系党和国家长治久安。只有全面推进依法治国，才能为实现中华民族伟大复兴中国梦提供最坚实的保障。

正确理解全面推进依法治国的重大意义

依法治国是全面建成小康社会的迫切要求。确保到2020年实现全面建成小康社会宏伟目标，是我们党作出的庄严承诺。未来5年，是全面建成小康社会的决定性阶段，也是全面推进依法治国的关键时期。全面推进依法治国，既是全面建成小康社会的重要内容和内在目标，又是全面建成小康社会的制度动力和根本保障。这就要求我们党必须把全面推进依法治国放在更加突出、更加重要的全局性、基础性和战略性地位，着力构建系统完备、科学规范、运行有效的制度体系，使各方面制度更加成熟更加定型。

依法治国是全面深化改革的迫切要求。全面推进依法治国，是确保各项改革事业既生机勃勃又井然有序的必然要求。全面推进依法治国，实现科学立法、严格执法、公正司法、全民守法，既是各项体制改革的重要组成部分和主要路径依赖，又能为全面深化改革提供法治引领、法治促进、法治规范和法治保障。只有在法治的框架内规范改革，在法治的引领下推进改革，才能统筹社会力量、平衡社会利益、调节社会关系、规范社会行为，依法解决各种社会矛盾和问题。

依法治国是实现国家治理体系和治理能力现代化的迫切要求。法律是治国之重器。国家治理体系和治理能力的现代化本质上是要更加注重发挥法治在国家治理和社会管理中的重要作用，真正实现国家各项工作的法治化。推进依法治国，能够依托法治的稳定性、严谨性、可预期性、可操作性，实现党、国家、社会事务治理的制度化、规范化、程序化。

依法治国是提高党的执政能力与执政水平的迫切要求。坚持依法治国，是新形势新任务对我们党领导人民更好地治国理政提出的基本要求，是实现国家长治久安的一项根本措施。中国共产党依法治国和依法执政，集中反映了我们党在新形势下治国执政方式的与时俱进和制度创新。通过全面推进依法治国，把党的主张和意志通过法定程序上升为国家意志，把路线方针政策规范化、程序化、法律化，落实到经济、政治、文化、社会和生态文明建设的各个方面和各个环节，能够使我们党有效应对执政考验、改革开放考验、市场经济考验、外部环境考验，提高拒腐防变和抵御风险的能力。

科学把握全面推进依法治国的深刻内涵

坚持依法治国首先要坚持依宪治国，坚持依法执政首先要坚持依宪执政。宪法以国家根本法的形式，确立了党和国家的根本任务、基本原则、重大方针、重要政策，是治国安邦的总章程，具有最高的法律地位、法律权威、法律效力，具有根本性、全局性、稳定性、长期性。没有宪法之治，就没有法治。依宪治国是依法治国的重中之重，只有推进依宪治国和依宪执政，才能实现真正意义上的法治。

坚定不移走中国特色社会主义法治道路是全面推进依法治国的根本方向。道路决定方向，方向决定命运。在走什么样的法治道路问题上，必须向全社会释放正确而明确的信号。中国特色社会主义法治道路是社会主义法治建设成就和经验的集中体现，适应中国具体国情、解决中国实际问题、彰显中国法治特色，是建设社会主义法治国家的唯一正确道路。在这一根本性问题上，我们必须坚定道路自信、理论自信和制度自信，增强战略定力。

构筑完备系统的国家法治体系是全面推进依法治国的核心内容。按照“科学立法、严格执法、公正司法、全民守法”的总要求，四中全会提出要形成完备的法律规范体系、高效的法治实施体系、严密的法治监督体系、有力的法治保障体系，形成完善的党内法规体系等五个体系。五个体系相互支撑，相互补充，互相促进，形成了以法律规范体系为基础，法治实施体系为核心，法治监督体系为关键，法治保障体系为手段，党内法规体系为动力的中国特色社会主义法治体系总体布局。

加强对公共权力的有效监督和制约是全面推进依法治国的本质要求。依法治国本质在于依法治权，把权力关进制度的笼子。如果没有对公共权力的依法监督和制约，依法治国也就无从谈起。而依法治权就要坚持法律高于权力的原则，依法规范公共权力，依法确立运用公共权力的准则、范围、区域、方式和程序，依法设定规避职责或滥用权力的法律责任以及追究责任的方式，从根本上构建起对权力的制约和监督机制，让权力规范运行。

坚持依法执政和依法行政是全面推进依法治国的关键环节。全面推进依法治国，必须抓住依法执政和依法行政这两个关键环节。依法执政要求执政党在宪法和法律的范围内活动，要求各级领导干部带头遵守法律，带头依法办事，不得违法行使权力，更不能以言代法、以权压法、徇私枉法，这样就能为依法治国创造良好条件。依法行政要求行政机关行使行政权力，管理公共事务，必须有法律的授权和法律依据。依法行政原则所要求的法律至上、权利本位、社会自治、程序法治等理念正是依法治国战略在行政领域内的应有之义。

维护司法公正和提升司法公信力是全面推进依法治国的重要保障。公正是法治的生命线；司法公正对社会公正具有重要引领作用，司法不公对社会公正具有致命破坏作用。司法是维护社会公平正义的最后一道防线。全面推进依法治国，就应该着力确保司法机关依法独立公正行使审判权和检察权，保证案件的审理以事实为根据、以法律为准绳，不办金钱案、关系案、人情案，确保司法的公正性，提升司法的公信力。

培育社会主义法治文化是全面推进依法治国的基础工程。法治文化主要体现为社会公众广泛认同和持有的法治观念，能够从意识、精神乃至文化层面为实现法治创造条件。只有通过全社会共同参与和共同努力，形成自觉学法守法用法的社会氛围，弘扬法治精神，把法治理念与法治精神融入社会公众的内心，使民众能够认同法治的实践力量，从而发自内心地信任法治、推崇法治，才能为全面推进依法治国奠定坚实的基础。

正确把握全面推进依法治国的基本原则

把依法治国与坚持党的领导有机统一起来。依法治国和坚持党的领导从本质上来说是一致的，社会主义法治必须坚持党的领导，党的领导必须依靠社会主义法治。两者是有机统一、相互促进的关系。其中，坚持党的领导，是建设社会主义法治的根本要求。只有在党的领导下依法治国、厉行法治，国家和社会生活法治化才能有序推进。而坚持依法治国是新的历史条件下加强和改善党的领导的必然选择，也是实现和保障党的领导取得成功的最佳途径。当前，一方面要坚持党的领导核心作用，确保党的主张贯彻到依法治国全过程和各方面；另一方面，党要自觉在宪法法律范围内活动，不断提高党领导依法治国的能力和水平。

把依法治国与人民当家做主有机统一起来。依法治国与人民当家做主具有内在的一致性。其中，依法治国是人民当家做主的制度保障，从制度上、法律上保证人民的政治、经济、文化和社会权利的全面实现。而人民当家做主是社会主义法治的内在要求，人民是依法治国的主体和力量源泉。因此，要切实通过依法治国保障人民当家做主的权利，同时增强全社会学法尊法守法用法意识。

把依法治国与全面深化改革有机统一起来。改革与法治内在统一、相辅相成。改革离不开法治的引领和保障，否则就可能引起混乱。在整个改革过程中，都要高度重视运用法治思维和法治方式，凡属重大改革都要于法有据。法治必须紧跟改革的进程和步伐，随着实践发展而发展，否则就可能被废弃淘汰。因此，必须在法治轨道上全面深化改革，推进国家治理体系和治理能力现代化，在全面深化改革总体框架内推进依法治国各项工作，在法治保障下不断深化改革。

把依法治国与以德治国有机统一起来。法律与道德作为上层建筑的组成部分，都是维护社会秩序、规范人们思想和行为的重要手段。法治以其权威性和强制手段规范社会成员的行为，德治以其说服力和劝导力提高社会成员的思想认识和道德觉悟。国家和社会治理需要法律和道德共同发挥作用，实现法律和道德相辅相成、法治和德治相得益彰。当前，必须坚持一手抓法治，重视发挥法律的规范作用，强化法律对道德建设的促进作用；一手抓德治，大力弘扬社会主义核心价值观，发挥道德的教化作用，以道德滋养法治精神。

原载《光明日报》2014 年 12 月 24 日

实现共同富裕：挑战与路径

刘小敏

2014年4月1日，中共中央总书记、中华人民共和国主席习近平在比利时布鲁日欧洲学院演讲时指出，让十三亿多人都过上好日子，还需要付出长期艰苦努力。“让十三亿多人都过上好日子”，就是要让所有中国人实现共同富裕，并在经济、政治、文化、社会生活以及生态环境的各个方面都过上幸福的生活。

我国当前面对三大国情制约：人口众多、资源短缺、经济发展水平低。至少要面对两大现实挑战：基本公共服务相对短缺；国家治理体系和治理能力有待完善。至少要解决两大历史难题：城乡差距较大；区域差距较大。

实现“让十三亿多人都过上好日子”的目标，需要做到以下几点：

全面深化改革促进经济社会发展，勇于冲破思想观念的障碍，突破利益固化的藩篱。要以完善和发展中国特色社会主义制度、推进国家治理体系和治理能力现代化为总目标；要坚持进一步解放思想，进一步解放和发展社会生产力，进一步解放和增强社会活力；要处理好解放思想和实事求是、整体推进和重点突破、全局和局部、顶层设计和摸着石头过河、胆子要大和步子要稳、改革发展和稳定的关系；要紧紧依靠人民推动改革。目前的中心任务依然是经济建设，并在此基础上推动社会全面进步。要实现实实在在没有水分的增长，促进经济持续健康发展；充分发挥中国社会主义制度的优越性，发展社会主义民主，坚持依法治国；创造中华文化新的辉煌，建设社会主义文化强国；深化社会体制改革，加强社会建设；大力推进生态文明建设，建设美丽中国。

持续扩大开放维系良好外部环境。中国应以开放包容的心态加强同外界的对话和沟通，从自身实际出发吸纳国际社会有益的文明成果并进行创造性转换，为中国社会主义现代化建设提供镜鉴；应本着相互尊重、平等相待、求同存异、合作共赢的态度加强同其他国家的交流与合作，寻求利益最大公约数，始终不渝地走和平发展道路；应该按照亲、诚、惠、容理念推进周边外交，坚持“已所不欲，勿施于人”，绝不认同“国强必霸”的陈旧逻辑；应该坚决维护国家核心利益，绝不吞下损害中国主权、安全、发展利益的苦果。

坚守公平正义不断保障改善民生。首先，要始终坚持走共同富裕的道路。既要从人口众多、资源短缺、经济发展水平低的实际出发进一步发展经济，也要尽最大努力逐步缩小城乡、区域、阶层三大差距，实现经济发展和民生改善的良性循环。其次，要坚持脚踏实地、循序渐进。要坚持“守住底线、突出重点、完善制度、引导舆论”的基本思路，倡导通过勤劳致富改善生活，着重解决好人民群众最关心、最直接、最现实的利益问题。最后，要不断创新社会治理。创新社会治理体制，改进社会治理方式；正确处理社会矛盾，维护社会大局稳定；推进平安建设，保障人民安居乐业；把社会治理的重心落到城乡基层。

原载《光明日报》2014 年 12 月 27 日

在法治轨道上推进高水平对外开放

王廷惠　李星　黄晓凤

党的十八届四中全会对全面推进依法治国进行了专门部署，这标志着以法治促进发展、以法治推动开放、以法治规范市场，将成为我国全面深化改革的重要遵循。当前，我国经济正迎来以中高速、结构优、动力新为主要特征的新常态。进一步加快对外开放进程，提升对外开放水平，既符合我国基本国情，也顺应经济发展规律。与此同时，改革环境的日趋复杂和开放格局的更加多元，迫切需要以法治为手段，提升对外开放的治理能力与治理水平，构建高水平对外开放新格局。

创新国际投资新法规，建设开放型经济新高地

外商直接投资是“引进来”战略的重要环节，也是建设高水平对外开放格局的重点之一。改革开放以来，低廉的劳动力、庞大的需求市场，使得中国一直是外商投资主要目的地。外资的有效利用，不仅为中国市场引入了外部竞争，也带来了技术溢出效应，促进了经济发展。然而，在外资引进过程中，涉外法律法规不完善、政策调整频繁、政府机构手续繁杂等问题限制了我国外资利用水平的提升。随着我国劳动力等生产成本的提升，外资引进也面临从数量到质量的转型。在此背景下，要遵循法治思维，下放政府审批权限，简化外资投资流程，规范对外资企业投资经营的管理，减少政策多变性，为外资企业营造稳定的、公平的营商环境，完善吸引外资的制度规范，提升吸引外商的制度竞争力，规范开放秩序，进一步释放制度红利和开放红利。目前，上海自由贸易区实行的负面清单管理模式已经初见成效，这充分说明了规范的法律法规制度对外商直接投资的正面影响。另外，经济全球化时代，外商直接投资模式也正在发生变化，完善对跨国并购的相关立法，明晰产权制度，加强国有资产管理，将并购投资这一国际直接投资的主要方式纳入外资引入体系，引导外商投资多元化，也是提升我国外资利用水平的重要途径。

对外投资是我国“走出去”战略的重要环节。随着我国综合国力的提升，对外投资也是我国融入全球经济大环境，构建高水平对外开放格局的现实路径和重要举措。在2014年亚太经合组织工商领导人峰会开幕式上，习近平总书记指出，“预计未来10年中国对外投资将达1.25万亿美元”。按照这一增长速度，我国对外投资增长无疑将超过外商对华投资增长。然而，现阶段我国对外投资面临海外市场调查、风险审查、国有资产保护、资金跨国运作、涉外人才培养等问题，要解决这些问题，立法必须先行。通过建立对外投资法律法规，改革对外投资管理办法，进一步简政放权；通过建立健全援外法律制度，加强对境外投资的风险预警；通过完善公司法，规范企业自身运作。只有如此，才能明确企业对外投资主体地位，提升境外投资便利化水平，有效防控国有资产流失，维护对外投资安全。

创新国际分工新法规，实现从“中国制造”向“中国创造”的转变

提升出口产品质量，是打造高水平对外开放格局、实施“走出去”战略的关键。由于我国经济起步晚，劳动力市场供应充沛，土地成本低廉，粗放型低附加值出口方式很长一段时间内在我国“走出去”战略中扮演主要角色，但这一出口方式难以维持经济的长期增长。因此，必须通过技术创新、品牌构建，提升产品附加值，从追求出口数量向提升出口质量转变。要运用法治思维，通过法治途径，加强产品质量监管，加强与国际标准对接，为中国产品与服务的质量升级提供相应的技术标准；立法推进质量监管、环境保护和知识产权保护，倒逼企业生产结构调整，加大技术创新力度，提升产品质量，提升企业、产品和产业竞争力；在金融领域为企业的研发、生产、销售等环节提供稳定的资金支持，为生产结构调整、产业结构转型创造条件，为中国产品核心竞争力的打造提供引导。

近年来，中国正迈向以服务业为主导型的经济格局，这种转型不仅对于缓解我国资源过度消耗、解决环保问题有着重大意义，在对外开放格局上也给我们带来了新的机遇与挑战。随着全球产业结构升级的加速，服务业的进一步开放已经成为推动我国经济增长的客观需要。但现阶段我国的服务贸易结构尚不平衡，服务业的发展水平与发达国家相比存在较大差距，这个领域的深度开放，必然对我国服务业市场形成重大冲击。在这种大环境下，建立健全相关立法，以法治手段加强对国内金融、电信、运输等服务行业的监控，保障国家安全，就成为我国解决这一挑战的理性抉择和进一步推进对外开放的重要保障。除了以法治途径解决服务业引进来产

生的问题，法治手段也是推动我国服务贸易走出去的重要力量。通过完善税收制度、信用担保以及法律维权等手段，不仅能够提升我国服务企业的海外竞争力，同时也能为维护我国服务出口安全提供重要保障。

创新全球治理新法规，推动世界从零和博弈向共赢均衡发展

全面推进依法治国，是维护社会秩序、保障市场经济运行、维护人民利益最坚实的途径。推进高水平对外开放，最终是为了服务本国经济发展。在激烈的国际竞争中，没有扎实的经济基础，没有制度化规范化的长期驱动力，高水平的对外开放就不可能成功。运用法治手段，破除地区封锁和行业垄断，规范市场秩序，营造法治化公平化的市场环境，统筹多双边经贸合作，维护我国在世界经济舞台上的合法权益，是将“走出去”与“引进来”战略彻底融合，服务于市场经济体制的重要基础。

当前，我国虽已成为贸易大国，但与贸易强国相比还有着不小差距，除了自身经济结构与增长方式等方面的问题，在原有国际经济秩序中缺少话语权也是阻碍我国经济发展的因素之一。制定世界贸易规则是大国间的博弈，牵涉各国切身利益，谁参与规则制定，谁就拥有更多的话语权，谁就能为本国贸易寻求更多的利益。《中共中央关于全面推进依法治国若干重大问题的决定》提出，要“积极参与国际规则制定，推动依法处理涉外经济、社会事务，增强我国在国际法律事务中的话语权和影响力，运用法律手段维护我国主权、安全、发展利益”。这充分表明了我国通过法治手段解决国际贸易纠纷、维护国家正当利益的决心，同时也为我国对外开放的推进，寻找到了新的突破口。“一带一路”战略构想、推动开启亚太自由贸易区建设进程、倡议建立金砖国家开发银行等，都是我国政府在推进周边外交、加强国际话语权上的重大举措，同时也是我国在法治轨道上推进高水平对外开放的关键路径。

原载《光明日报》2014 年 12 月 28 日

实现正义是依法治国的重要使命

朱前鸿　刘伟

公平正义是中国特色社会主义的内在要求，也是法治的生命线。习近平同志强调，司法是维护社会公平正义的最后一道防线；要努力让人民群众在每一个司法案件中感受到公平正义。司法公正对社会具有重要引领作用，司法不公对社会公正具有致命破坏作用。全面推进依法治国，加快法治中国建设，必须保证公正司法，提高司法公信力，努力实现和维护正义。

坚持程序正义和实体正义的统一，努力实现法律的正义追求。法律正义由程序正义和实体正义构成。实现法律的正义追求，首先应保证程序正义。程序正义既反映司法活动规律，又体现法律权威。程序正义强调过程正当性，这本身就是对人们正义需求的一种满足，能起到化解矛盾、减轻或者消除对实体不公情绪的作用。程序正义还体现法治精神，是实体正义的重要保障。法治思维是程序思维，没有程序思维的训练，法治思维最终也训练不出来。通过程序正义，有效保护公民的程序权利，有助于让法律成为人们的真诚信仰，得到人们的衷心拥护。实现法律的正义追求，还应保证实体正义。实体正义规定着法治的目标和内容，是程序正义的载体。没有这些目标的实现，法治就没有意义，程序正义和法治思维就没有依托。实体正义强调最终结果的正当性。一味强调结果正当性，忽视程序正当性，会在一定程度上影响法治精神和社会实质正义的弘扬。反过来，程序正义最终追求的也是实质正义，过度强调程序正义而使实体正义得不到伸张，也有违法治精神。实体正义应以程序正义为必要前提，通过程序正当保证结果正当。必须坚持推进程序法定化，通过法定程序确保结果正当，让正义能够以人们看得见的形式实现。

坚持惩戒和教化的统一，全面提高司法的正义感召力。法律通过规范行为阻止犯罪，增加社会的安全感。法律除了规范、惩戒功能，还有感召、教化的社会功能。“明刑弼教”，刑罚运作过程本身就是一个教化过程，在审判和执行各个阶段都会对当事人或旁观者发挥教化作用；反过来，人们的合法行为及其法律后果也同样对公众行为具有示范作用。“威之以刑”，法律惩戒是手段；“刑罚立而后教化行”，法律教化是目的。既发挥法律惩戒的警示作用，又发挥法律惩戒的教育作用，是增强法律生命力的重要途径。必须坚持发挥法律的引领和推动作用，通过普法宣教，让全社会敬畏法律，不触碰法律底线、不逾越法律红线，从而达到移风易俗的效果；坚持严格执法，发挥法律的惩戒和教化作用，不断提高司法正义的公信力，使人们“渐能知善道而革其非心”，做到惩前毖后、治病救人。因此，应坚持惩戒和教化的统一，做到“寓教于决讼”，充分彰显司法公正的引领作用，引导人们自觉守法，办事依法、遇事找法、解决问题用法、化解矛盾靠法。

坚持司法的客观性和法律适应性的统一，不断巩固法律的正义性。坚持司法的客观性，就是要确保司法机关依法独立公正行使职权，既不受诉讼各方影响，也不受外来干扰影响，客观公正地应用法律作出判决，确保事实认定符合客观真相。坚持司法的客观性是体现司法公正、弘扬法律正义的内在要求。坚持司法的客观性，首先必须尊重法律的稳定性。尊重法律稳定性是落实司法客观性的重要依据，也是保持法律权威性的重要前提。只有保持法律的稳定性，才能做到有法可依、违法必究。其次必须增强法律的适应性。立法总是难以穷尽或者规范所有的调整对象，既有法律条文也会因为社会发展而滞后，所以必须坚持立改废释并举，适时对不适应发展形势的法律进行调整，增强法律法规的针对性、有效性，提高法律的适应性。要努力做到司法客观性和法律适应性的统一，科学立法，公正司法，保证法律的正义性及其在维护群众利益、化解社会矛盾中的权威地位，切实维护人民权益。

原载《人民日报》2014 年 12 月 31 日

2015年

全面从严治党是全党的共同任务
——学习习近平总书记关于党的建设的重要论述

蒋斌　陈金龙　程京武

党的十八大以来，以习近平同志为总书记的党中央坚持党要管党、从严治党，对党的建设从战略高度进行新谋划、新布局，形成了全面从严治党思想，指导推动党的建设取得明显进展和成效，呈现出全面从严治党新常态。习近平总书记强调，全面从严治党是推进党的建设新的伟大工程的必然要求，并对推进全面从严治党作出重要部署。我们要深入学习贯彻习近平总书记系列重要讲话精神，奋力推进全面从严治党，为推进全面建成小康社会、全面深化改革、全面依法治国，实现“两个一百年”奋斗目标和中华民族伟大复兴中国梦，提供坚强保证。

一、从严治党是我们党的一贯方针

党要管党，才能管好党；从严治党，才能治好党。对我们这样一个拥有8600多万党员、在一个13亿多人口大国长期执政的党，管党治党一刻不能松懈。习近平总书记全面从严治党思想的形成，有其历史渊源和现实基础，是对从严治党规律的深刻认识和深入把握。

历史经验的深刻总结。从严治党是我们党的优良传统和宝贵经验。新民主主义革命时期，我们党通过古田会议、延安整风，解决了当时党内存在的突出问题，积累了从严治党的经验。新中国成立后，我们党果断处理刘青山、张子善腐败案，严肃了党的纪律，树立了从严治党的形象。改革开放以来，我们党明确提出党要管党、从严治党方针，党的建设新的伟大工程同党领导的中国特色社会主义伟大事业紧密结合、相互促进。但在一些地方和单位，从严治党并未真正落到实处，导致“四风”问题越积越多，党内潜规则越来越盛行，政治生态受到污染，损害了党的威信和党的形象。

解决党内问题的现实诉求。近些年来，随着市场经济发展、社会转型，价值取向日趋多元化，部分党员、干部不信马列信鬼神，理想信念动摇、党性修养弱化；部分地方对中央决策部署打折扣、搞变通，奉行“上有政策、下有对策”；干部选拔过程中唯票、唯分、唯 GDP、唯学历、唯年龄，党的纪律特别是政治纪律松弛，一些基层党组织软弱涣散；形式主义、官僚主义、享乐主义和奢靡之风屡禁不止，腐败现象愈演愈烈，引起群众强烈不满；制度不完善、制度执行力不够的现象普遍存在。只有全面从严治党，才能解决党自身存在的突出问题。

完成历史使命的必然选择。时代和实践的发展，总是不断对我们党提出新要求，对党的执政能力提出新任务，赋予党的建设新的时代内涵。今天，党面临的历史机遇与现实挑战前所未有，实现“两个一百年”的奋斗目标，实现中华民族伟大复兴的中国梦，要求我们党提高执政能力、执政水平。只有全面从严治党，才能提高党驾驭全局、推动发展、化解矛盾、应对风险的能力，承担起历史赋予我们党的崇高使命。

党的建设规律的客观要求。全面从严治党重大战略思想，是在深刻总结党的建设正反两方面经验教训基础上提出的，标志着我们党自觉把握和运用执政党建设规律能力的进一步提高。党的建设是一个有机整体，思想建设、组织建设、作风建设、反腐倡廉建设、制度建设相互联系、相辅相成、缺一不可，缺少其中一个方面，或其中一个方面跟不上，党的建设就不能全面推进。只有全面从严治党，党的建设各方面同向发力、整体推进，才能避免出现“短板”效应，从而始终保持党的先进性和纯洁性，不断巩固党的执政基础和执政地位。

二、全面从严治党的新内涵新思路

习近平总书记全面从严治党思想内涵丰富，思路清晰，内含一系列新举措和新办法。

以思想建党为根本。思想建设是党的建设的首要任务，贯穿于党的各项建设之中。习近平总书记强调，理想信念是共产党人精神上的“钙”，思想上的滑坡是最严重的病变。思想上松一寸，行动上就会散一尺。思想教育要突出重点，深入开展理想信念和宗旨教育，加强党性和道德教育，引导党员、干部坚定共产主义理想和中国特色社会主义信念，坚守共产党人精神追求，筑牢思想上拒腐防变的堤坝。要认真学习马克思列宁主义、毛泽东思想和中国特色社会主义理论体系，自觉用贯穿其中的立场、观点、方法武装头脑、指导实践、推动工作，解决好世界观、人生观、价值观这个“总开关”问题，炼就“金刚不坏之身”。要教育引导全党同志特别是各级领导干部坚持“两个务必”，自觉为党和人民不懈奋斗。要加强警示教育，让广大党员、干部受警醒、明底线、知敬畏，主动在思想上划出红线、在行动上明确界限，真正敬法畏纪、遵规守矩。他要求，领导干部要自觉弘扬和践行社会主义核心价值观，加强道德修养，追求健康情趣，把好权力关、金钱关、美色关，做到清清白白做人、干干净净做事、坦坦荡荡为官。

以从严治吏为重点。党要管党，首先是管好干部；从严治党，重在从严管理干部。习近平总书记指出，干部掌握着方方面面的权力，是党的理论和路线方针政策的具体执行者，如果干部队伍素质不高、作风不正，那党的建设是不可能搞好的。我们国家要出问题主要出在共产党内，我们党要出问题主要出在干部身上。他强调，对干部选拔任用要严格把关，坚决防止带病提拔。要坚持好干部的五条标准，即“信念坚定、为民服务、勤政务实、敢于担当、清正廉洁”，以严的标准要求干部、以严的措施管理干部、以严的纪律约束干部，使干部心有所畏、言有所戒、行有所止。党的干部是人民公仆，自当在其位谋其政，既廉又勤，既干净又干事。领导干部要严以修身、严以用权、严以律己，谋事要实、创业要实、做人要实。他指出，共产党最讲“认真”，要把“认真”作为干部管理工作的一条重要原则，强化干部讲规矩意识。讲规矩是对党员、干部党性的重要考验，是对党员、干部对党忠诚度的重要检验。各级党组织要把严明纪律、严明规矩放到重要位置来抓，努力在全党营造守纪律、讲规矩的氛围。既要加强教育引导，又要认真查处违规违纪行为，使干部懂规矩、守规矩。

以改进作风为突破口。党的作风建设关系党的生死存亡。习近平总书记从严治党的新部署，正是从作风建设开局的。他指出，不正之风离我们越远，群众就会离我们越近。古今中外，因为统治集团作风败坏导致人亡政息的例子多得很！我们一定要引为借鉴，以最严格的标准、最严厉的举措治理作风问题。他强调，抓作风是推进党的建设新的伟大工程的重要切入点和着力点。作风建设永远在路上，永远没有休止符，必须抓常、抓细、抓长，持续努力、久久为功。他要求，各级干部要从我做起、从小事做起，带头坚守正道、弘扬正气，努力营造良好从政环境。要从解决“四风”问题延伸开去，努力改进思想作风、工作作风、领导作风、干部生活作风，努力改进学风、文风、会风，加强治本工作，使党员、干部不仅不敢沾染歪风邪气，而且不能、不想沾染歪风邪气，使党的作风全面纯洁起来。他认为，严肃的党内生活，是解决党内自身问题的重要途径。强调从严治党必须从党内政治生活严起，从严治党最根本的就是要使全党各级组织和全体党员、干部都按照党内政治生活准则和党的各项规定办事。要下大气力解决好影响严肃认真开展党内政治生活的各种问题，提高党内政治生活的政治性、原则性、战斗性，使党内政治生活真正起到教育改造提高党员、干部的作用。

以反腐肃贪为要务。反对腐败、建设廉洁政治，是全党的重要政治任务，也是人民群众十分关注的重大政治问题。习近平总书记反复强调反腐倡廉建设和反腐败斗争的重要性，指出腐败是社会毒瘤，如果任凭腐败问题愈演愈烈，最终必然会亡党亡国。他强调，我们党面临的“赶考”远未结束，反腐倡廉必须常抓不懈，拒腐防变必须警钟长鸣。要保持高压态势不放松，查处腐败问题，坚持零容忍的态度不变、猛药去疴的决心不减、刮骨疗毒的勇气不泄、严厉惩处的尺度不松，发现一起查处一起，发现多少查处多少，把反腐利剑举起来，形成强大震慑。要把权力关进制度的笼子，加强对权力运行的制约和监督，形成不敢腐的惩戒机制、不能腐的防范机制、不易腐的保障机制。要深化党的纪律检查体制改革，加强制度创新，强化上级纪委对下级党委和纪委的监督，推动纪委双重领导体制落到实处。

以制度治党为保障。习近平总书记高度重视制度建设对从严治党的作用，要求通过科学严密的制度安排实现从严治党常态化。他强调，从严治党靠教育，也靠制度，二者一柔一刚，要同向发力、同时发力。要把思想建党和制度治党紧密结合起来。制度治党的前提是制定和完善党的制度体系。针对近些年制度建设存在的主要问题，习近平总书记对于制度的制定和完善提出了明确要求。他指出，制度不在多，而在于精，在于务实管用，突出针对性和指导性；要搞好配套衔接，做到彼此呼应，增强整体功能；要按照于法周延、于事简便的原则提高制度制定质量；制定制度要广泛听取党员、干部意见，从而增加对制度的认同。习近平总书记尤其重视制度的执行力问题，强调要坚持制度面前人人平等、执行制度没有例外，不留“暗门”、不开“天窗”，坚决维护制度的严肃性和权威性，使制度成为硬约束而不是橡皮筋。党的十八大以来，党的建设取得的明显成效和进展，与党的各项制度执行力的提高密不可分。

三、全面从严治党需要处理好的关系

全面从严治党涉及宏观与微观、继承与创新、宪法法律与党内法规、党内与党外等方方面面的关系，妥善协调和处理好这些关系，有利于推进全面从严治党。

顶层设计与具体落实的关系。全面从严治党涉及面广，需要宏观谋划、整体布局，从战略的高度来把握，形成从严治党长效机制。同时，全面从严治党的举措只有落细落小，才能收到实际效果。为此，既要细化从严治党的措施、方法，也要明确从严治党的目标、责任。从严治党是各级党委、书记、相关部门的责任，也是全体党员、干部的责任。各级党委必须把抓好党建作为最大的政绩，把从严治党责任承担好、落实好。

弘扬传统与改革创新的关系。我们党在长期实践中积累了从严治党的宝贵经验。如，着重从思想上建党，重视支部建设与干部队伍建设，倡导开展批评与自我批评，坚持密切联系群众，等等。这些经过实践证明行之有效的经验，对于全面从严治党仍然具有重要意义，无疑应该继承和弘扬。同时，面对新的时代条件和当前党内存在的突出问题，应以改革创新精神推进全面从严治党，创新理念方法，改革体制机制，实现继承传统与改革创新的有机统一。

宪法法律与党内法规的关系。党必须在宪法和法律范围内活动。从严治党首先要求党员、干部遵守宪法和法律，运用法治思维、法治方式深化改革、推动发展、化解矛盾、维护稳定。同时，党内法规既是管党治党的重要依据，也是全面依法治国的有力保障。各级党组织和党员、干部不仅要模范遵守宪法和法律，而且要依据党内法规以更高标准严格要求自己。十八届四中全会将“完善的党内法规体系”纳入中国特色社会主义法治体系范畴，彰显了党内法规的重要性。全面从严治党既要依据宪法和法律管党治党，也要运用党内法规管党治党。

党内与党外的关系。全面从严治党关键在党自身。各级党组织在尊重党员主体地位、充分发挥党内民主的同时，对党员、干部严格要求、严格教育、严格管理、严格监督，才能解决党内存在的各种问题。同时，要注意发挥人民民主对于从严治党的推动作用，发挥社会组织、社会舆论对从严治党的监督作用，通过顺应人民群众的期盼诉求，推进全面从严治党。

原载《求是》2015 年第 6 期

“十三五”创新驱动的趋势特征

王珺

近期，中共中央国务院出台《中共中央国务院关于深化体制机制改革加快实施创新驱动发展战略的若干意见》，指导深化体制机制改革加快实施创新驱动发展战略。这非常重要。创新是推动一个国家和民族向前发展的重要力量，也是推动整个人类社会向前发展的重要力量。“十三五”时期，面对全球新一轮科技革命与产业变革的重大机遇和挑战，面对经济发展新常态下的趋势变化和特点，面对实现“两个一百年”奋斗目标的历史任务和要求，必须深化体制机制改革，加快实施创新驱动发展战略，构建有效的制度与支撑环境，降低创新活动的不确定性，最终实现增长动力从要素驱动向创新驱动的转换。

一

国际金融危机爆发以来，我国与世界主要发达国家几乎同时布局一些新兴产业，诸如新能源、信息电子产业、生物医药以及新材料等，一些重要技术基本上都处于同一起跑线上。解决这些新兴产业的技术问题不可能单靠引进与模仿，必须大力提高自主创新能力，着力解决要素驱动、投资驱动向创新驱动转变的制约。只有这样，才能支撑起“十三五”时期我国经济发展对技术的巨大需求并跨越“中等收入陷阱”。

实施好创新驱动发展战略必须充分认识创新的基本属性，即创新项目的内在不确定性、创新投入与产出之间的不确定性。具体来说，企业对创新活动的投资不知道能否会带来产出，带来什么样的产出或什么时候会带来产出，因而投资创新活动的回报率在一定程度上是不确定的。由于难以对这种投资回报率进行准确预期，容易导致企业研发投入不足。在要素驱动发展阶段，相对确定的发展机会较多，诸如不同地区、产业以及产业链上不同环节之间的收入差距等，所以，一般的生产性投资占据主导地位，研发投入不足也不会对增长产生明显的影响。“十三五”时期是创新驱动发展的关键阶段，随着一般性生产活动的收益率降低，经济增长对创新的依赖性越来越大，创新对企业组织定期研发投入的需求也日益增加。经济发展要靠效率，提高效率要靠创新，如果企业研发投入不足，无疑会制约经济的可持续增长。在这种情况下，如何降低创新不确定性与风险，以激励企业更多地投资研发活动，将成为实施好创新驱动发展战略所要解决的关键问题。

二

降低创新不确定性是激发万众创新的客观需求，会内生出创新活动的地理聚集与技术合作以及创新投入的多种分担形式，这是我们把握好创新驱动特征的出发点，也是有效实施创新驱动战略的重要依据。“十三五”时期，创新驱动发展可能会有以下趋势特征：

一是大城市及大都市圈的创新火车头作用凸显。经济活动并非均衡或随机分布在各地，经济发展初期的地区发展不均衡取决于各地区的资源禀赋差异，在现代社会中，资本与劳动等生产要素流动对经济活动的非均衡发展产生着重要的作用。其中，创新活动的空间集聚比一般生产活动更强，这是由经济主体对地理集聚的差异化追求所决定的。在一般生产活动中，要素流动对运输成本反应敏感，当运输成本较高时，要素流动不容易发生；随着运输成本降低，要素流动导致集聚。如果运输成本再降低，那么，这种集聚会转向分散。但在创新活动中，地理集聚的动力就有所不同了，知识外溢与分散孤岛式创新风险成为吸引高素质人才与风险资本流动的基本动机，哪里获得的外溢知识更充裕，这些要素就会在哪里集聚。比如说，大城市的专业性部门与专业人才较多，便于创新者更容易获得专业化配套能力以及跨行业、跨领域的知识，因而大城市容易发生创新活动的集聚。如美国大城市的工资水平大约比其他地区高出30%，这主要是各种专业性创新活动对技术人才的竞争性需求较大。我国第六次普查数据显示，大专以上程度人口占总人口的比重为8.93%，其中，北京、上海、广州、天津与深圳等城市的这个指标分别为31.50%，21.95%，19.22%，17.48%和17.17%。当然，追求知识外溢往往在运输成本大幅度降低的情况下才会发生，否则，获得知识外溢的收益不足以补偿运输成本较高所付出的成本。所以，当运输成本再降低会导致一般生产活动出现分散，却会使创新活动走向集聚。引导创新活动的地理集聚并不是指各地区在创新驱动发展中都去拼命建科技园区，竞相引进项目与人才，而是在尊重人才流动的基础上，营造好要素流入的工作，诸如手续办理、工作平台与生活环境等。可以预测，在“十三五”时期，大城市与特大城市引导创新活动的地理聚集趋势会加强，创新经济发动机作用会更加突显。

二是创新主体呈现组织与个人竞相促进的局面。以往粗放经济发展阶段，拼资源是企业生存与发展的基本方式，相对于这种成本低廉的生产活动来说，创新是凭借个人兴趣与能力的成本较高的活动，因而不少是偶然的、随机的。这种情况下，本土创新对增长的贡献率并不高。随着科技进步的加快以及资源禀赋与要素成本的变化，经济增长对科技创新的依赖性日益增大，研发积累与持续投入变得日益重要，仅靠个人兴趣与能力已不能完全适应创新需求，以组织为单位的研发活动将成为“十三五”时期的重要方式。而以组织为单位的研发活动是有规划的，创新投资是有保障且不断增长的，组织之间的研发合作会快速增加。当然，以组织为单位的创新活动兴起并不意味着对个人创新活动的替代，相反，在“大众创新，万众创业”导向下，以创客为代表的受过良好专业教育的创新一代会以互联网思维进行大量的个性化创新，国内将会出现个人创新创业的新高潮。可以说，未来中国创新驱动发展中，组织化与个体性的创新主体都将蓬勃兴起，并且相互促进，在创新链上发挥出各自的功能，共同成为驱动增长的引擎。

三是政府和企业共同分担创新成本和风险的制度安排日益重要。由于创新活动的不确定性，单靠市场激励是有限的，如果没有政府扶持性介入，创新活动将会受到限制，这已成为现代大多数中等收入水平以上的国家扶持创新活动的基本共识。未来政府鼓励企业间技术合作与扶持创新战略联盟的形式将日益多样化，这一方面是因为科技进步加快，使产品生命周期越来越短，在很多情况下，研发投入来不及在短短的产品生命周期之内收回来。另一方面技术密集型产业部门面临的设备以及研发成本也越来越高。开发一个新的电脑系统、汽车或者微处理器芯片动辄需要数十乃至上百亿元，同一产品的更新换代所需要的资本投入也越来越高，除了少数大型跨国企业之外，没有企业能够独自为那些大型研发项目支付全部的费用，加上这些研发活动的失败率与风险很高。因此，政府与企业共同分担大型研发项目的费用或者协同研究就成了创新活动的上策之选，企业不仅降低了研发费用投入，而且还提高了可运用的创新资源总量。世界银行学者对发达经济体和东亚国家研发模式的研究发现，在转向高收入的发展阶段，超过60%的研发活动由企业完成，20%由政府完成，另外20%在高校等研究机构中完成。1992年至2012年的20年间，新兴工业化经济体研发支出占GDP的份额已从不到1%提高到了2.2%左右。发达国家也从2.3%提高至2.7%左右。近年来，我国企业研发投资比重明显上升，这是政府扶持创新与企业投资创新互动的结果。

三

到2020年，基本形成适应创新驱动发展要求的制度环境和政策法律体系，是实施创新驱动发展战略的一个重要目标。为此，围绕降低创新活动不确定性这个关键点，应当在以下四个领域积极作为。

第一，尊重规律，促进协作。实施创新驱动发展的政策基点要建立在高素质要素流动与创新活动空间集聚的基础上，使各地区既要发挥优势，寻找适合自己特色的新产业发展机会，又要消除地区壁垒，促进资源流动，推动企业按照地区优势对产业链不同环节进行跨地区配置，优化地区空间布局，创造地区经济合作的发展机会，避免地区之间形成新一轮的重复建设。只有这样，才能实现创新链带动产业链，以产业链的跨地区配置带动地区之间差异化发展。

第二，开放互动，提高层次。企业是创新活动的主体，在技术快速进步的情况下，更需要与外部环境进行广泛的互动。自主创新并不等于什么技术都关起门来自己搞，封闭式创新方式根本不可能适应全球化合作与竞争时代以及新技术进步日益加速、技术产品周期日益缩短的要求，只能在积极参与国际分工中调整自己的角色，即在国际经济技术联系中更加注重开放合作。随着我国发展动力向创新驱动转变，这种开放合作的紧迫性与重要性将会日益增加，也推动着我国加速提升国际分工层次。

第三，找准路径，培育风投。随着互联网的兴起，风险投资在发达经济体中得到普遍推广。风险投资是分散中小企业创新风险的一种有效机制，是促进科技成果有效孵化与转化的加速器。缺少风险投资的普遍发展，就不可能推动创新活动遍地开花，在创新驱动发展中，促进风险投资的发展与激励创新活动一样重要。要认识到，风险投资往往是在所熟悉、可观察、面对面交流便利的地理半径内进行的。如果不熟悉与不可控，那么，风险投资者是不愿意投资的，理解这一点，对于“十三五”期间制定风险投资发展政策至关重要。

第四，强化投入，优化配置。创新活动需要在知识与技术积累不断增加的环境中进行。加大公共性投资用于创新基础能力建设是必不可少的。随着我国研发投入的加大，优化创新资源配置结构显得十分迫切。创新资源应主要投入三个领域，一是大量投入到作为公共品的知识生产部门，诸如大学、科研院所的研发能力与高素质人才培养能力建设等；二是投入到创新产品进行商业化转化中的平台建设，诸如孵化器等；三是投入到商业化转化过程中的风险补偿与激励，诸如各种政府专项扶持基金、风险补贴基金等。还应当适应创业带动就业的趋势，逐步加大对服务创新支撑体系的资助，如以购买第三方服务形式加强对生产力促进中心与各类科技中介的扶持。在创新驱动发展中，应确立科技成果转化基金跟着创新项目走，创新项目跟着人才转的创新资源配置路径，以加速创新成果转化带动产业发展，以产业环节跨地区分布带动区域发展。

原载《经济日报》2015年4月2日

“四个全面”：拓展中国道路的科学引领

陈金龙

我国改革开放以来的快速发展，引起国际社会对中国道路的广泛关注。对于中国道路的内涵，党的十七大报告、十八大报告已作出明确界定，学术界也从不同角度进行了深入探讨。协调推进“四个全面”战略布局，站在新的时代高度，进一步诠释了中国道路的内涵、揭示了中国道路的实质、彰显了中国道路的特色，为我们不断拓展中国道路提供了科学引领。

引领我国现代化程度和水平进一步提升

建设富强民主文明和谐的社会主义现代化国家，是走中国道路的既定目标。“四个全面”中的每一个“全面”都与现代化紧密相联，核心是推进我国社会主义现代化，提升我国现代化的程度和水平。

全面建成小康社会是实现社会主义现代化的重要里程碑。现代化是全方位的变革和转型，经济发展、政治民主、文化繁荣、社会和谐、生态良好都是现代化的题中应有之义。按照“三步走”的战略部署，第三步的战略目标是：到本世纪中叶，人均国民生产总值达到中等发达国家水平，人民生活比较富裕，基本实现现代化。然而，现代化不可能一步到位，其过程是分阶段的。全面建成小康社会是实现社会主义现代化的重要阶段性目标，具有重大战略意义。依据党的十八大报告对全面建成小康社会的界定，其主要任务和基本要求包括：经济持续健康发展，人民民主不断扩大，文化软实力显著增强，人民生活水平全面提高，资源节约型、环境友好型社会建设取得重大进展。这些具体目标的实现，意味着我国社会主义现代化程度和水平的全面提升。因此，全面建成小康社会是实现社会主义现代化的重要里程碑。

全面深化改革是实现国家治理现代化的核心动力。国家治理是现代国家特有的概念，是在扬弃国家统治和国家管理概念基础上形成的。党的十八届三中全会《决定》提出：全面深化改革的总目标是完善和发展中国特色社会主义制度，推进国家治理体系和治理能力现代化。其主要内容涵盖经济体制、政治体制、文化体制、社会体制、生态文明体制改革和党的建设制度改革以及国防和军队改革等，涉及15个领域、330多个项目。全面深化改革，就是要通过改革旧的体制机制，形成系统完备、科学规范、运行有效的制度体系，使各方面制度更加成熟、更加定型，进而实现国家治理体系和治理能力现代化。全面深化改革是手段、途径和动力，实现国家治理现代化是目的和旨归。

全面依法治国是实现国家治理现代化的基础支撑。国家治理现代化首先要求国家治理法治化，没有国家治理法治化就不可能有国家治理现代化。依据党的十八届四中全会的定位，全面推进依法治国的总目标是建设中国特色社会主义法治体系，建设社会主义法治国家。完备的法律规范体系、高效的法治实施体系、严密的法治监督体系、有力的法治保障体系，是国家治理现代化的基础支撑。现代国家必须是法治国家，科学立法、严格执法、公正司法、全民守法是现代国家的重要标志，全面依法治国是实现现代化不可或缺的方略。

全面从严治党是实现社会主义现代化的根本保障。不同国家和民族走向现代化的道路、方式并不完全相同，但都离不开执政党的科学领导和决策。我国实现社会主义现代化，必须由我们党这个领导核心来确定发展方向、选择发展道路、提供理论指导、凝聚各种力量。党的十八大报告指出，中国共产党担负团结带领人民推进社会主义现代化的重任。这表明，我国社会主义现代化的重要特点在于坚持中国共产党的领导。全面从严治党，进一步塑造良好政党形象、树立政党权威、提高党的执政能力与执政水平，目的是为实现社会主义现代化提供根本保障。

引领我国经济社会协调发展

如何把握和处理我国经济社会发展各个领域、各种要素之间的关系，是进一步拓展中国道路不可回避的问题。协调推进“四个全面”战略布局，既注重坚持以经济建设为中心，又注重全面推进经济、政治、文化、社会、生态文明建设以及其他各方面建设；既坚持不断解放和发展社会生产力，又坚持逐步实现全体人民共同富裕、促进人的全面发展，为我们统筹兼顾经济社会发展各个领域、各种要素，推进经济社会协调发展提供了基本遵循。

“四个全面”内部构成要素的协调。“四个全面”中的每一个“全面”，就其内在要求来说，都必须做到不留“短板”、不存“死角”，互相协调、互相促进。如全面建成小康社会，要求落实中国特色社会主义“五位一体”总布局；全面深化改革，要求在经济、政治、文化、社会、生态文明各领域突破利益固化的藩篱，创新体制机制；全面依法治国，要求依法治国、依法执政、依法行政共同推进，法治国家、法治政府、法治社会一体建设；全面从严治党，要求党的思想建设、组织建设、作风建设、反腐倡廉建设、制度建设整体推进。因此，每一个“全面”的覆盖范围、实施路径均具有系统性、协调性。

战略目标与战略举措的协调。习近平同志指出，全面建成小康社会是我们的战略目标，全面深化改革、全面依法治国、全面从严治党是三大战略举措。“四个全面”战略布局，是战略目标和战略举措的有机统一。战略目标与战略举措的协调，既使战略目标的实现因为有战略举措的支撑而成为可能，也使战略举措的实施因为战略目标的确立而有着力点、针对性，从而使战略目标与战略举措相辅相成、相互促进、相得益彰。

国家、社会与执政党关系的协调。如何处理好国家、社会、执政党的关系，是各个国家和民族在发展中面临的重要问题。在不同社会制度、不同发展阶段，国家、社会、执政党的关系有着不同类型或模式。在我国，中国共产党是执政党，全面建成小康社会，实现国家治理现代化、法治化，都离不开党的执政能力与执政水平的提升。“四个全面”强调通过全面从严治党，推进国家治理现代化、法治化，实现全面建成小康社会目标；并依据国家治理、社会治理的要求，推进全面从严治党实践，从而实现了国家、社会与执政党关系的协调，确立了现阶段我们处理国家、社会与执政党关系的科学方式。

引领我们创造未来美好生活

“人民对美好生活的向往，就是我们的奋斗目标。”习近平同志的深情告白，深刻诠释了我们党立党为公、执政为民的执政理念，充分彰显了中国道路、中国梦的价值追求。协调推进“四个全面”战略布局，以实现好、维护好、发展好最广大人民的根本利益为旨归，为我们党团结带领人民创造未来美好生活指明了方向。

全面建成小康社会以全面提高人民生活水平为基本着眼点。全面建成小康社会有多方面的指标和要求，但均着眼于改善民生、增进人民福祉，为人民幸福奠定经济、政治、文化、社会、生态文明基础。从一定意义上说，全面小康社会就是确保人民幸福的社会，是人民生活水平全面提高的社会。具体来说，就是到2020年在转变经济发展方式上取得重大进展，在发展平衡性、协调性、可持续性明显增强的基础上实现国内生产总值和城乡居民人均收入比2010年翻一番。

全面深化改革致力于让发展成果更多更公平惠及全体人民。改革开放以来，我国人民的生活水平、幸福程度均有显著提升，改革发展的成果已经使人民感受到了中国特色社会主义制度的优越性。但目前，不同地域、不同职业、不同群体之间发展差距、收入差距仍然较大，这也是不容忽视的事实。全面深化改革的一个重要目标，就是通过加快转变经济发展方式、加大收入分配调节力度等一系列手段，进一步缩小发展差距和收入差距，让改革发展成果更多更公平惠及全体人民，给老百姓带来实实在在的利益，逐步实现全体人民共同富裕。

全面依法治国旨在有力保障人民合法权益。人民是依法治国的主体，反映人民意愿、保障人民权益、增进人民福祉是全面依法治国的出发点和落脚点。人民权益要靠法律保障，离开法律呵护，人民权益就有被侵犯的可能；依法治国不是为了限制人民权益，而是为了借助法律更好地保障人民权益。法律是维护社会公平正义的最后一道防线。只有全面依法治国，让人民切实感受到社会公平正义，才能激发人民的激情和活力，汇聚人民的智慧和力量，形成大众创业、万众创新的生动局面。

全面从严治党有利于我们党更好地团结人民、造福人民。全面从严治党的核心在于加强党员干部宗旨意识，密切党群干群关系，保持党同人民群众的血肉联系，从而使我们党更好地团结人民、造福人民。我国在快速发展中积累了一系列亟待解决的突出矛盾和问题，我们党面临“四大考验”“四种危险”。只有全面从严治党，进一步提高党的执政能力和执政水平，进一步完善党的建设制度机制，进一步转变党员干部作风，才能有效化解前进道路上的矛盾和问题，我们党才能经受住“四大考验”、规避“四种危险”，不断巩固领导核心地位；才能促使广大党员干部心中始终装着人民，时刻把人民利益放在首位，为人民办实事、谋实利，不断增进民生福祉。

原载《人民日报》2015年5月18日

循序渐进构建社会主义核心价值观践行机制

程京武

培育和践行社会主义核心价值观，是我们党的重大战略决策，是一项功在当代、利在千秋的系统工程和长期历史任务，不可能毕其功于一役。构建循序渐进的长效践行机制，是确保社会主义核心价值观融入现实生活真正发挥作用的关键。通过舆论引导、生活感知和实践养成，构建认同机制，让社会主义核心价值观成为全社会的价值共识和价值追求；通过文化熏陶、社会耕植以及良法善策，构建濡化机制，使社会主义核心价值观内化为人们的精神追求、外化为人们的自觉行动；通过统筹协调、全员行动和整体推进，构建协同机制，推动社会主义核心价值观与社会生活融为一体、相互促进。

共识—共鸣—共行：构建循序渐进的认同机制

“认同是人们意义与经验的来源”，是社会成员实现从思想到行为转变的关键因素。认同的本质内涵在于将核心价值观的精华内化为精神生活，进而在世俗生活领域形成心理共鸣和行为共识，是人们对于特定文化系统的情感归属和群体认同。

以价值观为核心考量标准的文化认同，是深植在历史与文明根基之中的基础性认同，其以价值观的凝聚力和说服力为基础，呈现内在的吸引力和感染力。立足于“多元一体，和而不同”的文化土壤践行社会主义核心价值观，要从培养文化感情和基本文化认知入手，循序渐进提高文化认同、增强文化自信，以实现文化传承的责任感。一方面，以文化自觉为“突破点”，讲清楚社会主义核心价值观植根于中华文化沃土，构建以文化价值为先导、蕴含文化关怀的认知模式；另一方面以文化自觉为“关节点”，在对文化的倾向性共识与认可的基础上，形成支配社会成员行为的思维准则与价值取向。潜移默化在多元文化场域中沿着“共识—共鸣—共行”的路径，在理智上达成共识，在情感上产生共鸣，在意志上达成共同追求的文化自觉。

社会主义核心价值观的生命力在于认知认同基础上的身体力行。要促进社会主义核心价值观从“认知体系”转变为“认同体系”，最后升华为“信仰体系”，关键在于必须直面发展中的问题，从社会成员潜在的心理需求出发，通过潜移默化的熏陶，持续不断的引导，增强社会成员对核心价值观的情感认同；通过日常强化养成，生活感知领悟，再通过终身感悟、渐进展开的过程，使社会主义核心价值观内化于心、外化于行、固化于性，真正成为全社会的群体意识和共同行动。

个体—群体—共同体：构建循序渐进的濡化机制

濡化是一种有意无意的学习过程，其核心是将社会群体的价值规范和思想观念，通过文化传承形成所属群体的“原初的信仰”。从社会整体来看，文化濡化是一个既自我复制又有着内在逻辑发展的“活的整体”，其对个人习惯的塑造、对群体习俗的维系、对社会制度的自觉都发挥着潜移默化的内生性作用。

社会主义核心价值观是一个综合观念体系，包含人生价值、社会价值和国家价值，其践行过程也要依托于“个体价值行为—群体价值取向—共同体价值目标”来展开。社会主义核心价值观的践行是集聚社会正能量的黏合过程，从“爱国、敬业、诚信、友善”公民个体层面彰显的价值准则入手，立足“自由、平等、公正、法治”社会群体的价值取向，实现“富强、民主、文明、和谐”的中华民族共同体的价值目标，这一“个体—群体—共同体”的践行路径，使公民个体的奋进力、社会群体的凝聚力、民族共同体的向心力得以在不同领域展开，使社会主义核心价值观的种子春风化雨地在人们心中生根、开花、结果。

践行社会主义核心价值观是个人综合性养成过程，是借助个体的内在心理活动来实现转化的。在这一过程中个体由于客观环境和社会关系的差异，不同的社会群体呈现出不同的利益诉求和价值认知。如何有效整合社会意识，是社会系统得以正常运转、社会秩序得以有效维护的关键所在。从社会濡化角度看，践行社会主义核心价值观应立足中国社会传统，从个人价值入手，找准情感的共鸣点，充分发挥示范带动作用和优秀传统文化影响力，是润物无声构建人人参与、全民行动局面的可行路径。

微观—宏观—系统观：构建循序渐进的协同机制

协同是系统内各要素之间的有机联系，通过形成合力产生高于并超越各要素自身的作用。践行社会主义核心价值观，是一项复杂的系统工程，这需要建立协同联动机制，在教育传播的各环节形成合力。

习近平总书记曾指出，要利用各种时机和场合，形成有利于培育和弘扬社会主义核心价值观的生活情景和社会氛围，使其影响像空气一样无所不在、无时不有。将社会主义核心价值观转化为人们的日常价值观和生活实践，植根于人们的思想意识深处，必须遵循大处着眼、小处着手。从微观抓起，在理念上以“落细落小落实”为切入点，从细微做起，努力做到“以小见大”，注重实效；在载体上注重“微博微信微时代”的微环境营造，加强正面引导，形成“微合力”；在方法上以软性渗透替代直接灌输，以平等对话代替居高临下，把社会主义核心价值观的要求日常化、具体化、生活化。基于此，从微观到宏观，解决好个体价值与社会价值对接，生活世界与理性思维对接，问题意识与价值取向对接就显得尤为重要。

从微观到宏观不难发现，践行社会主义核心价值观需要整体协同、统筹兼顾。要把践行社会主义核心价值观的主体落实到每一个社会成员，人人参与；把社会主义核心价值观贯穿到践行工作的全过程，善始善终；把社会主义核心价值观显性实践和内在思辨结合起来，在体验中升华。总体上说，构建践行社会主义核心价值观的整体协同机制，就是通过把社会主义核心价值观融入社会生活的方方面面，来引导社会成员的理解、感悟；通过社会个体内在的思辨和选择活动，探讨其内化机理，使价值观沉淀固化，内化于心；通过准确把握践行核心价值观的动力机制和辩证关系，促进社会凝聚成有序的整体。

马克思说：“社会生活在本质上是实践的。”社会主义核心价值观从倡导到践行，从理念到行动，需要在坚持历史性和现实性、主导性和多样性、个体性和社会性的有机统一过程中融教于导、寓理于引，通过见微识远、循序渐进，推动当代中国精神世界的“最大价值公约数”成为全社会共同价值认知和行为准则。

原载《光明日报》2015 年 5 月 24 日

“一带一路”战略实施需要金融支撑

苏一凡

“一带一路”是我国主动应对全球形势深刻变化，统筹国内国际两个大局作出的重大战略决策。通过“一带一路”战略布局，我国主动深化与沿带沿路国家的政治、经济、文化、军事等多方面合作，将有效促进亚太和亚欧区域经济整合。在这一战略推进历程中，如何提升金融支撑力具有举足轻重的地位。

一

古代陆上丝绸之路和海上贸易初期主要以“物物交换”为主。随着贸易的进一步发展，商品交换数量、范围与频率的扩大，对金融支持的需求越来越强烈。不管是“丝绸之路”古道上中外古币的发现，还是海上丝绸之路海底打捞上来的东西方铜币都印证了丝绸之路的贸易与金融共生共伴，丝绸之路孕育和催生金融支持。汉朝以前，丝绸之路沿线上的丝绸、茶叶、象牙等主要商品都充当过实物货币交换。汉朝时期，以金属货币作为东西方货物互相交换的工具，加速了丝绸之路贸易的发展。唐朝时期，丝绸之路上形成了以唐朝货币为基础货币的汇率雏形，唐朝货币承担着国际区域货币的角色。宋元朝时期发行的纸币更是在丝绸之路上的西亚、南亚和东南亚广泛流通，其流通范围之广、影响之大是当时世界上任何一种货币都无法比拟的。由此可见，我国古代金融体系有力地支持丝绸之路建设，加速丝绸之路贸易的繁荣及东西方的融合。金融在古代陆上丝绸之路和海上丝绸之路上都发挥了不可替代的特殊重要作用。

从历史上看，我国货币使用范围扩展到了丝绸之路沿线各国的政治、经济、文化等社会诸多领域，并通过货币和金融这一媒介把国与国之间的关系紧密连接在一起，不仅加速了丝绸之路沿线贸易与交通运输的发展与繁荣，而且有效地增强了东西方的人文沟通与交流。以史为鉴，实现“一带一路”战略构想，迫切需要金融发挥积极引领和带动作用。

二

改革开放以后，虽然我国在经济增长、脱贫解困方面对人类作出很大贡献，但与世界的互动模式仍然存在被动特征。2008 年国际金融危机后，国际力量对比使得这种互动模式在发生显著变化。新时期我国对区域及全球事务的参与方式，已明显从过去的“韬光养晦”转向更积极主动的作为，积极创造国际新议题，尤其是“一带一路”战略以及中国发出建设人类命运共同体的倡议，这必将会带来世界秩序新的风貌。

目前一些金融机构由美、欧、日等传统发达经济体主导。这些机构并非商业银行，功能主要是透过优惠性融资及开发项目，促进经济发展及消除贫穷。但其融资往往附带许多政治条件，而且有先后顺序，也有大小之分，因此，此类融资决定权其实折射了发达国家与发展中国家之间不平等的影响力。

我国是既有国际经济秩序的坚定维护者，也是积极的创新者，正在通过 IMF、G20 等渠道，以及通过设立亚投行等促进国际金融体系的完善，同时，将更多的议题和主张体现到国际金融治理领域中去，作为现有国际秩序变革的建设性推动力量，通过主导多边金融机构参与国际金融领域治理。随着亚投行、金砖银行、丝路基金等多边金融机构的诞生与成长，会有效促进发展中国家国际融资环境的改善并逐步提升发展中国家参与全球金融治理的话语权。

三

组建亚投行是以促进亚太区的互联、互通建设和经济一体化进程，并解决亚洲开发银行与世界银行等多边金融机构资金不足问题为主要考虑，与亚开行和世行是互补关系，不是竞争关系，我国是世界原有金融秩序维护者和执行者。同时，亚投行也是推动“一带一路”战略的重要资金支撑，体现了中国推动周边国家互联互通，提高抵御国际经济风险能力的战略目标。亚投行、丝路基金等是以金融方式推动“一带一路”战略的实现，为“一带一路”沿线国家互联互通的目标提供中长期投资资金，与早期成立的金砖国家开发银行形成合力，为现有国际金融治理机制注入新鲜活力，以增量方式稳步提升发展中国家在国际金融治理领域的话语权和影响力。

1. 金融支持“一带一路”战略实施的方向与路径

金融支持“一带一路”建设涉及融资服务、金融合作、金融业开放以及金融与贸易投资便利化、对外开放体系之间的互动等问题。

（1）探索如何利用金融力量解决“一带一路”建设所需巨额资金问题。“一带一路”建设需要资金支持，需要发挥金融的作用，建立切实可行的投融资机制，整合沿带沿路相关国家金融资源，以外汇储备资金、产业基金、对外援助资金为杠杆，撬动全球资金参与“一带一路”建设，建立利益共享、风险共担，责任、义务与实力相平衡的金融支持方案。

（2）尝试以“一带一路”建设促进金融合作、扩大金融对外开放问题。推动人民币在跨境贸易和投资中的应用力度，助推人民币国际化进程，将“一带一路”建设作为金融开放的试验田，用全球资金之水，灌溉“一带一路”建设之田。

（3）以金融合作促进对外贸易和投资便利化，提升对外开放广度和深度，为建立构建开放型经济新体制提供坚实支撑，开创高水平对外开放新局面。

目前当务之急是一方面要正确评估“一带一路”沿线国家金融发展阶段、整体金融实力、金融合作现状和金融利益诉求；另一方面要正确测算“一带一路”建设资金需求总量与结构、投融资方式和利益协调，人民币在“一带一路”贸易和投资中的运用，外汇储备资金在“一带一路”建设中的杠杆作用，银行、证券、保险、信托等机构参与“一带一路”建设的方向与路径等。

2. 金融支持“一带一路”战略实施的建议

我国必须培育壮大金融力量以适应未来国际金融格局的变化。“一带一路”已经从构想迈入务实阶段，要以创新思维切实办好“亚投行”和“丝路基金”，逐步实现习近平主席提出的“发起并同一些国家合作建立‘亚投行’是要为‘一带一路’有关沿线国家的基础设施建设提供资金支持，促进经济合作。设立‘丝路基金’是要利用我国资金实力直接支持‘一带一路’建设”的战略目标。

（1）积极推动国际金融治理的建设性改革。为了能够在现有的国际规则体系内提升自己的地位，从改变现有不合理国际规则开始，推动国际金融治理的建设性改革，使全球财富的国际分配相对公平合理。“规则的制定者注定是规则的受益者”。发展中国家亟需在国际规则调整和新规则制定过程中扮演更加重要的角色，获取与自身实力相称的地位，主动成为国际秩序的“建设性改革者”，以使“一带一路”获得更多国际金融机构支持。

（2）促使亚投行与现有国际金融机构建立合作关系。当今世界面对的是一个高度发达的、扩散至全球的、一体化的、制度化的以规则为基础秩序的世界，对其进行改变难度可想而知，更为重要的是现有新兴大国自身没有构建全球秩序的经验。因此，原有世界金融秩序仍可维持，只是需要重塑其中一些规则以适应现实的变化。长期主导世界级金融机构的欧美个别国家，虽然很难心态平和地接受来自中国的亚投行挑战，但未来世行和亚开行有可能与我国主导的亚投行等之间建立一个合作关系。因此，我国要积极做好环境和公平制度等规则制定方面工作，积累经验，为与美国等发达国家开展相关谈判提供实证样本和依据参考，进而为我国参与国际经贸新规则的制定提供中国版本。

（3）做好金融人才储备和议题储备为各国的“民心相亲”服务。金融支撑光有资金还不行，还要有国际金融人才储备和金融议题储备。我们需要建构使“一带一路”沿线各国对合作共赢、分享利益所信服的新型金融理论，而且需要拿出具体的行动，特别需要为沿线各国培养一批通晓中国与国际金融规则的开发性金融人才。“积水成渊、积土成山”，国家间关系发展需要人才的交流与合作，更需要这些人才为各国的“民心相亲”积累作贡献。

原载《经济日报》2015 年 6 月 4 日

以“四个全面”为导向构建科学政绩考评体系

张浩

党的十八大以来，以习近平同志为总书记的党中央提出并形成了全面建成小康社会、全面深化改革、全面依法治国、全面从严治党的战略布局。“四个全面”战略布局，确立了新形势下党和国家各项工作的战略方向、重点领域、主攻目标，是实现“两个一百年”奋斗目标和中华民族伟大复兴中国梦的战略指引。要落实“四个全面”战略布局，使之成为全党的实际行动，确保每个“全面”都真实落地，关键在于以“四个全面”为导向构建一套科学的政绩考核评价体系。

着力构建民生导向的政绩考评体系

全面建成小康社会要求构建民生导向的政绩考评体系。小康不小康，关键看老乡。全面建成小康社会，必须坚持发展一切为民的价值导向和民生优先的行为导向，切实使发展的成果惠及全体人民，让老百姓过上好日子。过去的政绩考评体系往往偏重经济发展指标，而忽视民生改善指标。这种干部政绩考核标准，反映了传统工业化的发展理念，在实践中容易导致民生领域的公共投入长期严重不足，与全面建成小康社会的要求相悖。对此，习近平总书记明确指出，要“把民生改善、社会进步、生态效益等指标和实绩作为重要考核内容，再也不能简单地以国内生产总值增长率来论英雄了”。

构建民生导向的政绩考评体系，应在考核内容上增强民生指标的权重。在对领导班子和领导干部进行考核的过程中，把“改善民生”放在突出位置，把民生问题的解决与改善程度纳入政绩考评体系并具体化为若干指标，以此为标尺检验领导班子和领导干部的施政绩效。在设计政绩考评体系时，应将一些民生改善选项，如城乡居民生活困难的解决程度，教育、住房、交通等生活需求的满足程度，医疗、养老等后顾之忧的解除程度，空气、水源、土地等生态环境的改善程度等，变成对各级政府的硬性约束指标，通过政绩考核指挥棒让领导干部坚持把保护环境、改善民生、促进社会进步、提高人民福祉作为自己的重要职责。

构建民生导向的政绩考评体系，应在考核方式上赋予民众更多话语权，加大民众评价在政绩评价中的权重。人民群众对政绩的感受最真切、评判最公正。一个地方的民生状况到底有没有改善，改善的情况到底怎么样，当地老百姓最有发言权。因此，构建民生导向的政绩考评体系，还要创新评价模式，加大基层干部群众的评价权重，给予民众更多话语权，把群众评价作为考核干部政绩的重要参考尺度。

着力构建改革导向的政绩考评体系

全面深化改革要求构建改革导向的政绩考评体系。如何在新的历史起点和时代条件下落实党的十八届三中全会确定的各项改革任务，是一个矢志复兴的国家和民族必须回答的重大命题。而要引导各地落实全面深化改革的任务，关键在于发挥政绩考核指挥棒的作用，着力构建改革导向的政绩考评体系。

构建改革导向的政绩考评体系，要把全面深化改革各项任务细化到政绩考核指标当中。当前改革已进入攻坚期、深水区，各种新旧问题交织，各种利益主体之间的矛盾开始凸显，改革的艰巨性、复杂性前所未有。如果没有坚决的执行力来确保落实，改革就很难进一步推进。而要冲破各种“中梗阻”，确保全面深化改革的各项举措得到切实执行并取得预期成效，就必须细化全面深化改革目标责任，落实改革路线图和责任状，把谋划和推动改革工作实绩作为政绩考核的重要内容，实行改革责任倒逼机制，鼓励引导地区和部门打好全面深化改革攻坚战。

构建改革导向的政绩考评体系，要通过政绩考核鼓励基层干部群众改革创新。改革在认识和实践上的每一次突破和发展，无不来自地方或基层干部群众的实践和智慧。全面深化改革的大盘子，为地方留下了很大的创新和探索的空间。当前，要将改革创新工作作为绩效考核的重要依据，并与评先、评优、职务晋升挂钩，积极营造敢于负责、敢于担当、敢于突破、敢于创新的良好氛围，鼓励地方、基层、群众解放思想、大胆探索、积极作为，发挥好基层创新对全局性改革的示范、突破、带动作用，推动顶层设计和基层探索良性互动、有机结合。

着力构建法治导向的政绩考评体系

全面依法治国要求构建法治导向的政绩考评体系。领导干部作为全面推进依法治国的重要组织者、推动者、实践者，在建设社会主义法治国家的实践中担负着重要责任。各级领导干部的法治观念如何，能不能坚持依法办事，直接关系到法治权威的树立，关系到法治秩序的形成和法治建设的成效，也对全社会起到榜样引领和示范带动作用。全面依法治国必须抓住领导干部这个“关键少数”，通过构建法治导向的政绩考评体系，形成推进法治建设的良好氛围。

构建法治导向的政绩考评体系，要把法治建设成效作为衡量各级领导班子和领导干部工作实绩的重要内容。要将法治建设纳入政绩考核指标体系，进一步细化、量化考核指标体系，使法治指标考核能够评价、便于操作、发挥效用。要把领导干部依法决策、依法管理、依法办事等情况作为年度考核、选拔任用领导干部的重要依据，将能否运用法治思维和法治方式推动工作作为“好干部”的评判标准，把能不能遵守法律、依法办事作为考察干部重要内容，在相同条件下，优先提拔使用法治素养好、依法办事能力强的干部，引导各级领导干部自觉依照法律解决发展中出现的问题，模范执行好各项法律、法规。同时，对那些特权思想严重、法治观念淡薄的干部则要批评教育和从严问责，形成强大的震慑和警示效应。

构建法治导向的政绩考评体系，要通过政绩考核杜绝领导个人对司法的干扰。干预司法是司法公正的大敌，是否干扰司法活动是衡量一个官员法治素养的重要标准。要从制度上保障司法机关依法独立公正行使职权，给领导干部干预司法画出政策“红线”，建立防止领导干部干预司法的“防火墙”和“隔离带”，切实将领导干部干预司法活动、插手具体案件处理的情况，纳入党风廉政建设责任制和政绩考评体系之中，作为考核干部是否遵守法律、依法办事、廉洁自律的重要依据。

着力构建党建导向的政绩考评体系

全面从严治党要求构建党建导向的政绩考评体系。在党言党、在党忧党、在党为党，抓好党建是一切政绩的基础和前提。只有努力做好党的建设各项工作，全面推进党的建设新的伟大工程，才能为全面建成小康社会、全面深化改革和全面依法治国提供坚强的组织保障。然而，在一些领导干部眼中，错误地认为抓党建同抓发展相比要虚一些，不容易出显著成绩，因此不必那么上心用劲儿。要改变这种不正确的政绩观，必须着力构建党建导向的政绩考评体系，切实引导各级领导干部从巩固党的执政地位的大局看问题，把抓好党建作为最重要的政绩。

把抓好党建作为最重要政绩落到实处，关键是要加强对各级各部门党委（党组）的责任考核。要把党建政绩考核作为领导班子和领导干部考核评价的“硬杠杠”，把抓党建的实效摆在党组织书记考核的首位，对其他党员领导干部的考核，也要加大党建工作内容的考核权重。要通过日常考核与集中考核、组织评价与社会评价、定性评估和定量评估相结合完善考评体系，把党建工作实绩考核与领导班子效能考核综合考虑，促进党建工作绩效的持续优化。要强化考核结果的运用，把考核结果作为领导班子及其成员工作实绩评定的重要内容，作为领导干部选拔任用、培养教育、奖励惩戒的重要依据，切实以考核指挥棒引导各级党组织聚精会神抓党建。

总之，落实“四个全面”战略布局要求我们构建以民生导向为基础、以改革导向为动力、以法治导向为保障、以党建导向为引领的科学政绩考评体系。这四种导向如车之四轮，同步同向、相互促进、协同配合，共同推动形成一套逻辑严密、有机统一的政绩考评体系，有力确保“四个全面”战略布局的协调推进。

原载《光明日报》2015 年 6 月 19 日

从"有机统一"中把握"四个全面"

丁晋清

一种战略布局只有从其内在逻辑关系上来认识，才能更全面深刻地把握它。协调推进"四个全面"战略布局，是我们党治国理政方略与时俱进的新创造。这一战略布局内涵丰富、逻辑严密，闪耀着唯物辩证法的思想光辉，体现了诸多"有机统一"。

一脉相承与与时俱进的有机统一。协调推进"四个全面"战略布局不是另起炉灶，而是继承和创新的有机结合。"小康""改革""法治"和"从严治党"，这些提法和思想以前就有，历届中央领导集体高度重视。在继承这些提法和思想的基础上，这一战略布局结合新的时代特征，在"全面"上着力、在"深化"上进取，围绕坚持和发展中国特色社会主义提出了一系列新思想、新观点、新论断、新要求，有不少是马克思主义经典作家没有论及的，彰显了与时俱进的理论品格。

合规律性与合目的性的有机统一。合规律性，是指社会实践活动必须遵循客观规律，按照客观规律办事，否则就会受到客观规律的惩罚。协调推进"四个全面"战略布局，是我们党在清醒认识当今世界和中国发展大势、深刻把握经济社会发展阶段性特征的基础上提出来的，深化了对共产党执政规律、社会主义建设规律、人类社会发展规律的认识。合目的性，是指社会实践活动从长远看必须符合既定的价值目标和理想追求。协调推进"四个全面"战略布局，贯穿马克思主义群众观点和人民立场，彰显我们党立党为公、执政为民的价值追求。整体来看，这一战略布局既合乎社会发展规律，又合乎社会发展目的；既有真理的强大力量，又有价值的巨大魅力。

最高纲领与最低纲领的有机统一。协调推进"四个全面"战略布局，以我们党的最高纲领规定前进方向，提出的现阶段实践性目标切合最低纲领要求，长远性和现实性兼具。全面建成小康社会的战略目标，上接近代以来中华民族伟大复兴历史要求，中继改革开放和社会主义现代化建设新时期发展势头，下启21世纪头20年发展大局，既是社会主义初级阶段的必经环节，又是中国特色社会主义在新时期向何处去的集中表达。全面深化改革、全面依法治国、全面从严治党，则明确了实现这一战略目标的战略举措。协调推进“四个全面”战略布局，是党在社会主义初级阶段基本纲领在现阶段的具体化，为实现党在社会主义初级阶段的奋斗目标奠定了坚实基础，同时体现了中国特色社会主义战略规划的长远性、递进性。

世界潮流与中国特色的有机统一。当今世界，和平与发展是时代主题，改革与创新是大势所趋。协调推进“四个全面”战略布局，顺应这一世界发展潮流。它强调发展是硬道理、是我们党执政兴国的第一要务，改革是社会进步的动力和时代潮流，法治是国家治理体系和治理能力现代化的重要保障，从严治党是执政党加强自身建设的必然要求。同时，这一战略布局在理论表现形式上具有中华民族的特色和神韵，用朴素的话语表达深邃的道理，容易内化为人民群众的思维方式和价值观念，为中国人民所喜闻乐见和自觉实践，是具有中国特色、中国风格、中国气派的战略布局。

原载《人民日报》2015 年 6 月 29 日

“三严三实”：马克思主义政党建设理论的创新与发展

丁晋清

党的十八以来，习近平总书记多次强调，党员干部特别是各级领导干部要严以修身、严以用权、严以律己，谋事要实、创业要实、做人要实。总书记关于“三严三实”的论述，精辟凝练、内涵丰富、指向明确，是新形势下我们党对党员领导干部政治品格和做人操守做出的最基本规范，体现了新一届中央领导集体从严从实的鲜明执政风格，贯穿着马克思主义执政党建设的基本原则和内在要求，是对马克思主义执政党建设理论的创新与发展。

丰富的理论内涵

科学世界观与方法论的有机统一。“三严”主要是教育党员干部树立正确的世界观，以严守魂、以严守道，蕴含着马克思主义信仰、共产主义远大理想和中国特色社会主义共同理想，蕴含着正确的政绩观、权力观、事业观、人生观，是管方向、管根本、管长远的，是“总开关”。“三实”主要是引导党员干部掌握科学的方法论，以实为本、以实提能、以实显绩，是行动路线、工作原则和操作方法。“三严三实”蕴含着严肃的政治原则和严明的纪律要求，蕴含着一切从实际出发、实事求是的思想路线，涵盖修身用权律己、谋事创业做人多个方面，体现了科学世界观和方法论的有机统一。

真理力量与人格力量的有机统一。“三严三实”无论在世界观还是在方法论上，都闪耀着辩证唯物主义真理光芒，能引导人们信服和追求真理，也能引导人们沿着正确的方向去实践，展现了真理力量。另一方面，“三严三实”以从严的精神管党治党，以务实的作风干事创业，集中展现了马克思主义执政党的人格力量，即坚定的理想信念、执着的为民情怀、踏实的工作作风、强烈的担当精神。一个践行“三严三实”的马克思主义政党，能够集中展现该政党及其成员的党性修养、道德情操、领导艺术、榜样作用，具有积极、健康的感召力和影响力。可见，“三严三实”彰显了真理之美和人格之美，是对党员干部道德修养的最好注解，是真理力量和人格力量相统一的有效载体。

改造主观世界与改造客观世界的有机统一。“三严”针对主观世界改造，是内在要求，从信念和世界观上打造党员干部的“金刚不坏之身”。“三实”针对客观世界改造，是行为取向，使党员干部把“三严”内化于心，外化于行。有了“三严”“三实”就有了思想前提；有了“三实”“三严”的实际价值就能得以体现。“三严三实”强调做到主观世界上“严”，客观世界上“实”，严实相成、严以责实，体现了知行合一、主客观世界改造相结合。

思想建党与制度治党的有机统一。全面推进从严治党，需要思想教育和制度治理同向发力、同时发力，通过教育拧紧思想“总开关”，依靠制度增强行为“硬约束”。“三严”的实质是进行思想建党，强调党员干部要从思想上严格要求自己，其核心落于一个“严”字；“三实”是党员干部的行为要求，强调要从思想上的“严”外化于行动上的“实”，而行动上的“实”要想取得长效的结果就必须建立相应的制度并加以固化，要以制度治党来保障。总之，“三严三实”坚持思想建党与制度治党紧密结合，开启刚柔相济的党建新思维。

鲜明的理论特色

科学性。“三严三实”是马克思主义唯物史观基本原理在党建工作中的具体运用和发展，体现了马克思主义的立场、观点和方法。“三严三实”也是我们党在长期实践中，不断总结和运用自身建设正反两方面经验，积极借鉴国外执政党建设的经验教训，深入探索全面从严治党的规律过程中提炼出来的，是对我们党的建设实践经验的科学总结。

创新性。虽然“修身”“用权”“律己”“谋事”“创业”“做人”都是中国人常用词汇，但习近平总书记用“严”和“实”将其重新整合和集成，使之成为一个有机统一的整体，这样就使党对领导干部零散的行为要求，变成了统一而明朗、深刻而易懂的行为规范。“三严三实”用最简洁凝练的话语表达方式，阐明了党员干部的修身之本、为政之道、成事之要，丰富了党要管党、从严治党的思想理念，是马克思主义执政党建设的重大理论创新成果。

时代性。习近平总书记着眼于世界不断发展变化的时代大潮流大趋势，着眼于我们党正在进行的有许多新的历史特点的伟大斗争，突出强调改革方向、问题导向、忧患意识，突出强调保持党的先进性和纯洁性，突出强调党的执政使命，彰显了时代发展变化对党的建设提出的新要求，回应了全国各族人民对中国共产党的新诉求。“三严三实”准确把握了时代特点，体现了鲜明的时代精神，是一个深深打上时代主题烙印的科学理论。

历史性。“三严三实”传承了共产党人的优良传统，与“三大纪律八项注意”“三大作风”“八个坚持、八个反对”以及“八项规定”、反对“四风”等，一脉相承又与时俱进，是对管党治党优良传统和求真务实作风的发展和深化。“三严三实”也蕴含着中华民族优秀传统文化的精华，融汇了修身齐家治国平天下的思想精髓，是对中华文化从政修养精华的继承和发展，是对中国优秀政治道德和个人品德的当代诠释。

整体性。“三严”与“三实”分别指向修身、用权、律己和谋事、创业、做人，六个方面缺一不可，组成一个有机整体。其中，修身、律己是基础，用权是关键，谋事、创业是核心，做人是根本。“三严”不立，“三实”就成为空中之楼阁，只有做到“三严”才能打牢“三实”的思想基础；没有“三实”，“三严”就成了空洞的概念，做到“三实”，才能巩固“三严”。“三严”与“三实”相辅相成、互为因果、相互转化，是不可分割的有机统一体，共同构成我们党关于作风建设的新要求和党员领导干部党性修养的新标准，辩证统一于全面从严治党的伟大实践中。

重大的现实意义

深入推进作风建设的重要举措。高度重视作风建设是党的事业取得成功的宝贵经验和重要法宝。“四风”是当前群众最深恶痛绝、反映最强烈的问题，是损害党群关系的重要根源。“四风”集中表现为不严不实。“三严三实”着重从修身要严、用权要严、律己要严入手，强调谋事要实、创业要实、做人要实，可谓切中了时弊，把准了作风建设的命脉。“三严三实”第一次鲜明地把“严”“实”作为作风建设的新标准，既给为官之道指路，又为行为准则定向，是新常态下党员干部作风建设的“指南针”和“方向盘”，是反对“四风”的锐利思想武器。

实现全面从严治党的战略抓手。全面从严治党，贵在把各项严的要求落到实处，真正转化为从严治党的具体行动，见到实实在在的治党成效。全面从严治党，最为关键的是一个“严”字。“三严三实”的“严”字，包括严教育、严要求、严管理、严监督、严追责、严惩处，蕴含的是严肃的政治追求、严格的组织原则和严明的纪律规范，与全面从严治党的“严”字在本质上是一致的。“三严三实”的“实”字，凸显了党的求真务实、尊重实践、注重实效的工作方法，以“实”的要求推进全面从严治党，才能创造经得起历史、实践和人民检验的实绩。

营造良好政治生态的基础工程。政治生态状况，直接决定着从政环境的好坏，关系着党的形象和人心向背。政治生态清明，从政环境就优良，就能凝心聚力、鼓舞士气。政治生态污浊，庸俗的“圈子”文化、潜规则就会大行其道，必将在党内滋生消极腐败。践行“三严三实”，就是要严肃党内政治生活，进一步明规矩、严纪律、强约束，使全党各级组织和全体党员干部都按照党内政治生活准则和党的各项规定办事，坚决反对吹吹拍拍、团团伙伙、人身依附，坚决反对弄虚作假、投机钻营，努力形成从严从实的氛围，营造风清气正、激浊扬清的政治生态，使每一名干部都能健康成长。

打造过硬执政队伍的有力手段。“三严三实”从精神支柱、价值追求、行为规范等方面，全面阐述了新时期党员干部应有的精神特质，对党员干部作风建设提出了新要求、新标准。“三严三实”是教育培养干部的重要内容，通过纳入各级党校、行政学院和各类干部院校的教学之中，纳入各级党委（党组）中心组的学习之中，有利于引导领导干部的党性修养；是考核评价干部的重要依据，通过制定科学规范的考核体系、严格细致的考核程序、真正有效的考核方法，有利于形成重德才、重实绩的考核评价导向；是监督管理干部的根本要求，通过加强对干部的日常监督管理，对干部身上出现的倾向性问题及时提醒、严肃批评，有利于促进干部队伍健康成长。

原载《光明日报》2015 年 7 月 19 日

新常态下经济效益提升之道

黄铁苗

经济增长速度放缓从根本上来说，是由我国资源与环境决定的。改革开放以来，我国维持了30多年的高速增长，从1979年至2012年，全国经济年均增长速度为9.8%，广东增速则达13.3%，远高于同期世界经济年均增长速度2.8%。在这个过程中，我们付出了极大的资源代价。这种状况不改变，不仅经济发展难以为继，而且会危及当代人的生存安全及子孙后代。提高经济发展质量最根本的就是要提高现有资源的利用效率，即提高经济效益。

坚持从提高经济发展质量和效益为中心，要坚决摒弃规模速度型粗放增长。主要在于，我国资源的利用率低，还有大量的挖掘空间。资料显示：我国综合能源效率约为33%，比发达国家低10个百分点；我国煤炭消耗约占世界的30%，电力消耗约占13%，钢材消耗约占25%，水泥约占50%，我国GDP占世界比重低于13%；资本形成占GDP的比重，1980年为34.9%，1995年为40.8%，2003年为42.7%，2013年为47%，明显高于美国、德国、法国等发达国家一般为20%左右的水平。另有资料显示，我国钢材、木材、水泥的消耗强度分别为发达国家的5至8倍，4至10倍和10至30倍；中国的水资源节约尚有空间，其他各种资源节约空间潜力巨大。可见，我国通过节约资源来提高经济效益，实现经济快速发展是完全可能的。

新常态下如何提高经济效益？

第一，向正确的理念要经济效益。理念是人们行动的先导，做好任何一项工作，都需要正确的理念。提高经济效益是做好经济工作的核心。新常态下，必须具备正确的经济效益理念。经济效益是在环境得到保护和自然资源得到合理利用的前提下，人与自然物质变换过程中所取得的符合社会需要的标准质量的劳动成果与劳动占用和劳动耗费的关系。经济效益的核心是节约。它包括社会生产总过程的全过程全方位的节约：一是投资要克服长期以来盲目投资造成的浪费；二是要生产出高质量的产品；三是要以最低劳动占用和劳动消耗生产出低成本的产品；同时，保护生态环境是前提。

第二，向科技创新要经济效益。从科技发展史来看，科技对社会经济发展最大的作用就在于它能够提高资源的利用效率，也就是实现节约。一部科技创新史就是一部效率提高和资源节约史。但我们也要看到，我国科技创新的贡献还不高。发达国家的经济增长60%靠科技进步的贡献，而我国科技贡献率只有30%。经济新常态下要取得良好的经济效益，必须高度重视科技创新。一是要牢固树立“科学技术是第一生产力”的观念。各级党委和政府要通过学习和培训使广大党政干部深刻认识科技的节约或效率功能，在生产和生活中高度重视节约问题。二是要建立有利于发挥科技节约功能的体制。最重要的是充分发挥市场在资源配置中的决定性作用，就会促使市场主体心往节约上想，力往节约上使，市场的这种巨大能量会使资源的利用效率得到极大提高。三是建立有利于科技发挥节约功能的机制。如科技投资、融资、评价、转化等都要突出其对社会实际的节约功能，将效率放在首位。四是完善和落实有利于科技发挥节约功能的政策。五是建立有利于发挥科技节约功能的法制保障。要通过加强立法和执法使科技创新有法可依，使创新成果得到保护，使对借假科技创新为名出现违法行为的打击有法可依。

第三，向加强全过程节约管理要经济效益。党的十八大报告指出，要节约集约利用资源，推动资源利用方式根本转变，加强全过程节约管理，大幅降低能源、水、土地消耗强度，提高利用效率和效益。全过程节约管理，可以从不同角度进行考察，从马克思的资本循环理论来看，包括供产销三个阶段。首先是供应阶段，从全社会来看，也就是投资阶段，它是生产者根据社会需要将货币资本投入流通，购买生产资料和劳动力，为生产做准备的阶段。这个阶段的节约管理至关重要，市场对资源配置起决定性作用，在这个阶段是关键，即投资者的决策是否正确关系到产品能否卖得出去，价值能否实现，投资能否成功；否则，就会造成巨大浪费。同时，投资者购买的生产资料和劳动力的数量和质量配置也至关重要，它关系到生产过程的劳动效率和产品质量。因此，为了避免投资过程的浪费，投资者必须认真调查研究，不仅要看准产品的销售市场，还要看准原材料、机器设备和劳动力的供应市场。其次是生产阶段，即生产要素进入生产阶段，节约管理最主要的是降低产品成本和保证产品质量。这是全过程节约管理的核心阶段，经营者必须通过一系列制度，防止生产要素的浪费，千方百计提高劳动效率和质量，使产品保质保量投入市场。最后是销售阶段。在这个阶段，产品进入了市场，对经营者实现经济效益同样至关重要。为此，经营者要在市场、交通工具、销售方式上进行科学选择和创新。

第四，向市场经济规律要经济效益。在市场经济条件下，经营者良好的经济效益是通过市场实现的。价值规律是市场经济的基本规律，也是经营者致富的基本规律。价值规律的主要功能是节约。在数量上，它包括宏观和微观两个方面。宏观方面的社会总劳动时间的节约就是要遵循社会生产按比例发展规律，促进经济结构优化，克服盲目生产造成的浪费。微观方面的单位产品的劳动时间节约就是要千方百计降低单位产品的消耗，使一定的投入能获得更多产出，也能为社会提供更多的产品和使自己获利更多。在质量上，价值规律要求商品生产者提供的商品能够达到当时社会生产力水平所能达到的质量标准。这种产品不会因质量不过硬而造成浪费。价值规律的节约功能是通过竞争实现的。政府要当好服务员。在市场经济条件下，政府的作为就是要制定公平合理的竞争规则；及时准确的发布市场信息；根据市场需要，加强基础设施建设；在价值规律的基础上，发挥应有经济职能，有效进行宏观调控，优化经济结构。对企业来说，要在市场经济的海洋中破浪前行，就要深入调查研究，自觉运用经济规律，不断提高驾驭市场经济的能力。

第五，向深化制度体制改革要经济效益。长期以来，我国各方面存在的严重浪费。我国严重浪费问题的存在具有深刻的经济、政治和法律体制原因。从经济体制原因来看，主要在于产权不明晰，即公共生产资料没有真正的所有者，从而使一些人可以不负责任地使用公共生产资料，这就不仅导致了浪费和低效率及低效益，而且这一体制也成为了我国存在腐败问题的重要根源。因此，在推进混合所有制经济改革过程中，一定要将明晰公有产权作为核心。这应该是解决产权不明晰问题的一条有效途径。

原载《经济日报》2015 年 8 月 6 日

中国抗日战争伟大胜利开启了中华民族伟大复兴的新征程

广东省中国特色社会主义理论体系研究中心

习近平总书记在纪念中国人民抗日战争暨世界反法西斯战争胜利70周年大会上的重要讲话中指出："这一伟大胜利，开辟了中华民族伟大复兴的光明前景，开启了古老中国凤凰涅槃、浴火重生的新征程。"这一重要论述，揭示了抗日战争胜利对中华民族历史发展的深远影响，彰显了其对实现中华民族伟大复兴中国梦的重要意义。

一、民族自强是民族复兴的内在要求

古代中国文明灿烂辉煌，长期领先于世界，中华民族备受各国尊重。但近代以来，中华民族积贫积弱，国家四分五裂，人民颠沛流离，饱受列强欺凌。中国人民在一次次抗争中深刻认识到，只有不断提升国家综合实力，才能使中华民族更加坚强有力地屹立于世界民族之林，才能实现中华民族伟大复兴的中国梦。

日本之所以敢于发动全面侵华战争，并企图在短时间内达到吞并整个中国的目的，根本原因在于中国近代以来的落伍，在于当时中日之间国力的差距。回望中国近代史，从鸦片战争到抗日战争前的近百年间，中国政风腐朽、军风废弛、民风散乱，国运衰微。日本自明治维新后迅速走上资本主义发展道路，进入先进工业国家行列，综合国力显著增强；中国则未能跟上世界现代化的步伐，仍属典型的农业国家，综合国力日渐式微。1937年，中国工业产值为13.6亿美元，农业和手工业产值约50亿美元；日本工业产值为60亿美元，农业、渔业和手工业产值约40亿美元。因此，在一定意义上，抗日战争实际上就是落后的农业国反抗先进的工业国的侵略。

经历抗日战争的磨难，觉醒起来的中华民族深刻认识到：落后必然挨打！要摆脱落后挨打的局面，必须发展国家经济，增强国家实力。抗日战争时期，中国共产党在谋划反抗日本侵略之策时，已开始探索中国工业化道路，力图通过国家工业化实现国家经济发展，以赢得抗日战争的胜利。1944 年 5 月，毛泽东在中共中央办公厅为陕甘宁边区工厂厂长及职工代表会议举行的招待会上讲话时指出，日本帝国主义为什么敢于欺负中国，就是因为中国没有强大的工业，“要打倒日本帝国主义，必需有工业；要中国的民族独立有巩固的保障，就必需工业化。我们共产党是要努力于中国的工业化的。”民族自强是民族复兴的内在要求，抗日战争时期中国共产党对中国工业化道路的探索与谋划，就是探索与谋划民族自强之路的重要尝试。

二、为实现民族复兴准备了精神力量

习近平总书记在颁发中国人民抗日战争胜利70周年纪念章仪式上的讲话中指出：“伟大的抗战精神，永远是激励中国人民克服一切艰难险阻、为实现中华民族伟大复兴而奋斗的强大精神动力。”人类文明史告诉我们，民族凝聚力、民族意识、民族精神，是民族复兴不可缺少的要素。在艰苦卓绝的抗日战争中，在中华民族危亡的时刻，中国人民的爱国热情像火山一样迸发出来。在中国共产党倡导建立的抗日民族统一战线旗帜下，“四万万人齐蹈厉，同心同德一戎衣”，中国人民以血肉之躯筑起拯救民族危亡、捍卫民族尊严的钢铁长城，用生命和鲜血谱写了中华民族历史上抵御外侮的伟大篇章。抗日战争胜利增强了民族凝聚力，强化了民族意识，振奋了民族精神，为民族复兴准备了精神力量。

抗日战争时期，面对民族矛盾、国家冲突，一切爱国者与有识之士都认识到：民族利益、国家利益高于阶级利益、党派利益和团体利益。中国各阶级、各政党、各团体自觉发扬“兄弟阋于墙，而外御其侮”的爱国主义传统，放弃阶级、党派、团体之争，团结一致，共赴国难，形成了同仇敌忾、亲密合作的关系。港澳同胞和海外华侨华人心系祖国，从人力、物力、财力上援助祖国抗战，凸显了中华民族的凝聚力。民族凝聚力是民族复兴的前提，抗日战争时期民族凝聚力的增强，为民族复兴创造了条件。

抗日战争时期，中国各族人民都意识到：日本侵华不是针对中国某一个或者某几个民族，而是针对中国各民族；日本军国主义的野心是要灭亡整个中国，奴役中国各族人民。这份清醒、这份觉悟，使中国国内各民族空前团结，分别以不同的方式积极参与抗日战争，使抗日战争真正成为一场全民族的战争。1902 年，梁启超在《论中国学术思想变迁之大势》一文中，第一次提出和使用了“中华民族”这一概念，但在较长时期内各民族并未真正理解其要义。“九一八”事变之后，尤其是全国抗战爆发之后，各民族更加深切地体会到民族共同体的存在及其意义，“中华民族”作为指称中国国内各民族的概念得到各民族人民普遍认同。也正因为如此，中华民族的民族认同感和民族归属感得到前所未有的加强。

伟大的斗争孕育伟大的精神。抗日战争是一场军事实力和经济实力的较量，更是一场意志和精神的较量。抗日战争时期，面对日本的铁蹄、屠刀，中华民族不畏强暴、不甘奴役，彰显了民族精神的魅力，形成了伟大的抗战精神。习近平总书记指出：“在中国人民抗日战争的壮阔进程中，形成了伟大的抗战精神，中国人民向世界展示了天下兴亡、匹夫有责的爱国情怀，视死如归、宁死不屈的民族气节，不畏强暴、血战到底的英雄气概，百折不挠、坚忍不拔的必胜信念。”抗战精神的生成，为民族复兴提供了强大的精神动力。这种爱国情怀既是传统的承继，又具有鲜明时代特征和丰厚社会思想内涵，是激情与理性的结合，不仅蕴含着炽烈而朴素的对祖国的热爱，并且升华为重大的诉求——关切祖国的命运和未来，力求拯救和发展处于危难中的积贫积弱的祖国。这样的爱国主义与当代先进社会思潮和运动融会激扬，使得中国共产党的新民主主义——社会主义理论、纲领、路线和方针及其实践居于核心地位和具有决定意义，进而成为团聚、鼓舞与引导我国各族人民夺取抗日战争胜利的光辉旗帜，也为后来解放战争的胜利与社会主义革命、建设和改革开拓了道路，奠定了必要的精神与思想准备。

三、为民族复兴创造了国际条件

习近平总书记强调指出：中国抗日战争的伟大胜利，“重新确立了中国在世界上的大国地位，使中国人民赢得了世界爱好和平人民的尊敬”。其深刻揭示了这样一个道理：有为才有位，有位方可为。中国人民抗日战争胜利，是近代以来中国抗击外敌入侵的第一次完全胜利，彻底粉碎了日本军国主义殖民奴役中国的图谋，洗刷了近代以来中国抗击外来侵略屡战屡败的民族耻辱，赢得了国际声誉，创造了民族复兴所需要的国际条件。

中国人民抗日战争，是世界反法西斯战争的重要组成部分。它爆发时间最早，持续时间最长，是世界反法西斯战争的东方主战场，有力地支援了反法西斯盟国在各个战场的作战。中国抗击着日本陆军主力，制约了日本“北进”战略，减轻了苏联东方作战的压力，有力地支援了苏联的卫国战争；中国牵制了日本的“南进”战略，推迟了太平洋战争的爆发，有效地支援了美、英等盟国在太平洋战场的作战；中国牵制了日本的“西进”

战略，使日德在中东会师的计划化为泡影；中国牵制了轴心国的结盟战略，使日德意同盟有名无实，实际上处于各自为战的状态。此外，中国远征军入缅作战，极大地支援了盟国在缅甸的作战。因此，中国的抗日战争在战略上有力地配合和支持了世界各国的反法西斯战争，在世界反法西斯战争的战略格局中具有举足轻重的地位。因为如此，中国的抗日战争赢得了国际社会的普遍认可和高度赞赏。1942 年 2 月，美国总统罗斯福作出了这样的评价："中国人民，武装起来的和没有武装的都一样，在十分不利的情况下，对于在装备上占极大优势的敌人，进行了差不多 5 年坚决抗击所表现出的顽强，乃是对其他联合国家军队和全体人民的鼓舞。"同年 4 月，英国首相丘吉尔这样估价中国战场的作用："中国一旦崩溃，至少会使日军 15 个师团，也许有 20 个师团腾出手来。其后，大举进犯印度，就确实可能了"；而如果日本进军西印度洋，"必然会导致我方在中东的全部阵地崩溃。而能防止上述局势出现只有中国"。英国牛津大学教授拉纳·米特认为，中国是第一个对抗轴心国的国家，早于英国和法国两年，早于美国四年。中国率先开辟的东亚战场是整个反法西斯战争的重要组成部分，而"卢沟桥事变"开始的抵抗是世界反法西斯战争的伟大开端。这些基于历史事实的评价，彰显了中国抗战的世界意义和国际影响。

习近平总书记强调指出："世界反法西斯战争的胜利，彻底粉碎了法西斯主义和军国主义通过战争称霸世界的野心，彻底结束了列强通过争夺殖民地瓜分世界的历史，彻底瓦解了在世界上存在了几百年的殖民体系，对维护世界和平、促进共同发展产生了重大而深远的影响。"在那场艰苦卓绝的反侵略战争中，中国人民同反法西斯同盟国以及各国人民并肩战斗，为世界反法西斯战争胜利作出了重大贡献。从此开始，中国开始在国际上确立大国地位。1942 年 1 月 1 日，由中、美、英、苏 4 国领衔，包括世界上 26 个国家的代表在华盛顿签署了《联合国家宣言》，标志着国际反法西斯统一战线的正式形成。第二次世界大战中后期，同盟国主要国家召开了一系列重要国际会议，商讨共同打败德日意法西斯的行动计划和战后建立国际新秩序的行动方案，中国在其中发挥了重要作用。1945 年 4 月 25 日至 6 月 26 日，联合国制宪会议在美国旧金山举行，中国共产党代表董必武与国民政府代表共同组成中国代表团出席会议，这是中国共产党的代表第一次公开出现在国际舞台上。旧金山会议讨论并签署了《联合国宪章》，中国成为联合国安理会五个常任理事国之一，这是中国大国地位确立的重要标志，由此迈开了民族复兴的关键一步。

四、为民族复兴锻造了领导核心

中国共产党是抗日战争的中流砥柱，抗日战争也使中国共产党自身得到发展，为民族复兴锻造了领导集体、选择了发展道路，这一点最为重要。

艰难困苦，玉汝于成。经过14年抗战，中国共产党的力量得到迅速发展。中国共产党领导的军队从全面抗战爆发时的4万多人发展到抗战胜利时的127万多人，民兵发展到260万人，先后在华北、华中、华南建立了拥有1亿人口和100万平方公里面积的19块抗日根据地，成为左右中国政治生活中的重要力量。共产党领导的抗日根据地成为爱国民主人士和广大群众人心所向的“圣地”，没有以共产党为核心的人民力量的壮大，就不会有抗日战争的胜利。在抗日根据地，中国共产党制订与实施了减租减息、鼓励垦荒、发放农贷、发展商业等一系列经济政策，不仅使抗日力量得以在贫困地区生存，并且在一定程度上改善了人民的物质生活，赢得了民众的支持。中国共产党在抗日根据地实行的“三三制”等民主政策，开风气之先，为中国政治发展带来了新的景象。中国共产党在抗日根据地局部执政的实践，为执掌全国政权积累了经验。

抗日战争使中国共产党经受了锻炼和考验。抗日战略与战术的选择、抗日方针与政策的制定，提升了中国共产党准确把握形势、应对复杂局面、动员各方力量、协调各种关系的能力，而抗日民族统一战线的形成与发展也奠定了社会各阶层对于中国共产党的认同与拥护，彰显了以毛泽东同志为代表的中国共产党人的雄才伟略、高超智慧与宏大胸怀。

正确道路的选择对于民族复兴至为重要。抗日战争时期，毛泽东在《中国革命和中国共产党》《新民主主义论》《论联合政府》等文章或报告中，系统阐释了新民主主义革命理论，指明了抗战胜利后的中国社会发展道路，即经过新民主主义社会，走向社会主义社会。如此，避免了中国资本主义的前途，为实现民族复兴找到了正确道路。

经过抗日战争时期的奋斗、创造，中国共产党塑造了良好的政党形象，向全国人民、国际社会展示了中国共产党的魅力和中国的未来。大批爱国青年尤其是青年知识分子之所以向往延安，突破重重封锁来到延安，道理正在这里。美国记者、大后方报纸记者、民主人士等访问延安之后，都不约而同地把新中国的希望、把中华民族复兴的希望寄托在延安、寄托在中国共产党身上。抗日战争是中华民族历史发展的转折，也是中国共产党历史发展的转折。从此，在国共两党的较量和博弈中，中国共产党逐渐赢得了主动、赢得了民心，并最终赢得了政权。

实现中华民族的伟大复兴，是近代以来中国人的梦想，抗日战争的胜利，捍卫了中华民族5000多年发展的文明成果，开启了民族复兴的伟大征程。经历抗战胜利后70年发展，中华民族日渐接近伟大复兴的目标。在中国共产党领导下，坚持以马列主义、毛泽东思想、中国特色社会主义理论体系为指导，沿着中国特色社会主义道路，按照“四个全面”战略布局，弘扬伟大的爱国主义精神和抗战精神，创造了具有5000多年历史辉煌文明的中华民族，也一定能创造出更加灿烂的明天，一定能够实现民族伟大复兴的中国梦。

原载《光明日报》2015年9月5日

（执笔人：蒋斌、陈金龙、张磊、周薇、刘伟）

大数据时代的创业趋势

岳理

面对信息化潮流，只有积极抢占制高点，才能赢得发展先机。世界正迈入大数据时代，随着互联网技术的不断发展，大数据成为一种重要资源，有利于推动创业创新。在此背景下，中央提出将“大众创业、万众创新”作为新常态下我国经济发展的一个重要引擎，是恰逢其时的时代号角。

一

大数据是以容量大、类型多、存取速度快、应用价值高为主要特征的数据集合，正快速发展为对数量巨大、来源分散、格式多样的数据进行采集、存储和关联分析，从中发现新知识、创造新价值、提升新能力的新一代信息技术和服务业态。大数据之所以对于创业具有不同寻常的意义或价值，是因为大数据拥有以下特征：

一是大数据分析模式可激发创造力。传统研究方法是先提出假设，然后收集和分析数据来验证这种假设，即用一系列的因果关系来验证各种猜想。大数据时代探索世界的方法，不再始于假设，而是始于数据，根据数据发现以前不曾发现的联系。这种大数据分析模式不受限于传统的思维模式，因而能为人们提供更广阔的视野以及更新的角度。

二是大数据分析技术能预测和满足个性化需求。大数据的核心是预测，预测建立在对海量结构性和非结构性数据进行相关性分析的基础上。大数据技术可以对人的需求进行分析预测，有了个性化数据作为支撑，大数据服务将变得更为精准有效，每个人都可以通过大数据实现个人的喜好。电子商务推荐我们想要的商品，搜索引擎提供个性化排序，教育机构根据个人需求有针对性地提供教育培训，金融机构帮助用户进行有效的理财管理或提供贷款服务，企业通过技术支持实时获得客户的在线记录，并及时为他们提供定制化服务。以前创业者可能在生产产品后再寻找潜在消费人群，而在大数据时代，创业者可能基于需求倒推到产品生产环节。

三是云计算可使数据存储和数据分析成为一种公共服务。云计算将数据存储和数据分析转变为一种服务，这是一个重大的变革。云服务包括基础架构、平台和软件等3个层次。服务器、数据和软件都将保存在私营公司的平台上，创业者可以在平台上开发、部署、运行自己的应用程序，服务的收费取决于存储量、计算量、访问量等指标。借助“云”可实现公共资源的“按需配置”，不仅可节约资金，还可提高公共服务的质量。

二

大数据时代的创业趋势有如下几个特征：

其一，大数据服务走向订阅式定价模式，创业服务更个性，创业人群更普遍。订阅式定价模式是未来大数据服务的方向。这种模式使创业服务更个性化，从而扩大创业人群。目前，国内已形成平台型企业孵化器、创业咖啡、创业媒体、创业社区等孵化形态，共同构成市场化、专业化、集成化、网络化的“众创空间”。

其二，开放数据和开源技术使创业门槛降低，创业机会大大增加。大数据时代，人们寻找创业机遇，最重要的是数据收集和分析能力，从数据中找到好点子。首先，大数据技术在萌芽阶段就是开源技术，这会给基础架构硬件、应用程序开发工具、应用、服务等各个方面的相关领域带来更多的机会。其次，创业者不需要是统计学家、工程师或者数据分析师也可以轻松获取数据，然后凭借分析和洞察力开发可行的产品。此外，将众多数据聚合，或者将公共数据和个人数据源相结合，新数据组合能开辟出产品开发的新机遇。

其三，大数据技术本身的发展，带来全新的创业方向。大数据时代，创新带动创业发展。大数据相关技术的发展，将会创造出一些新的细分市场。比如，数据技术产业，包括硬件方面的智能管道、物联网、服务器、存储、传输、智能移动设备等，软件方面的语言、数据平台、工具、结构与非结构数据库、应用软件等，服务方面的IDC、云计算、WEB应用等；数据采集业，包括定位、支付、SNS、邮件等行业；数据加工业，包括数据挖掘、数据分析、数据咨询等产业。这些都为创业者们提供了新的机遇。

三

当前，大数据时代下的创业热潮，需要政府大力支持，打破一切体制机制的障碍，让每个有创业愿望的人都拥有自主创业的空间，让创新创造的血液在全社会自由流动。

第一，建设数据开放型政府。坚持深化改革，营造创业环境。建立国家政府数据统一开放平台，建立政府部门和事业单位等公共机构数据资源清单，制定实施政府数据开放共享标准，对各公共部门完成开放数据任务情况进行审计，以促进公共服务数据的开放性，建设一个数据开放型的政府。

第二，形成数据开放与共享的机制。坚持开放共享，推动模式创新。依托“互联网+”等新技术构建最广泛的创业平台，鼓励发展众创、众包、众扶、众筹等，使创业资源配置更灵活、更精准，凝聚大众智慧，形成内脑与外脑结合、企业与个人协同的创业新格局。推动科学家和企业之间共享数据的制度建设；建立信息共享的通用标准，使其广泛可用；鼓励更多的专家研究、管理和使用数据。

第三，建立数据治理制度。开放、流通的数据是释放大数据价值的基本要求，以大数据推动创业需要完善的数据治理制度。首先，宏观上的顶层设计要解决“数据割据”问题，微观上的管理要注重“数据质量”，包括数据的正确性、完整性和一致性。其次，制定统一的政府开放数据标准，明确数据开放的范围、方式、内容、细化程度及数据格式。此外，还要建立相应的法律法规，界定数据资产的归属和使用，以解决挖掘数据商业价值与侵犯个人隐私之间的矛盾。

原载《经济日报》2015 年 9 月 14 日

历史昭示的伟大真理

丁晋清

习近平总书记在纪念中国人民抗日战争暨世界反法西斯战争胜利70周年大会上的重要讲话，站在历史发展和民族复兴的高度，宣示了铭记历史、缅怀先烈、珍爱和平、开创未来的正义立场，阐述了历史所昭示的伟大真理：正义必胜，和平必胜，人民必胜。这一伟大真理是以史鉴今的启示录，也是继往开来的宣言书，彰显了中国人民维护世界和平的坚强决心，宣示了实现中华民族伟大复兴中国梦的坚定意志，必将极大地振奋民族精神。

抗日战争的胜利彰显正义必胜。马克思主义认为，战争的正义与否在于是否顺应历史发展趋势，能否促进历史进步，是否符合广大人民群众的根本利益。凡是反侵略、反压迫、反奴役的战争，因为符合大多数人利益，能够促进历史进步，所以是正义战争；反之，则是非正义战争。战争正义与否，影响甚至决定战争胜负。正义战争能得到广大人民的支持，能够唤醒民众和激发士气，战争的力量对比就会向着有利于正义一方转化。正义一方开始时也许力量还比较弱小，中间会遇到挫折，但从历史的长河看，从历史发展的趋势看，正义的力量最终会战胜邪恶的力量，正义战争是必然胜利的。日本帝国主义发动侵华战争，露骨地表明灭亡中国、征服亚洲、称霸世界的狂妄野心。日本侵略者灭绝人性的野蛮暴行，包括令人发指的南京大屠杀和细菌战、化学战和人体活体试验等，更使日本法西斯践踏人类良知和正义的本质暴露无遗。日本发动侵华战争一开始就具有非正义性质，是反人类、反人道、反文明的罪恶行径。中国人民抗日战争是中国人民反抗日本军国主义侵略、收复领土主权、争取民族解放、捍卫自由独立的正义战争，是进步的反侵略战争。不仅如此，中国人民抗日战争也是铲除法西斯、保卫世界和平、拯救人类文明、捍卫人类进步事业的正义战争。正义性是中国人民抗日战争的根本特征。抗日战争时期，虽然中国的军事力量远不如日本，但战争的正义性在中国一边，在人心、觉悟、勇敢、智慧方面，中国占有优势，能够逐步克服物质和军力上的不足。战争的正义性推动中国人民以巨大的民族觉醒、空前的民族团结和英勇的民族抗争赢得抗日战争的决定性胜利。战争的正义性也使中国得道多助，敌人失道寡助，世界大多数国家纷纷同情和广泛支持中国。所以，战争的性质，从根本上决定了人心向背，决定了战争必然以侵略者的失败而告终。抗日战争的胜利是正义力量的胜利。《开罗宣言》《波茨坦公告》《联合国宪章》、东京大审判等维护了第二次世界大战的胜利成果，伸张了国际公平正义，维护了人类尊严，代表了全世界所有正义的人民的共同心愿。拥护正义战争、反对非正义战争，本是人类的良知。但70年后的今天，日本右翼势力依然故意歪曲战争性质，模糊是非界限，抛出“侵略未定论”，否认“南京大屠杀”“慰安妇”等历史罪行，公然践踏人类良知和正义。历史已经并将继续证明，正义必定战胜邪恶，光明必定战胜黑暗，进步必定战胜反动，这是颠扑不破的真理，是人类社会的普遍规律。

抗日战争的胜利彰显和平必胜。战争和苦难是人类之祸，和平与安宁是人类之福。和平是一切发展的前提，是人类生存的保障，只有在和平的环境下，人民才能安居乐业，社会才能发展进步，世界才能和谐太平。和平、发展、进步是人类社会永恒的主题，也是人类为之不懈奋斗的目标。和平必胜，反映了战争发展的最终结局和历史发展的总趋势。从世界范围看，从历史发展趋势看，和平力量最终大于战争力量，和平最终总会取代战争。怀着对和平的渴望与追求，无数中华儿女甘愿牺牲，抛头颅洒热血，拿起刀枪冲上前线。在和平的旗帜下，反法西斯国家的人民互相支持，并肩作战，战胜德、日、意三个法西斯国家，最终赢得了世界的总体和平。中国人民抗日战争和世界反法西斯战争的胜利是和平力量的胜利。战争是一面镜子，战争造成的苦难和伤痛，让人们更懂得和平的宝贵，牢记战争给人类带来的惨痛教训，警示世人珍惜和维护来之不易的和平。第二次世界大战，全世界的军队和民众伤亡超过1亿人，其中中国伤亡人数超过3500万，这是给人类带来沉重灾难和惨痛教训的战争悲剧，绝不可以再让历史重演。和平与发展是时代的主题，捍卫和平的正义力量日益强大，维护世界和平的国际共识不断扩大，这是不可抗拒的历史潮流。捍卫中国人民和世界爱好和平的人们用鲜血和生命缔造的战后和平环境秩序，不断促进世界人民共同发展的良好局面，是中国人民的坚定选择，也是人类共同的福祉所在。为了人类的和平，需要树立人类命运共同体意识，抛弃偏见与歧视。为了人类的和平，中国将始终坚持走和平发展道路，将裁减军队员额30万，是中国对维护世界和平的郑重宣誓和承诺。为了人类的和平，中国人民将坚持同世界各国人民友好相处，坚决捍卫中国人民抗日战争和世界反法西斯战争胜利成果，努力为人类作出新的更大的贡献。历史已经并将继续证明，相互尊重、平等相处、和平发展、共同繁荣，才是人间正道，穷兵黩武、强权独霸从来不是也不可能是人类和平之策。“好战者必亡”，谁敢冒天下之大不韪，蓄意挑衅战后秩序与践踏和平精神，等于自绝于世界爱好和平的国家和人民，必将搬起石头砸自己的脚。

抗日战争的胜利彰显人民必胜。唯物史观认为，人民群众是历史的创造者，是推动历史发展的决定性力量。人民群众提供战争的物质基础，补充兵员，支援前线，特别是民心的向背从根本上制约着战争的最终结局，决定着战争的命运。人民群众在战争中的主体地位和决定作用表明，兵民是胜利之本，战争的伟力之最深厚的根源，存在于民众之中。人民必胜反映的是战争蕴含的历史规律。虽然武器是战争制胜的重要因素，但不是决定性因素。抗战期间，我们党号召“全国人民总动员”，进行“全面的抵抗”，提出“民力和军力相结合，将给日本帝国主义以致命的打击。民族战争而不依靠人民大众，毫无疑义将不能取得胜利”，强调必须以人民战争的整体战抗衡敌人的“总力战”。在民族危亡之际，中国人民在抗日民族统一战线的旗帜下，空前觉醒和团结起来，同仇敌忾、共赴国难，形成全民族抗战的生动局面，筑起了捍卫中华民族新的万里长城。在前线、在沦陷区、在大后方，人民群众纷纷组织起来，灵活机动地开展破袭战、地道战、地雷战、麻雀战，使敌人鬼哭狼嚎、闻风丧胆。正面战场和敌后战场相配合，军队和老百姓相结合，武装斗争与非武装斗争相结合，公开斗争与隐蔽斗争相结合，使日本侵略者陷入了人民战争的汪洋大海之中，彻底打破其“三个月内灭亡中国”的图谋。中国人民抗日战争的胜利，是全民族抗战的胜利。在新的历史条件下，人民战争依然具有遏制战争发生的威慑力量，动员群众、依靠群众仍然是我们打赢信息化条件下局部战争的优势和法宝。中国人民“有同自己的敌人血战到底的气概，有在自力更生的基础上光复旧物的决心，有自立于世界民族之林的能力”，用智慧和力量汇集起不可战胜的磅礴力量，一定能够战胜前进道路上的各种艰难险阻，一定能够粉碎胆敢侵犯我国主权、安全和领土完整的任何图谋，一定能够粉碎阻挡全面建成小康社会、阻挡实现中华民族伟大复兴中国梦的任何势力。

“历史是最好的教科书，也是最好的清醒剂。”我们正是因为经历了战争的磨难，才更加坚信正义的力量，更加懂得和平的珍贵，更加信服人民的伟大；正是因为经历了战争的磨难，才坚决捍卫正义的抉择、和平的发展、人民的意志。让我们铭记历史所启示的伟大真理，增强励精图治、奋发图强的历史使命感和责任感，为实现民族复兴的伟大梦想而不懈奋斗。

原载《光明日报》2015 年 9 月 30 日

积极稳妥推进国有企业混合所有制改革

朱前鸿　刘伟

推进国有企业混合所有制改革是党的十八届三中全会确定的重大任务，是深化国有企业改革的重要举措，也是实现我国基本经济制度的重要形式。中共中央、国务院近期出台的《关于深化国有企业改革的指导意见》，对推进国有企业混合所有制改革作出了战略部署。习近平总书记明确指出，“推进国有企业改革，要有利于国有资本保值增值，有利于提高国有经济竞争力，有利于放大国有资本功能。”因此，推进国有企业混合所有制改革，必须立足我国基本经济制度，认清混合所有制改革的方向，在不断提高对中国特色社会主义市场经济的认识和驾驭能力过程中，积极稳妥推进国有企业混合所有制改革。

一、推进国有企业混合所有制改革必须立足基本经济制度，夯实底线意识，致力于巩固国有经济主导地位，带动公有制经济实现整体发展壮大

我国基本经济制度是以公有制为主体、多种所有制经济共同发展的制度，与以私有制为主体的西方国家经济制度有根本区别。我国的混合所有制经济是在坚持社会主义市场经济改革方向的前提下，通过不同资本混合而形成的新的市场主体，是公有制经济的载体和重要实现形式之一，这种混合既可以是国有企业和国有资本的混合，也可以是国有企业和非国有资本的混合，其目的是通过不同资本的融合，实现法人治理结构优化和体制机制创新，以激发企业活力和创新驱动原动力，在社会主义市场经济环境下做强做大国有企业。可见，推进国有企业混合所有制改革旨在促进不同资本间优势互补，实现 1 +1 >2 的倍增效应，是国有企业深化改革实现突破的一个重要方向，也是经济新常态下巩固我国基本经济制度的理性选择。

二、推进国有企业混合所有制改革必须按照公益类与商业类分类推进的原则，确保国有资本保值增值

要坚持问题导向，发挥混合所有制改革形成的体制机制优势，排除原有藩篱和格局的影响，形成创新驱动原动力与风险防范能力，实现国有资本的保值增值。要发挥国有资本优势，对发展潜力大、技术创新力强、成长性高的非国有企业加大股权投资，积极发挥国有经济在加快形成以创新为主要引领和支撑的经济体系和发展模式进程中的支撑作用。我们要重点发挥国有企业在优势产业上的主导作用与在管理运作上的规范优势，通过混合所有制改革搭建的新平台，集聚社会资本和民间优势，激发企业的活力和创造力，激活带动国有企业整体做强做优做大、实现整体发展。与此同时，还要积极灵活探索混合所有制改革的多种形式，在有利于基本经济制度完善和国有资本保值增值的前提下，宜独资则独资，宜控股则控股，宜参股则参股，不搞一刀切，不搞一哄而上。

三、推进混合所有制改革必须为国有资本提高竞争力提供法制保障

发展混合所有制经济，基本政策已经明确，关键是细则，成败也在细则。细则立，则竞争力成；细则不立，则竞争力溃。推进国有企业混合所有制改革不是玩股权游戏，而是着眼于创新社会主义市场经济发展的新的体制机制体系，通过体制机制的战略安排，在制度规则上为国有资本竞争力的提高提供法治保障。混合所有制经济作为实现基本经济制度一种新的重要形式，不可能一蹴而就，也不会一混就灵，更不能一混了之，必须整体谋划系统推进，关键在体制机制的创新，在经营机制的转换，而不是简单的股权上的你进一点，我退一点，也不是谁说了算的问题。细则决定成败，细则就是系统。抓好细则建设，就扭住了国有企业混合所有制改革的牛鼻子。抓细则，不能墨守成规、瞻前顾后，要敢破善立，做好顶层设计。抓细则，不能一鳞半爪、顾此失彼，要善于用系统的思维，构建制度规范体系。抓细则，不能一叶障目、只顾眼前，要着眼于长远发展，建设长效机制。

四、进一步加强国有企业领导班子建设和人才队伍建设

稳妥推进混合所有制改革，做强做优做大国有企业，就要进一步加强国有企业领导班子建设和人才队伍建设，善于发挥企业家的作用。要根据改革发展需要，明确选人用人标准和程序，创新选人用人方式。要强化党组织在企业领导人员选拔任用、培养教育、管理监督中的责任，支持董事会依法选择经营管理者、经营管理者依法行使用人权，坚决防止和整治选人用人中的不正之风。要加强对国有企业领导人员尤其是主要领导人员的日常监督管理和综合考核评价，及时调整不胜任、不称职的领导人员，切实解决企业领导人员能上不能下的问题。要以强化忠诚意识、拓展世界眼光、提高战略思维、增强创新精神、锻造优秀品行为重点，加强企业家队伍建设，充分发挥企业家作用。要大力实施人才强企战略，加快建立健全国有企业集聚人才的体制机制。要实行与社会主义市场经济相适应的企业薪酬分配制度，建立健全与劳动力市场基本适应、与企业经济效益和劳动生产率挂钩的工资决定和正常增长机制，推进全员绩效考核，以业绩为导向，科学评价不同岗位员工的贡献，合理拉开收入分配差距，切实做到收入能增能减和奖惩分明，充分调动广大职工积极性。对国有企业领导人员实行与选任方式相匹配、与企业功能性质相适应、与经营业绩相挂钩的差异化薪酬分配办法。对党中央、国务院和地方党委、政府及其部门任命的国有企业领导人员，合理确定基本年薪、绩效年薪和任期激励收入。对市场化选聘的职业经理人实行市场化薪酬分配机制，可以采取多种方式探索完善中长期激励机制。要健全与激励机制相对称的经济责任审计、信息披露、延期支付、追索扣回等约束机制。

原载《经济日报》2015 年 10 月 8 日

抗日战争胜利纪念的社会功能

陈金龙

9月3日，中国人民抗日战争暨世界反法西斯战争胜利70周年纪念大会在天安门广场隆重举行，习近平总书记发表重要讲话，并举行了阅兵仪式，这是历次抗战胜利纪念规格最高、影响最大的一次，赢得了国际社会的广泛关注和高度评价。

解放战争时期，哈尔滨、沈阳等地曾选择日本宣布投降日举行抗战胜利纪念活动。1949年12月23日，中央人民政府政务院通过统一全国年节和纪念日放假办法。其中，将8月15日确定为抗战胜利纪念日。1951年7月9日，东北局宣传部提议以“九三”为战胜日本纪念日，得到中央批准。同年8月29日，中央发出关于纪念“九三”胜利日的通知，要求各省会以上城市举行代表性纪念会，会上应有各党派和群众代表作简短演说，并在各工厂学校举行小规模的讲演会、座谈会。1955年8月3日，中央发出通知，规定逢“九三”纪念，“各地不必举行纪念集会，而由报纸发表一些纪念文章”，简化了纪念形式。同年9月3日，《人民日报》发表社论《伟大的十年》，回顾了抗日战争胜利后十年中国发生的变化，彰显了中国对于世界和平事业的贡献。抗日战争胜利20周年纪念时，纪念形式有所调整。1965年9月3日，首都各界万余人在人民大会堂举行集会，庆祝抗日战争胜利20周年。刘少奇、周恩来、朱德、邓小平出席，大会由彭真主持，罗瑞卿发表讲话。“文化大革命”时期，“九三”纪念受到冲击，但并没有完全停止。1970年9月3日，为纪念抗日战争胜利25周年，《人民日报》《解放军报》联合发表社论《打倒复活的日本军国主义》；1975年9月3日，《人民日报》发表社论《纪念抗日战争胜利三十周年》。改革开放后，中国共产党和中国政府更为重视抗战胜利纪念，先后举行了中国人民抗日战争暨世界反法西斯战争胜利40、50、60周年纪念大会。2014年2月，十二届全国人大常委会第七次会议决定，将9月3日确定为中国人民抗日战争胜利纪念日，提升了纪念规格。围绕抗日战争胜利70周年，中央及全国各地举行了系列纪念活动，形成了浓厚的纪念氛围。综观新中国成立以来的抗战胜利纪念，其保存历史记忆、表达政治主张、塑造国家形象、协调国际关系、维护世界和平的功能得到了充分体现。

保存历史记忆。日本侵华战争给中华民族带来了巨大创伤，留下了痛苦的记忆；抗日战争胜利成为中华民族历史发展的转折，开启了民族复兴的征程。抗战胜利纪念通过特定的方式，可将人们带入历史的时空，回到历史的场景，去感受历史、触摸历史，因而成为保存历史记忆的重要途径。抗日战争性质关系战争整体评价，是保存历史记忆的关键。习近平总书记在讲话中，将抗日战争定性为“正义和邪恶、光明和黑暗、进步和反动的大决战”。这一战争性质的科学定位，有利于分清历史是非，还原历史真相。回溯抗日战争的历史事实，是保存历史记忆的基础。历次抗战胜利纪念通过呈现战争给中国人民造成的灾难和损失，追忆 14 年反抗日本军国主义侵略，特别是 8 年全民族抗战的艰苦岁月，彰显中国共产党的中流砥柱作用和中国人民抗日战争在世界反法西斯战争中的地位，并从民族复兴的高度揭示抗日战争胜利的历史意义。历史是教科书、营养剂，抗战胜利纪念的主旨在于总结历史经验，以启迪现实、开创未来。历史经验是历史记忆的核心内容，保存历史记忆关键是总结和借鉴历史经验。历次抗战胜利纪念从中国共产党的作用、民族觉醒与民族团结、国际援助和支持等不同维度，对抗战胜利的历史经验进行了总结和升华。

塑造国家形象。国家形象由多方面的要素构成，既有历史的，也有现实的，抗战胜利纪念从历史与现实两个方面，夯实了国家形象建构的基础。尊重历史、敬畏历史，是理性国家对待历史应持的基本态度。抗战胜利 70 周年纪念期间，习近平总书记向 30 名抗战老战士老同志、抗战将领、帮助和支持中国抗战的国际友人或其遗属代表颁发了纪念章；阅兵仪式上，由 300 余名抗战老兵、英烈子女、抗战支前模范组成的两个乘车方队，行进在受阅方队最前面。这说明，中国共产党和中国政府没有忘记英雄，没有忘记为中国抗战胜利作出贡献、流血牺牲的抗日英雄、抗日英烈、国际友人。抗战胜利纪念表达了对历史的尊重和敬畏，这是建构国家形象的重要基石。彰显中国在世界反法西斯战争中的地位，既是保存历史记忆的需要，也有利于建构中国的大国形象。习近平总书记强调：“中国人民以巨大民族牺牲支撑起了世界反法西斯战争的东方主战场，为世界反法西斯战争胜利作出了重大贡献。”“东方主战场”的历史评价，为塑造国家形象、提升国家地位提供了历史支撑。抗战胜利纪念展示了国家的军事实力、经济实力与民族凝聚力，唤起了中华民族的共同记忆，强化了国家意识与国家认同。从民众对于抗战胜利纪念的关注、参与抗战胜利纪念的热情、观看阅兵仪式后的自豪与自信不难看出，抗战胜利纪念增强了民族凝聚力，为国家发展、民族复兴储备了精神力量。

表达政治主张。一个国家和政党表达政治主张有多种载体和平台，纪念活动是其中之一。借助抗战胜利纪念，中国共产党和中国政府表达了弘扬抗战精神、实现中华民族伟大复兴的愿望和决心。20 世纪 30 年代，中国之所以遭遇日本入侵，一个重要原因是国力衰微。抗日战争胜利的历史表明，只有实现国家富强、民族复兴，才能免遭其他国家的侵略。因此，表达对于民族复兴的期盼，动员民众投身现代化建设，成为抗战胜利纪念的重要内容。习近平总书记强调："实现中华民族伟大复兴，需要一代又一代人为之努力。"抗战精神是支撑中华民族赢得抗战胜利的精神支柱，也是抗日战争留给我们最宝贵的精神财富。纪念抗日战争胜利，最重要的是传承抗战精神，并结合时代要求拓展抗战精神的内涵。在 69 周年纪念座谈会上，习近平总书记指出："在中国人民抗日战争的壮阔进程中，形成了伟大的抗战精神，中国人民向世界展示了天下兴亡、匹夫有责的爱国情怀，视死如归、宁死不屈的民族气节，不畏强暴、血战到底的英雄气概，百折不挠、坚忍不拔的必胜信念。"习近平总书记在颁发中国人民抗日战争胜利 70 周年纪念章仪式上的讲话，对抗战精神的内涵进行了诠释，并且强调："伟大的抗战精神，永远是激励中国人民克服一切艰难险阻、为实现中华民族伟大复兴而奋斗的强大精神动力。"如此，既表达了弘扬抗战精神的要求，也彰显了弘扬抗战精神的意义。

协调国家关系。中国人民的抗日战争引起了国际社会的关注，赢得了国际社会的支持，这是促成抗日战争胜利的重要因素。对此，中国共产党和中国政府借助抗战胜利纪念表达了谢意。1953 年 9 月 2 日，毛泽东、周恩来致电苏联马林科夫、莫洛托夫时说："中国人民在反抗日本帝国主义侵略的长期艰苦战争中以及在最后击败日本帝国主义的战斗中，自始至终获得了苏联人民的支持和援助。特别是在一九四五年，因为苏联武装部队的参战，和中国人民一起，击败了日本帝国主义，取得了最后的胜利。"改革开放后的抗战胜利纪念，同样不忘鸣谢苏联及其他国家对于中国抗战的支持。习近平总书记在 70 周年纪念大会上的讲话指出："中国人民抗日战争也得到了国际社会广泛支持，中国人民将永远铭记各国人民为中国抗战胜利作出的贡献！"这种不忘历史、牢记友谊的态度，对于国际关系协调无疑具有积极意义。这次抗战胜利纪念引起了国际社会的共鸣，俄罗斯总统普京、韩国总统朴槿惠、联合国秘书长潘基文等外国政要、国际组织的负责人参加纪念大会并出席阅兵仪式，17 个国家派出方阵或代表参加阅兵，还有部分国家派出军队观摩团来华参加阅兵观礼。国际社会对中国抗战胜利纪念的参与和支持，增进了中国与友好国家的往来，成为协调国际关系的重要途径。

维护世界和平。经历战争苦难的人们，更加懂得和平的珍贵。习近平总书记强调："我们要以史为鉴，坚定维护和平的决心"，"牢固树立人类命运共同体意识"，"始终坚持走和平发展道路"，并宣布中国将裁减军队员额30万。这是中国共产党和中国政府为维护世界和平所作出的承诺和努力，进一步表明了中国维护世界和平的决心和勇气，有利于消除国际社会对中国崛起的忧虑和误解。日本军国主义的复活，是威胁世界和平的重要因素。出于维护世界和平的考虑，中国共产党和中国政府借助抗战胜利纪念，表达了对于日本军国主义复活的基本态度。1955年抗战胜利十周年纪念时，《人民日报》发表社论申明："反对战争，保卫和平是中日两国人民的共同愿望，两国人民决不允许日本军国主义复活，决不允许战争的惨剧重演。"然而，中国政府和中国人民的强烈态度，未能抑制日本军国主义复活的势头，在日本国内，企图复活军国主义的行为从来没有停止过。1970年9月3日，《人民日报》《解放军报》联合发表社论强调：在美国的扶植下，"日本军国主义已经复活，重新成为危险的侵略势力和战争势力"，并列举了具体事实，要求亚洲各国人民密切关注这一"无可争辩的现实问题"。改革开放后的抗战胜利纪念，从协调中日关系的高度，对日本军国主义的复活发出了警告。彭真在40周年纪念大会上的讲话申明："日本有少数人还在进行妄图复活军国主义的活动，这是违背中日两国人民意愿的，是不利于中日友好和世界和平的。"这就借助抗战胜利纪念表明了中国政府和中国人民反对侵略与战争、维护世界和平的外交立场，表达了对世界和平的向往和追求。

原载《光明日报》2015年10月31日

让创新成为经济转型升级的强大动力

张振刚

党的十八届五中全会提出，坚持创新发展，必须把创新摆在国家发展全局的核心位置。党的十八大以来，习近平总书记多次强调，创新始终是推动一个国家、一个民族向前发展的重要力量。抓创新就是抓发展，谋创新就是谋未来。不创新就要落后，创新慢了也要落后。谁牵住了科技创新这个牛鼻子，谁走好了科技创新这步先手棋，谁就能占领先机，赢得优势。中国是一个发展中大国，正在大力推进经济发展方式转变和经济结构调整，认真落实创新驱动发展战略目标任务，增强科技进步对经济增长的贡献度，形成新的增长动力源泉，推动经济持续健康发展，就能够实现国家发展，民族兴旺，人民幸福。

一

习近平总书记关于创新驱动发展战略讲话立足深远，高屋建瓴，明确了中国今后相当长一个阶段发展的战略方向，蕴含了创新驱动发展的经济思想，为国家的发展找到持久的驱动力。我们要认清当前所处爬坡越坎阶段，既有内在压力，也有外在压力的形势。改革开放30多年来主要依靠资源等要素投资驱动推动经济增长和规模扩张的粗放型发展方式已难以为继，已不适应新的发展模式，面临内在压力；而世界科技革命和产业革命又给了我们巨大的外在压力。创新驱动发展战略，不仅仅是我国经济新常态下发展的必然选择，也是应对全球性竞争的必然趋势，是实现中国梦、强国梦的深远战略决策。我们必须抓住这一把内在和外在压力转化成动力的难得历史机遇，调整经济结构，转变发展方式，转换增长动力。

经济发展的关键是技术不断进步和产业不断升级，增强产业的国际竞争力靠创新，提升产品的市场竞争力也靠创新。要充分领会习近平总书记关于“创新是引领发展的第一动力，抓创新就是抓发展，谋创新就是谋未来”的论述，让全体干部和群众都深刻认识到创新驱动发展战略的伟大意义，上下齐心协力想创新、谋创新、干创新，我们的创新驱动发展战略就会迈出实实在在的步伐。

二

政府与市场的关系处理得好，才能使创新驱动发展战略真正落实到位。党的十八届三中全会强调市场在资源配置中起决定性作用，市场需求是创新驱动的牵引力，市场竞争是创新驱动的原动力；而在实施创新驱动发展战略中，积极营造有利于创新的环境，引领社会大众创新和企业创新。

在改革中释放创新活力，加快建立健全国家创新体系，让一切创新源泉充分涌流。借助市场机制强化激励，完善科技成果、知识产权归属和利益分享机制；规范政府行为，将科技资源配置与创新驱动发展战略紧密结合，完善奖励报酬制度和分配制度；孕育创新文化，形成敢为人先，宽容失败，合作共赢的社会氛围，将制度规范内化为社会普遍信奉的价值。

深化科技体制改革，必须破除一切制约科技创新的思想障碍和制度藩篱，处理好政府和市场的关系，推动科技和经济社会发展深度融合。加快落实习近平总书记“要以只争朝夕的紧迫感，切实把创新抓出成效，强化科技同经济对接、创新成果同产业对接、创新项目同现实生产力对接、研发人员创新劳动同其利益收入对接，形成有利于出创新成果、有利于创新成果产业化的新机制”指示，制定政策，提供资金，创造条件，营造环境，驱动科技界和企业界积极开展创新活动，打通从科技强到产业强、经济强、国家强的通道。

三

创新是实现中国梦的重要途径与手段，在经济全球化大潮下，强化国家竞争优势是创新驱动的目标。习近平总书记“围绕产业链部署创新链、围绕创新链完善资金链”的论述深刻阐释了创新在经济发展中的核心作用，即通过创新链支撑产业发展，在国际分工中谋得有利位置。基于该目标，创新驱动必须具有开放性。只有通过开放式创新，才能积极参与国际分工，融入国际科技合作，才能不断激发创新动力，共享研发资源，提高创新绩效，增强竞争优势。

开放式创新主要分为内向型和外向型两种模式。一方面，促进内向开放式创新。通过制度建设规范创新秩序，优化协同创新环境，排除知识流动障碍，优化社会创新网络结构，有效保护各创新主体的权利，不断促进产学研多创新主体间合作。通过对国外先进技术引进、消化、吸收、再创新，不断强化自主创新能力。另一方面，深化外向开放式创新。依托骨干创新型企业打造产业共性技术平台，以技术外溢与转移方式提升产业技术水平，强化专业弹性专精程度，进而吸引国际合作伙伴，参与或主导制定国际标准，用“中国创造”实现中国向全球价值链高端的攀升。

实施开放式创新必须完成两个转变。一是改变封闭系统，优化资源配置，强化创新机制的开放性，突破“条块分割”的行政管理结构。二是优化开放方式，坚持自主创新。

四

第三次科技革命与科技全球化浪潮下，世界科技发展格局正发生重大调整，国际分工链也正随之处于重组之中。这为中国经济实现发展转型，培育国家竞争优势提供了战略机遇。准确选择战略性领域，有所为，有所不为，深入推进协同创新和开放创新，借助国家创新系统持续有效支持社会创新活动，实现重点突破，弯道超越。习近平总书记指出“实施创新驱动发展战略是一个系统工程”。创新驱动人才是关键，创新是核心，政策是保障，企业是主体。各地区要针对本地情况和特点，根据自身优势，找准地方产业创新驱动的聚焦点，选准关系全局和长远发展的战略必争领域和优先方向，进行战略规划和总体布局，扶植创新型企业，培育高新技术产业，抢占未来经济社会发展先机，促进经济发展方式转变。

科技创新必须同社会发展相结合，我们一方面要重视在产学研衔接上布局，鼓励和发展一大批独立建制，自负盈亏，市场导向，充满活力的新型研发组织；另一方面要加强产业发展规划，动员有条件的企业制定创新路线图，建立研究开发院，使创新驱动发展战略和产业技术进步、企业技术创新紧密结合，从而加快地方产业转型升级，增强企业持续创新能力，促进经济社会更快更好更健康地发展。各地要结合地方实际，积极参与国家系统推进全面创新改革试验，争取成为国家创新示范和转变经济发展方式的标杆。

党的十八大作出了实施创新驱动发展战略的重大部署，强调科技创新是提高社会生产力和综合国力的战略支撑，必须摆在国家发展全局的核心位置，这是党中央立足发展全局作出的重大战略抉择。我们要全力实施创新驱动发展战略，培育转变经济发展方式的第一驱动力，为贯彻落实“四个全面”战略布局谱写新篇。

原载《经济日报》2015 年 11 月 14 日

立足人民主体　厚植共享发展

程京武

党的十八届五中全会通过的《中共中央关于制定国民经济和社会发展第十三个五年规划的建议》系统阐述了我国“十三五”时期经济社会发展的基本原则和基本理念，体现了新一届中央领导集体在新的历史条件下，植根全心全意为人民服务的终极价值追求，坚持问题导向和科学思维，立足治国理政全局进行的顶层设计。其不仅从整体上进一步深化和丰富了中国特色社会主义理论，也展示了实现中华民族伟大复兴中国梦的战略宏图。

立足人民：个体价值与社会价值统一的价值取向

任何政党都要根据自身性质、特征来回答和解决为谁服务的价值取向问题，并在实践过程中规范自己的行为，实现自己的目标。中国共产党作为马克思主义执政党，其根本宗旨是全心全意为人民服务。党的性质和根本宗旨决定了中国共产党历来坚持人民利益价值观，把广大人民群众的根本利益作为执政的最高价值本位。

以习近平同志为总书记的新一届领导集体对我国“十三五”期间的发展路径进行了新的阐释，标志着中国共产党执政理念、价值追求的进一步完善和成熟。将坚持人民主体地位作为“十三五”时期如期实现全面建成小康社会奋斗目标、推动经济社会持续健康发展必须遵循的六大原则之首，把共享作为五大发展理念之一，体现了我国的社会主义性质，反映了执政党坚持马克思主义人民主体思想，把增进人民福祉、促进人的自由全面发展作为执政理念来大力夯实执政的群众基础。坚持人民主体地位，才能充分发挥人民群众的主人翁精神、积极性主动性创造性，从而创造历史，并使中国特色社会主义释放不竭动力，不断取得胜利。

坚持人民主体地位的原则体现了中国特色社会主义坚持人人参与、人人尽力、人人享有，为人民谋幸福、创实惠，实现全体人民共同迈入全面小康社会的发展观。发展要尊重民意，发展要依靠民力，发展要关注民生，不断提高群众在发展中的实实在在的收益，并且让这种收益为群众所知所感。在制定“十三五”时期经济社会发展的主要目标时，强调城乡居民人均收入要比 2010 年翻一番；在我国现行标准下农村贫困人口实现脱贫，贫困县全部摘帽；普及高中阶段教育，逐步分类推进中等职业教育免除学杂费；坚持就业优先战略，提高技术工人待遇；实施全民参保计划，实现职工基础养老金全国统筹；等等。这一系列具体的制度安排，充分体现了确保如期全面建成小康社会的信心和决心，更加体现出中国特色社会主义制度独有的优越性。

树立共享发展的新理念，把社会的整体利益和社会成员的个体利益紧密结合在一起，把人的存在和发展视为社会的根本意义和价值尺度，把人作为社会的主体和中心，凸显了以人为本原则的实践诉求。从文化意义上说，“十三五”发展原则和发展理念反映出社会发展对个体独立地位提高、自主意识增强的人文关注，把推进人的自由而全面发展作为社会发展的终极价值，体现了个体价值与社会价值统一的价值取向。

源于人民：工具理性与价值理性统一的问题导向

马克思说：“一切划时代的体系的真正的内容都是由于产生这些体系的那个时期的需要而形成起来的。”“十三五”共享发展的理念是从我国发展的现实需要中得出来的，是从人民群众的热切期待中得出来的，也是为推动解决我们面临的突出矛盾和问题提出来的。

问题是理论创新和实践突破的逻辑和现实起点。“十三五”时期坚持人民主体地位的发展原则和共享发展的理念，立足于破解发展难题，厚植发展优势，具有引领解决现实问题的工具理性。当前，我国经济发展进入新常态，全面建成小康社会进入决胜阶段，改革步入攻坚期和深水区，但面临着国际形势复杂多变、国内发展环境矛盾叠加、风险隐患不断增多的问题，民生发展必然要有新举措、新机制、新办法，这就需要在理念和举措上形成既具有传统价值认同，又具有时代发展视野，能够不断推动中国特色社会主义发展的基本认知。

坚持人民主体地位的原则和共享发展理念，是对党“发展为了人民、发展依靠人民、发展成果由人民共享”执政理念的坚持，其不仅是一种政策要求，而且需要建立一整套科学合理可持续的发展机制。发展理念源于现阶段的突出矛盾和问题，使我们对问题的认识更清晰、对化解矛盾的主攻方向更明确。通过增加公共服务供给，从解决人民群众最关心最直接最现实的利益问题入手，集中解决与民众高质量生活密切相关的难点问题，如提高收入待遇，提升就业水准、满足住房需求、发展教育事业、加强社会保障等，坚守底线、完善制度，在机会公平前提下提高公共服务共建能力和共享水平，实现全体人民共同迈入全面小康社会。

正如习近平总书记所说："人民对美好生活的向往，就是我们的奋斗目标。""十三五"坚持人民主体地位的发展原则和共享发展的理念是新一届中央领导集体结合时代特征和我国基本国情，适应广大人民群众的新期盼，站在发展中国特色社会主义和实现中华民族伟大复兴中国梦的高度所绘的宏伟蓝图，指明了民生发展的基本路径，坚定了人民群众对发展前景的预期和信心，也为坚持中国特色社会主义道路提供了理论支撑，实现了"工具理性"和"价值理性"的有机统一。

为了人民：理性世界与生活世界统一的实践指向

一个民族要屹立于世界民族之林，一刻也不能没有理论思维；一个政党要站在时代的前列，一刻也离不开科学理论的指导。"十三五"坚持人民主体地位的发展原则和共享发展的理念是中国共产党在总结中国特色社会主义建设实践的经验教训中汲取正能量，在寻求中国特色社会主义建设实践的社会共识中提炼最大公约数，紧紧依靠人民，把马克思主义基本原理同中国实际和时代特征结合起来，把中国特色社会主义发展道路及其实践经验上升到理性认识，既一脉相承又与时俱进的理论创新成果。

"十三五"坚持人民主体地位的发展原则和共享发展的理念符合中华民族伟大复兴中国梦的理论逻辑。中华民族伟大复兴的中国梦最符合人民需要，把国家利益、民族利益和每个人的利益紧密地结合在一起，体现出中国人民的整体利益。整体利益的实现需要发展理念的引领，未来中国社会的发展，从辩证唯物主义和历史唯物主义基本原理出发，确立了民生发展的新路径。到 2020 年全面建成小康社会是坚持和发展中国特色社会主义的阶段性目标，体现了中国特色社会主义经济、政治、文化、社会、生态文明建设"五位一体"的总布局。坚持人民主体地位为保障民生、解决人民群众最关心最直接最现实的利益提供了保障，为破解发展难题，厚植发展优势提供了有力措施。

"十三五"坚持人民主体地位的发展原则和共享发展的理念符合中国共产党革命建设发展的历史逻辑。实践作为主观见之于客观的活动，是全部社会生活的基础与本质，也是整个人类社会认识活动的总根源和总依据。人民的立场，不是抽象的，而是具体的，是深深扎根于人民群众的物质生活、社会生活、政治生活和精神生活之中的，人民群众永远是党的智慧和力量的源泉。中国共产党的发展历史告诉我们，我们党的力量在人民、根基在人民、血脉在人民。我们党在执政之前、执政之初和长期执政之后，所处的地位、环境不同，所起的作用也有所不同，但全心全意为人民服务的根本宗旨始终不变。“十三五”坚持人民主体地位的发展原则和共享发展的理念把解决民众最关心、最紧迫的实际问题放在首位，继承和发扬了人民至上的历史传统，将马克思主义理论与中国社会的实践紧密结合起来，找到了中国特色社会主义建设的新道路，树立了人民美好生活的新愿景。

“十三五”坚持人民主体地位的发展原则和共享发展的理念既是我党对经济社会发展规律认识的升华，又是对人类文明进步理性化的哲学总结。朝着共同富裕方向稳步前进的理性认知，在于它对实践所彰显的科学指导意义，对凝聚全党全国各族人民共识所迸发的巨大精神能量。回应民众关切、回答民众问题，使中国发展理念更好地为人民群众所理解、所接受、所掌握，有利于调动一切人的积极性和创造性，凝聚一切积极力量，从本质上反映了对共产党执政规律、社会主义建设规律和人类社会发展规律认识的深化。

原载《光明日报》2015 年 12 月 20 日

科学把握生态文明建设新要求

丁晋清

党的十八大报告指出，大力推进生态文明建设，努力建设美丽中国，实现中华民族永续发展。党的十八届五中全会《建议》提出创新、协调、绿色、开放、共享“五大发展理念”。其中，绿色发展理念与其他四大发展理念相互贯通、相互促进，集中体现了我们党关于生态文明建设的新要求，对于推进经济社会科学发展具有重大意义。

坚持以绿色发展为核心理念。加强生态文明建设，不是要求人们消极对待自然，面对自然无所作为，更不是要停止经济社会发展；而是强调在发展生产、改善生活的过程中尽最大可能、积极主动节约能源资源，保护好人类赖以生存的生态环境，做到发展和保护相统一，实现绿色发展。绿色发展是彰显自然价值与自然生产力的理念，要求实现可持续发展。绿色发展追求人与自然和谐发展、经济与社会和谐发展，坚持“既要金山银山，又要绿水青山”。坚持绿色发展，必须加快转变经济发展方式，打破旧的思维定势和条条框框，推动绿色循环低碳发展，努力使生态系统和经济系统有机融合、和谐统一。

注重解决人与自然和谐问题。习近平同志指出：“绿色发展注重的是解决人与自然和谐问题。”绿色发展以绿色循环低碳为主要原则，以生态文明建设为基本抓手，旨在协同推进人民富裕、国家富强、中国美丽，实现中华民族永续发展，打造人与自然和谐的幸福美好生活。当前，我国资源约束趋紧、环境污染严重、生态系统退化问题突出，而人民群众对清新空气、干净饮水、安全食品、优美环境的要求越来越强烈，生态环境恶化已成为突出的民生问题。坚持绿色发展，必须统筹好人与自然的关系，努力消除经济活动对自然生态系统的威胁，逐步形成绿色生产生活方式，实现人与自然和谐发展。

实现生态环境质量总体改善。生态环境质量总体改善，是全面建成小康社会的目标要求，也是加强生态文明建设的近期目标。全面建成小康社会，突出的瓶颈制约是资源环境，突出的短板也是资源环境。良好生态环境是最公平的公共产品，是最普惠的民生福祉。生态环境一头连着人民群众生活质量，一头连着社会和谐稳定；保护生态环境就是保障民生，改善生态环境就是改善民生。坚持绿色发展，必须把环境治理作为一项重大民生实事紧紧抓在手上，从解决人民群众最关心、最直接、最现实的利益问题入手，着力解决群众普遍关注的环境问题，让人们在优美的环境中工作和生活。同时，科学布局生产空间、生活空间、生态空间，扎实推进生态环境保护，把营造良好生态环境作为改善人民生活质量的着力点、展现我国制度优越性的发力点。

健全生态文明制度体系。只有实行最严格的制度、最严密的法治，才能为生态文明建设提供可靠保障。要把生态文明建设摆在更加突出的位置，像保护眼睛一样保护生态环境，像对待生命一样对待生态环境，加快制度创新，强化政策落实，严格生态安全的底线、红线和高压线，不断强化党员领导干部的担当意识。深化生态文明体制改革，搭好基础性框架，建立自然资源资产产权制度、国土空间开发保护制度、空间规划体系、资源总量管理和全面节约制度、资源有偿使用和生态补偿制度、生态文明绩效评价考核和责任追究制度，形成产权清晰、多元参与、激励约束并重、系统完整的生态文明制度体系。坚持源头严防、过程严管、后果严惩，治标治本多管齐下，切实抓好各项制度的执行和问责。

原载《人民日报》2015 年 12 月 29 日